열린 인문학 강의

Lectures on the Harvard Classics
© 1914, William Allan Neilson 外

이 책은 저작권법에 의해 보호받는 저작물이므로 무단전재와 무단복제를 금합니다.
이 책 내용의 전부 또는 일부를 이용하려면 저작권자와 도서출판 유유의 동의를 얻어야 합니다.

전 세계
교양인이
100년간 읽어온
하버드 고전수업

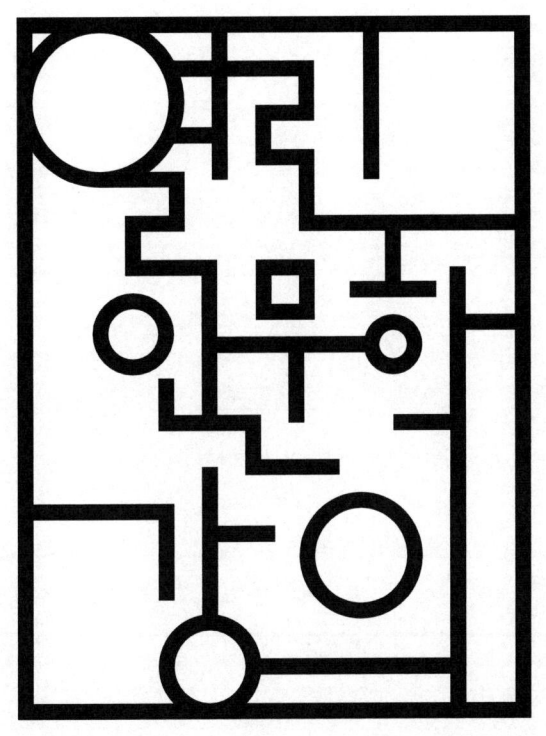

◆ 윌리엄 앨런 닐슨 엮음　　　◆ 김영범 옮김

추천사

입문자를 위해 엄선한 기초 고전강의

이 강의는 고전을 처음 접하는 일반인에게 많은 도움을 줄 수 있도록 기획되었습니다. 살아가면서 이런저런 이유로 교육의 기회를 충분히 얻지 못한 사람이라도 장기적인 계획을 가지고 매일 적은 시간이나마 할애하여 엄선된 고전을 읽는다면 일정한 수준의 인문 교양을 얻을 수 있습니다. 하버드대학교에서 마련한 강의를 통해 독자들은 수준 높은 고전을 독파하면서 책 읽기의 즐거움을 키워나갈 수 있을 것입니다.

찰스 윌리엄 엘리엇
전 하버드대학교 총장

서문

◇

빛나는 지혜의 보물창고로 들어가는 문

하버드 고전은 일반 독자들에게 방대한 지식을 제공하는 보물창고입니다. 이 창고 안에는 인류가 지식을 축적하면서 창조한 주요 분야의 모범적인 작품들이 들어 있습니다. 여기에 마련된 강의는 이 보물창고로 들어가는 문을 열어줄 것입니다. 이 강의를 통해서 독자들은 명교수들의 안내를 받으며 다양한 주제를 두루 살펴보게 될 것입니다. 이 강의와 함께 '하버드 고전'을 활용하여 체계적이고 믿을 만한 독서 계획을 세워보는 것도 좋겠습니다.

윌리엄 앨런 닐슨
전 하버드대학교 영문학과 교수

차례

추천사 — 입문자를 위해 엄선한 기초 고전강의 9
서문 — 빛나는 지혜의 보물창고로 들어가는 문 11

역자 후기 — 지금은 고전을 읽어야 할 시간 345

I 역사

◆ **들어가는 말 — 역사를 바라보는 관점** 23

그리스의 리더십/로마의 지배/유대인의 기여/로마의 기독교화/로마의 몰락/이슬람의 발흥/봉건제/르네상스/프랑스와 영국/스페인과 합스부르크 왕가/대영 제국의 성립/근대 유럽

◆ **서양 고대사** 45

그리스의 개인주의/스파르타, 아테네, 테베/마케도니아/로마의 발흥/율리우스 카이사르와 아우구스투스 황제의 업적

◆ **르네상스** 56

르네상스 시대의 개인주의/고전 고대의 부흥/르네상스 시대의 호기심/발견의 시대/아름다움에 대한 숭배

◆ **프랑스 혁명** 64

프랑스 혁명의 대조적인 측면/프랑스 혁명의 역사들/사상의 혁명/볼테르의 대담함/프랑스 혁명에 대한 영국인의 견해/마리 앙투아네트에 관한 버크의 견해

II 철학

- **들어가는 말 —삶의 이상과 희망의 근거를 묻다** 73
  철학과 효율성/철학과 상식/철학과 실용성/철학과 일반화/철학과 실체/무의식적으로 철학하기/의심/철학과 예술/철학과 과학/윤리의 문제/종교철학/형이상학/인식론

- **소크라테스, 플라톤, 로마 스토아학파** 96
  소크라테스와 아낙사고라스/소크라테스와 피타고라스학파/소크라테스의 임무/소크라테스와 플라톤/제논과 스토아 철학/로마 스토아 철학자들

- **근대 철학의 발흥** 103
  코페르니쿠스적 발견/갈릴레오의 공헌/근대 경험론/근대 합리론

- **칸트** 110
  순수 경험론과 순수 합리론에 대한 개혁/영혼의 재발견/칸트의 혁명/의지의 영역/칸트의 추종자들

III 종교

◆ 들어가는 말 —원하는 것을 얻는 것과 얻을 것을 원하는 것의 사이   119
타인의 성서/자연종교 대 실증종교/비교종교학/종교심리학/종교의 기원/신의 유형/최고신 개념/극기의 종교/종교와 과학/종교와 도덕성

◆ 불교   143
석가모니의 탄생/석가모니의 가르침/불교와 다른 종교

◆ 유교   149
공자의 가르침/유교적 영향력의 성장

◆ 파스칼   156
파스칼과 얀센주의/『시골 친구에게 보내는 편지』/『팡세』

IV
정치경제학

◆ **들어가는 말 —인간과 자연, 인간과 인간, 같은 인간이 가진 서로 다른 이해관계 사이의 투쟁**　165

공공경제학의 초기 개념/중상주의자와 중농주의자/재산의 의미/경제=절약의 의미/가변비례의 법칙/인간과 인간 사이의 이윤 투쟁/인간과 자연의 투쟁/이해관계를 둘러싼 내적인 투쟁/악의 문제/제도의 기원/경제학의 근본적인 지위/경제적 경쟁

◆ **르네상스 시대의 정부론**　186

마키아벨리와 모어의 저작에 드러난 르네상스 정신/방법상의 차이/마키아벨리의 한계/정치 비평의 형태로서 가상의 국가/『유토피아』와 근대의 조건

◆ **애덤 스미스와 『국부론』**　193

스미스 철학의 기초 이론/부와 정치경제학의 개념/생산과 분배/자본의 본성과 사용/스미스의 교역론/공공 재정

V 항해와 여행

◆ 들어가는 말 —그곳으로 죽을 때까지 가겠노라! 203

역사 이전 시기의 여행/진정한 탐험가의 동기/정복의 동기/종교적 동기/상업적 동기/과학적 동기/기록 여행의 첫 번째 시대/두 번째 시대 – 순례자와 선교사/이슬람교의 포교/바이킹과 십자군/몽골 제국의 팽창/인도로 가는 길/미국 탐험의 시대/과학 여행의 시기/여행의 방법/여행의 즐거움과 이익

◆ 헤로도토스 227

『역사』의 주제/헤로도토스 여행의 범위와 목적/헤로도토스의 진실성/헤로도토스의 종교적 요인

◆ 엘리자베스 시대의 모험가들 234

엘리자베스 영국의 팽창/스페니시 메인/지리학적 공헌/탐험가의 품행/이야기의 양식

◆ 발견의 시대 240

콜럼버스의 항해/아메리카에서의 새로운 국가 건설/버지니아와 뉴잉글랜드/내지 탐험과 교역

◆ 다윈의 비글호 항해 247

항해의 계기/자연학자의 훈련/항해의 실질적 결과/항해의 추론적 결과

VI 희곡

◆ **들어가는 말 ―웃음과 눈물로 인간의 세계를 보여주다**
                                                            257

희곡과 대중의 취향/희곡 읽는 법/희곡의 본질/비극의 본질/멜로드라마/이야기 연극/고급 희극, 저급 희극(익살극), 소극/희곡의 사회적 배경/희곡에 나타난 근대 심리학과 사회학/희곡 예술의 수준은 어떻게 결정되는가?/연극 무대의 영향력/근대적 무대의 발전/근대 희곡의 세계시민주의

◆ **그리스 비극**   277

그리스에서 연극의 기원/최초의 극장/비극의 아버지 아이스킬로스/소포클레스/에우리피데스

◆ **엘리자베스 시대의 연극**   285

셰익스피어 이전의 연극/역사극/엘리자베스 시대의 비극/엘리자베스 시대의 희극

VII 시

◆ 들어가는 말 —인간 지식의 처음이자 마지막 295

서사시의 기원과 발전 과정/원시시의 특징/개인주의의 성장/서정시의 발흥/서정시의 범위/시의 형식적 요소/운율의 본성과 원천/운율의 효과/시의 언어적 요소/내용과 형식의 일치

◆ 호메로스와 서사시 320

호메로스의 선배들/서사시의 발전/트로이의 역사/『오디세이아』의 구조/호메로스 시의 출처

◆ 단테 328

『신곡』의 줄거리/중세의 세계관/단테의 학식과 문학의 특징/중세의 문학적 열정/단테의 사랑 개념

◆ 존 밀턴의 시 336

밀턴의 위대함의 원천/선지자 밀턴/『실낙원』의 주제/밀턴의 인간관

일러두기

1. 이 책은 콜리어 앤드 선 출판사(The Collier & son Company)가 뉴욕에서 1914년에 출간한 *Lectures on the Harvard Classics*에서 인문학 관련 분야를 골라 번역한 것이다.

2. 본문에 있는 각주와 본문 안의 크기를 줄인 괄호 안의 내용은 옮긴이가 독자의 이해를 돕기 위해 넣었다.

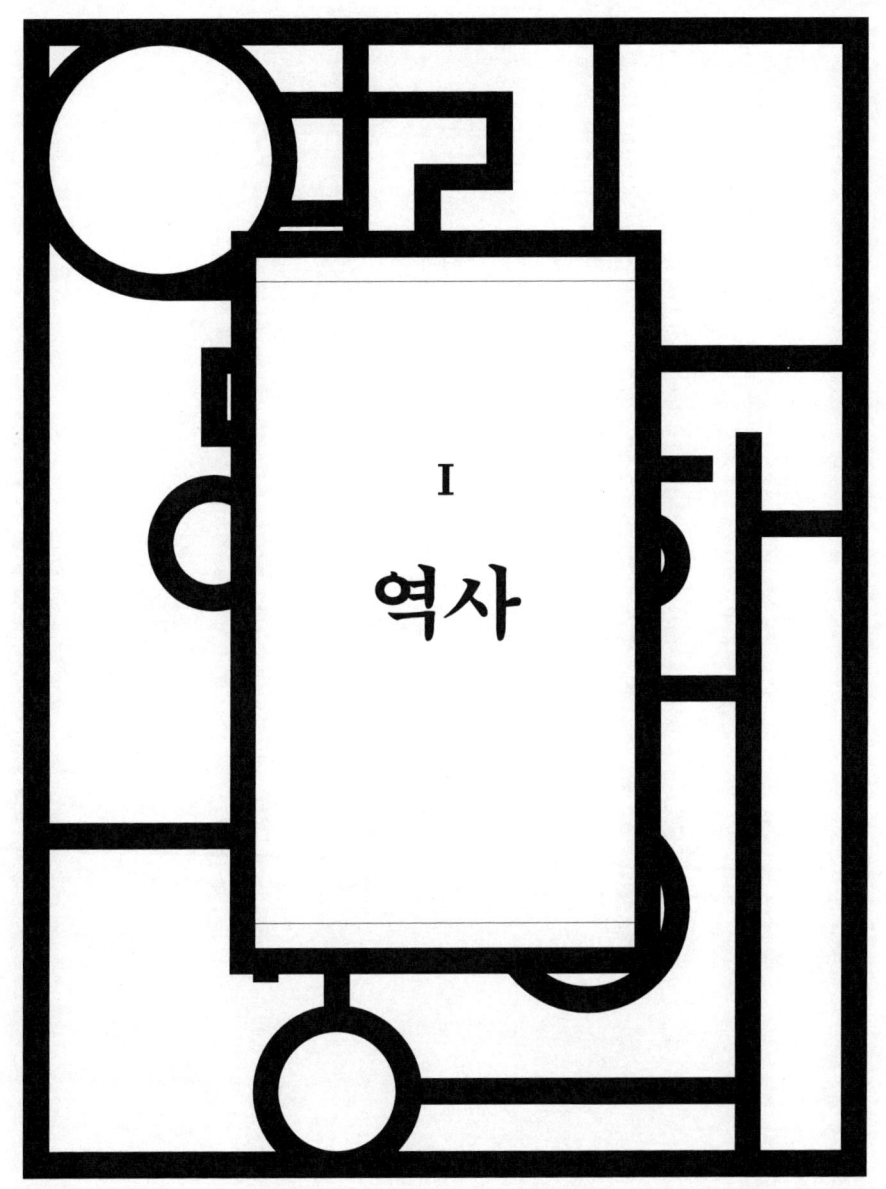

I
역사

들어가는 말

역사를 바라보는 관점

◆

모든 사유양식 가운데 유독 역사만이 독자를 저자보다 우위에 놓습니다. 역사가는 어쩌면 전체 역사에서 1백만 분의 일밖에 안 될지 모를 자신의 좁은 길을 터벅터벅 부지런히 걸어갑니다. 그리고 자신이 본 것을 책에 기록합니다. 그러는 동안, 갖가지 큰길이 그 책을 읽는 사람들의 상상력 앞에 활짝 펼쳐집니다. 독자들한테는 인간과 관련을 맺으면서 과거를 가진 그 어떤 것도 역사가 될 수 있을 것입니다. 예컨대 정치는 물론이고 예술, 과학, 음악도 나름대로 탄생하고 성장해왔습니다. 제도뿐 아니라 전설, 연대기 그리고 문학의 모든 걸작들도 국가들 사이의 충돌과 위대한 인물들의 비극을 반영하지요. 독자는 단지 독자라는 이유만으로 자기 앞에 펼쳐져 있는 역사를 한껏 만끽하면 그만입니다. 독자에게는 아무런 족쇄도 채워져 있지 않습니다. 그러니, 작정하고 미국 헌법 관련 문서들에 통달하려 들다가도, 아무 거리낌 없이 관심을 돌려, 롱스보 협곡에서 울려 퍼지는 뿔피리 소리의 메아리에 귀 기울일 수도 있고, 크누트 왕 옆에 서서 덴마크 노

인의 발을 적시는 북해의 조류를 관찰할 수도 있지요.

거의 모든 분야의 문헌에서 역사는 다양한 면모를 띠는 카멜레온처럼 그 모습을 드러내겠지만, 그럼에도 불구하고 역사가 실제로 존재하는 건 아닙니다. 아직까지 인류의 기록을 모두 담아낸 사람은 아무도 없습니다. 그것은 인간의 능력을 넘어서는 일이기 때문에 앞으로도 불가능하겠지만요. 캐서린 매콜리•가 다룬 역사 시기는 40년입니다. 투키디데스의 역사는 고작 펠로폰네소스 전쟁만을 다루었지요. 근대의 거장 에드워드 기번은 그럭저럭 1천 년을 다루는 데 성공했지만 그를 본받은 사람은 아무도 없습니다. 천문학을 제외하면, 역사만큼 그 범위가 광대하면서도 거의 알려지지 않은 주제는 없습니다. 교과서들에 실린 가짜 역사만 빼놓고 보면, 역사의 윤곽은 전혀 잡히지 않았지요. 또한 학생들에게 잘 알려진 역사의 세부적인 내용들은 각각의 관계를 파악하기가 극히 어렵습니다. 따라서 짧은 글 한 편에다 가장 이른 시기부터 가장 최근까지, 역사의 굵직한 시대들을 체계적으로 정리해보는 일은 시도할 만한 가치가 있을 것입니다.

역사의 실질적인 범위는 약 3천 년에 이르는데, 이를 다른 말로 하면 지금부터 기원전 1000년까지인 셈이지요. 그 범위를 넘어서면, 고고학의 파편적 증거들밖에 없습니다. 이를테면 돌에 새겨진 그림 속의 이름들로, 이것들은 지금으로부터 아주 오래전에 상당한 규모의 군주정이 이집트와 유프라테스 강 유역, 그 밖의 다른 지역에서 융성했음을 보여줍니다. 이 고대 문명들의 흔적을 후대에 전한 것은 이들 자신이 아니라 떠돌아다니던 아리안계 부족들이었는데, 당시에는 교육받지 못해 무지하고 세상에도 그다지 알려지지 않았던 이 부족들은 볼가 강과 드네프르 강, 다뉴브 강 유역의 대평원들을 지나 마침내 발칸 반도와 이탈리아 반도에까지 이르렀지요. 바다에 가로막혀 더 이상 전진할 수 없었던 그들은 그곳에 정주했고, 오랜 세월이 지나 도시들을 형성했는데, 그중에서 아테네와 로마는 훗날 최고의 명성을 누리게 됩니다. 그리고 기원전 1000년경 혹은 그보다

• 영국의 역사가이자 급진적인 정치 저술가. 정규교육은 받지 않았으나 그리스·로마사 관련 독서로 자유주의와 공화주의적인 이상에 대한 열정을 키웠다.

조금 뒤에, 그리스가 호메로스와 함께 무명의 어둠 속에서 등장했습니다.

어둠을 뚫고 나온 그리스와 마찬가지로, 셈족에 속하는 유대인은 호메로스의 작품에 필적할 만한 것들을 창조하고 있었습니다. 『성서』「여호수아서」에서 유대인은 특유의 음울한 분위기로 그들의 열두 유목 부족이 팔레스타인을 정복했던 이야기를 했고, 모세 5경과 이후 글에서는 자신들의 법과 종교를 기록했습니다. 이 호메로스와 여호수아가 살았던 연대라면 우리의 목적에 충분히 부합할 테니, 그들을 출발점으로 삼아 지중해와 서구의 역사를 따라가보겠습니다.

그리스의 리더십

◆

처음에는 나일과 유프라테스라는 거대한 강이, 나중에는 서쪽으로 대서양까지 뻗어 있는 거대한 지중해가 상업과 사치, 문명의 통로였습니다. 티레, 포카이아, 카르타고, 마살리아에서 초기 상업을 주도했는데, 이 도시의 상인들은 전투적인 아리안족에게 동서양의 물품뿐 아니라 언어, 즉 알파벳도 가져다주었습니다. 일찍이 이보다 더 위대한 선물이 이보다 더 위대한 민족에게 주어진 적은 없었습니다. 그리스인은 알파벳으로 서구 문명 전체에 깊은 흔적을 남긴 탁월한 문학을 창작했습니다. 그들은 그들의 초기 전설들을 호메로스 서사시의 순수하고 우아한 운문으로 엮어냈고, 아이스킬로스와 소포클레스, 에우리피데스의 음울하고 통절한 비극으로 그려냈습니다. 그런 다음 역사와 철학으로 관심을 돌렸습니다. 역사 영역에서 투키디데스는 위대한 걸작을 썼고, 헤로도토스는 더없이 유쾌한 이야기를 썼지요. 철학 영역에서 그리스인은 가장 중요한 성과를 거두었습니다.

그리스 철학은 인류의 가장 위대한 지적 자산입니다. 그리스 이전에는 어떤 문명과 언어도 가령 시간과 의지, 공간, 아름다움, 진리 같은 추상화된 개념을 만들어내지 못했습니다. 불완전하긴 해도 놀라운 이 개념들을 토대로, 활기차고 섬세한 그리스 지성은 빠르게 뼈대를 세워나갔으며 플라톤과 아리스토텔레스, 제논은 그 정수를 표현했습니다. 그러나 기원전 4세기가 저물 무렵, 아리스토텔레스와 그의 제자 알렉산드로스 대왕의 시대에 그리스는 활력을 잃고 쇠락하기 시작했습니다.

이 쇠락은 정치적으로 어마어마하게 중요한 사건과 함께 찾아왔습니다. 알렉산드로스는 지중해부터 인도에 이르는 거대한 그리스 제국을 세웠지요. 그의 사후에 이 제국은 여러 군주국, 즉 동방의 그리스 왕국들로 분열되는데, 그 가운데 가장 오래 살아남은 것은 이집트의 프톨레마이오스 왕국입니다. 이 왕국은 기원전 31년 아우구스투스가 악티움에서 클레오파트라와 안토니우스를 무찌르면서 멸망했습니다. 알렉산드로스가 아르벨라에서 다리우스에게 최종적인 승리를 거둔 지 정확히 3백 년 뒤의 일입니다.

로마의 지배

◆

이 3백 년 동안, 아리안족의 좀 더 서쪽 갈래에 속하는 로마인이 서서히 패권을 잡아가고 있었습니다. 로마는 기원전 200년경에 카르타고 세력을 무너뜨리고 지중해 서부를 장악했으며, 그런 다음 갑작스레 지중해 동부로 손을 뻗쳤습니다. 그 뒤 로마는 2백 년도 지나지 않아 발칸 반도와 소아시아, 이집트를 정복했고, 지중해는 로마의 호수가 되었습니다.

로마라는 도시의 기원은 기원전 1000년까지 소급되고, 공화국의 전설과 역사에 대한 개략적인 사실들은 기원전 500년까지 거슬러 올라가지만, 로마인은 그리스의 문명과 언어를 접한 이후에야 문학적 표현을 발견했습니다. 로마인의 언어에는 그리스어의 융통성과 조화로움이 없었고, 어휘도 풍부하지 않았을뿐더러 추상적인 용어도 없었습니다. 로마인의 언어는 간명하고 장중했기 때문에 법률가와 행정가의 의사 전달 수단에 더 어울렸습니다. 그러나 외국 정복과 그리스 문명의 영향 아래서 로마는 자신이 정복한 사람들이 이루어낸 더욱 뛰어나고 성숙한 문학의 모방을 통해 그들의 문학을 빠르게 발달시켰습니다. 로마의 문학은 공화국 말엽과 제국의 초엽, 곧 아우구스투스의 시대를 영광으로 물들였습니다. 다소 설득력이 떨어지는 말일지 모르지만, 베르길리우스는 호메로스를 아주 세련되게 모방한 작품을 썼습니다. 루크레티우스˙는 절도 있는 6보격 시행에서 거친 유물론으로 우주를 철학적으로 풀어냈습니다. 타고난 자질로 큰 성공을 거둔 키케로는 데모스테네스˙˙를 본받았습니다. 오직 로마의 역사가들만이 그리스의 대역사가들과 대등한 위치에 섰는데, 정치가다운 본능과 치명적인 아이러니를 구사한 타키투스˙˙˙는 헤로도토스의 훌륭한 경쟁자라 할 만합니다.

비대해진 로마 공화국이 제국주의 국가로 전환되던 바로 그때, 라틴어와 그리스어는 지중해 세계의 양대 공용어였습니다. 그리스의 대학이었던 아테네와 페르가몬, 알렉산드리아는 지성주의의 여러 흐름을 좌우했고, 황금기 그리스의 대가들에게서 도착적으로 파생된 퇴폐적이고 부박한 비평과 철학에 탁월성을 부여했습니다. 그러나 새롭게 조직된 지중해 정치 체제에 세 번째 세력, 곧 유대인의 정치 체제가 모습을 드러내고 있었습니다.

유대인의 기여

● 고대 로마의 시인이자 철학자. 서사시 『사물의 본성에 관하여』 6권만이 저작으로 남아 있다.
●● 고대 그리스 아테네의 저명한 정치가이자 웅변가. 웅변을 통해 당대 아테네의 우수한 지성을 표현하고 기원전 4세기 고대 그리스의 문화와 정치에 대한 통찰을 드러낸다.
●●● 고대 로마의 역사가. 『역사』와 『연대기』 등의 저작을 남겼다.

유대인이 했던 역할을 이해하려면 무엇보다 고대에 벌어진 사회적·정치적 투쟁의 일반적 성격을 되짚어보아야 합니다. 호메로스의 영웅들의 시대에는, 그리고 어떤 면에서는 알렉산드로스 대왕의 시대까지도 국가라고 해봐야 규모가 작았고 대개 도시이거나 도시의 집합체였습니다. 전쟁은 그치지 않았고 이때 노예제도 함께 생겼습니다. 몇 세기를 지나면서 전쟁의 규모는 더욱 커졌습니다. 아테네인은 카르타고가 그랬던 것처럼 식민 제국을 건설하려 했고, 거대한 대륙 국가인 마케도니아와 로마가 그 뒤를 바짝 쫓았습니다. 기원전 1세기경에는 대규모 전쟁이 거의 끊임없이 일어났는데, 전쟁과 관련해 적어도 한 가지 상황은 특별히 살펴볼 필요가 있습니다.

사회 불평등은 고대 세계를 정의하는 근본 개념입니다. 처음부터 그리스 도시는 혈통 좋은 소수 세습 계급이 통치하는 공동체였습니다. 사회적 위계질서는 이들로부터 맨 아래의 노예층까지로 짜여 있었고, 전쟁은 노예층을 토대로 이루어졌으며, 승리한 자들이 패배한 자들을 손에 넣었습니다. 그리스 군주국들을 상대로 벌인 로마 공화국의 대규모 전쟁은 거대한 보물찾기였고 노예몰이 사업이었으며, 이 전쟁에서 정복당한 나라의 주민 중 가장 유능하고 교양 있는 사람들은 노예로 전락했습니다. 로마는 커다란 지중해 국가를 건설했으나 이를 위해 끔찍한 대가를 치러야 했습니다. 로마가 세운 문명에는 공허한 형식주의를 제외하면 종교도, 영혼도 없었습니다. 이 결함을 치유한 것이 유대인이었습니다.

로마 제국 동부 전체와 서부 일부 지역의 도시에서 유대 상인들은 눈에 띄는 공동체를 형성했습니다. 이 공동체는 영적 믿음, 진지함과 도덕적 올바름을 본보기로 제시하여 제국에서 흔히 볼 수 있는 공동체와 강한 대조를 이루었습니다. 경제가 번영하는 시기에는 자연스럽게 유물론과 쾌락주의가 나타났습니다. 종교는 기껏해야 형식적이었을 뿐이고 최악의 경우에는 퇴폐적이기까지 했습니다. 윤리적 요소는 거의 찾아보기 힘들었습니다. 하지만 영혼이 사라지고 부정이 판치는 시대에 대한 반역이 전개되었습니다. 사람들은 오랫동안 짓밟힌 양심의 갈망을 충족시켜주고 지중해 제국을 채워줄 정도로 충분히 큰 체제를 제시하는 지도자라면 누구라도 따를 마음의 준비가 되어 있었습니다. 세 유대인, 즉 예수와 바울, 필론●이 이 일에 앞장섰습니다.

예수는 모범이 될 만한 사람, 양심을 가진 사람이었고 구원의 신이었지요. 이 마지막 능력 때문에 사람들은 기꺼이 예수를 아시아의 태양 숭배와 구속救贖 관념(당시의 종교 사상 가운데 가장 활발하고 희망을 주는 갈래였던)에 어울리는 사람으로 만들었습니다. 로마인을 개종시킨 유대인 바울은 제국주의자이자 정치가로 넓은 시야와 선교에 대한 열정을 지니고 있었지요. 그리스인을 개종시킨 유대인, 알렉산드리아학파의 수호신 필론은 이집트계 그리스인의 다 죽어가던 철학 활동에 히브리적 요소를 불어넣음으로써 철학의 수명을 연장시켰습니다. 이렇게 충분하게 늘어난 수명을 가지게 된 알렉산드리아의 사상이 기독교라는 주형에 쏟아부어짐으로써 이 새로운 종교에 독특한 교리 체계를 전할 수 있었습니다.

서기 312년까지 3백 년 동안, 기독교는 지중해 세계에서 상당히 특이한 교파에 불과했고 이와 다른 수백 개의 교파는 황제의 비호를 받으며 숨어 사는 잡다한 사람들에게 헌신을 요구했습니다. 이 3백 년 동안 지중해는 로마 제국의 행정, 교역, 문명 교류를 위한 평화로운 통로였습니다. 지중해의 큰 항구들은 사하라 사막에서 게르만 숲까지, 지브롤터에서 유프라테스 계곡까지, 지중해 전역의 모든 인종이 찾아와 온갖 사람들로 북적거렸습니다. 이 거대한 국제적 제국의 토대를 놓았던 극소수 상층 가문 출신의 일족은 사실상 사라졌습니다. 로마 제국이라는 기계는 자체의 동력으로 움직였고, 멀리 떨어진 국경 지방에서 벌어지고 있던 전쟁은 용병의 차지가 되었기 때문에 제국의 심장부에서 군인 정신을 자극하기에는 역부족이었습니다. 경제적 악덕으로 인해 로마 제국에는 물질주의와 불경함, 비겁함이 유행했던 것입니다.

● 알렉산드리아의 유대인 철학자. 알렉산드리아의 부유한 명문가에서 태어났다. 유대의 전통과 풍부한 그리스 교양을 지닌 당대 최고의 철학자로서 존경받았다.

로마 제국의 허술한 체제로는 방대한 조직을 더 이상 지탱할 수 없었습니다. 유능한 황제, 무능한 황제, 그저 그런 황제가 뒤를 이었으며, 어떤 황제는 괴물이었고 어떤 황제는 성인이었습니다. 그러나 쇠퇴의 요소는 늘 있었고 끊임없이 커졌습니다. 군대는 야만인으로 충원해야 했습니다. 황제의 왕관은 전리품을 취득하려는 수많은 투쟁의 주요 보상이 되었습니다. 로마 제국은 꼴사납게 비대해져 산산조각 나고 있었고, 군사력으로 로마를 정복하려는 수많은 경쟁자가 나타났습니다.

로마의 기독교화

312년, 그러한 투쟁이 계속되는 가운데 적들에 맞서 자신의 명분을 뒷받침할 만한 수단을 궁리하고 있던 콘스탄티누스는 기독교로 개종하여 스스로를 십자가의 보호 아래 두었습니다. 실제 자신의 종교적 신념이 무엇이었든, 콘스탄티누스의 행보가 정치적이었다는 것은 의심할 여지가 없습니다. 관습과 감성에 호소하는 이교 숭배가 여전히 대다수 민중을 사로잡고 있었지만, 기독교는 특히 로마 제국 서부에서 진지하고 걸출한 계층을 자기편으로 끌어들였습니다. 행정가와 상인, 지위와 영향력을 가진 사람은 기독교도였습니다. 그런 계층의 지원이 필요했던 콘스탄티누스는 그들의 신앙을 받아들임으로써 지원을 얻어낼 수 있는 한 가지 조건을 충족시켰던 것입니다.

그리하여 오랜 투쟁과 많은 박해를 받은 끝에 기독교는 돌연 로마 제국의 공식 종교가 되었습니다. 그러나 기독교는 배타적이었고 그러한 기독교의 수장은 황제였습니다. 그래서 제국의 모든 시민은 기독교에 순응할 것을 요구받았고, 이러한 순응은 대가를 치르고 나서야 달성될 수 있었습니다. 민중은 고대의 숭배,

고대의 신, 고대 사원, 고대적인 의식에 집착했습니다. 단번에 이런 구습을 쓸어버리고 다른 무언가로 대체한다는 것은 불가능했지요. 타협이 이루어졌습니다. 사제와 사원, 의식, 조각상은 잔존했지만 기독교의 관념이 슬그머니 들어가 그것들에 기독교라는 딱지가 붙은 것이지요. 거대한 변화가 일어났던 것입니다. 그리고 오늘날의 현명한 여행자와 독자라면 그 흔적을 발견할 수 있을 것입니다.

조각된 대리석, 장미 화환, 인간적 감성으로 지중해 사람들을 휘감아왔던 매력적인 형상과 아름다운 장관은 사라져 몽상가들의 공상 속에서나 찾아볼 수 있게 되고 말았다. 하얀 예복을 걸친 사제와 연기가 피어오르는 제단, 소란스러운 행진과 신비로운 의식은 더 이상 인류의 감정을 사로잡지 못할 것이었다. 양치기는 키벨레●를 기리는 피리를 더 이상 거칠게 불지 못할 것이고, 1천 가지 맛깔스러운 우화, 정교하게 짜인 시적 상상력의 그물망은 더 이상 신들의 신성한 숲과 주랑에 출몰하지 못할 것이다. 날이면 날마다, 밤이면 밤마다 하늘에서 아폴론과 디아나가 끊임없이 뛰어다녔듯, 이 모든 것들은 지상에서 뛰어다닌다. 이제 갈릴리 사람에게 매료되면서 그것들은 무지갯빛 수증기, 비현실적이고 생각할 수도 없는 지나간 시대의 안개로 산산이 흩어졌다. 역사가가 얼마 남지 않은 폐허를 재구축하거나 시인이 과거의 삶을 되살려내는 경우를 제외하면 말이다. 그럼에도 외형은 대부분 잔존했다. 이교도 신앙은 마음으로부터 공격을 받았는데 그 부분이 가장 취약했기 때문이다. 이교도 신앙은 사람들의 양심을 얻으려 했으나 실패한 반면, 새로운 신앙은 단단한 바위 위에서 토대를 다졌다. 기독교가 승리를 거둔 것은 개인의 양심이 들고 일어나면서였다. 이제 기독교는 집단의 양심을 창조하는 위험한 과업을 시도하게 되었다.

● 아나톨리아 반도의 프리기아 왕국에서 숭배된 대지모신. 차후 고대 그리스와 고대 로마에도 전파되었다. 사람들은 밤새 야성적인 음악, 춤과 큰 소리로 노래를 부르며 키벨레를 숭배했다.

로마의 몰락

◆

빠르게 몰락하는 제국에 얼마간 숨결을 불어넣기에는 너무 늦은 게 뻔한 시기에, 기독교가 로마에서 공인되었습니다. 콘스탄티누스 황제는 새로운 수도 콘스탄티노플을 만들면서 이 도시를 절반은 로마적으로, 나머지 절반은 그리스적으로 분할하는 데 일조했습니다. 이보다 더욱 불길한 조짐은 국경 지대에서 튜턴족*이 계속 압박을 가했고, 더 이상 이 압박을 견딜 수가 없다는 것이었습니다. 튜턴족은 슬금슬금 국경을 넘어왔고, 기독교가 지중해 세계에서 공식 종교가 되었을 무렵에는 게르만족이 이미 라인 강과 다뉴브 강이라는 신성한 경계 안쪽의 영토를 점령할 권리를 무력으로 강탈해 갔습니다. 그 순간부터 약 한 세기에 걸쳐 게르만족의 침입과 로마의 분열이 계속되다가, 드디어 375년에는 게르만족 대이동이 있었고 410년에는 알라리크**와 서고트족이 로마를 약탈했습니다.

뒤이은 끔찍한 50년 동안, 로마 세계는 여러 게르만 군주들이 나누어 가졌습니다. 옛 질서 가운데는 오직 두 가지만이 존속했지요. 하나는 콘스탄티노플에 중심을 둔 동방의 분열된 제국이었고, 다른 하나는 이전보다 훨씬 더 중요해진 로마의 주교직이었습니다. 로마의 주교직은 곧 교황권이라 알려지면서, 황제들이 잃어버렸던 전반적인 지배권을 새로운 방식으로 되찾으려는 조짐을 일찌감치 보여주었습니다.

게르만인은 거칠고 전투적이었지요. 섬세하고 평화적이었던 라틴인은 정복의 폭풍이 로마 제국 서쪽을 휩쓸 때 수도원에서 안전을 도모했습니다. "수도원에서, 야만인들이 감히 모독하지 못하는 상징인 라틴 십자가의 보호를 받으며,

---

● 게르만족의 분파로, 프톨레마이오스에 따르면 유틀란트를 근거지로 했던 부족이다. 기원전 2세기경부터 남하하여 킴브리족과 동맹을 맺고 갈리아에 침입하면서 로마와 충돌하였다. 후에 킴브리족과 분리하여 이탈리아를 침입했으나 로마군에 패하고, 그 일부는 갈리아 북부에 정착했다.
●● 서고트족의 족장으로 410년 8월 군대를 이끌고 로마를 약탈한 사건은 서로마 제국의 몰락을 상징했다.

로마의 지성주의를 물려받은 사람들은 폭풍이 휘몰아치는 동안 웅크리고 있을 수 있었다. 이윽고 그들은 새롭게 벼린 무기를 들고 아버지들의 군단은 보지도 못했던 땅을 정복하기 위해 그리스도의 군단으로 다시 일어났다." 라틴 성직자들은 쉽게 믿는 단순한 게르만인의 성향과 미신을 어떻게 다루어야 할지 재빨리 알아채고는 그들 앞에 기독교의 숭고한 이상과 윤리를 내놓았습니다. 라틴 성직자들은 종교를 통해 게르만인을 사로잡았을 뿐 아니라 그들 자신이 게르만 왕국들의 행정가, 법률가, 지도자가 되었지요.

뚜렷한 변화를 겪은 (로마) 문명은 기독교와 튜턴 정신을 주된 요소로 가진 혼합물이 되었습니다. 이것은 분명히 이익이었습니다. 그러나 경제적·물질적 의미에서는 엄청난 손실이었지요. 막대한 부가 파괴되거나 산산이 흩어졌고, 제국의 소통 체계가 무너졌습니다. 상인들은 더 이상 지중해에서 안전을 보장받지 못했지요. 로마의 대로들은 파괴되고 있었습니다. 군벌 국가들의 국경선이 과거의 교류 경로들을 가로막았습니다. 이러한 상황에서 문명은 과거보다 국지화되고 약화될 수밖에 없었지요. 사실 튜턴 왕국들은 한동안 매우 파란만장한 길을 걸었습니다.

이슬람의 발흥

◆

7세기에는 새롭고 훨씬 더 끔찍한 참화의 폭풍이 몰려왔습니다. 무함마드는 이슬람을 창조하고 일으켜 세웠으며 아랍 정복이라는 거대한 운동을 시작했습니다. 무함마드가 죽고 몇 년 내에 이슬람교를 광신하는 아라비아와 동방의 군대가 벌써 콘스탄티노플의 성문을 두드렸고, 그들은 남부 해안을 따라 서쪽으로 거침없이 진격해 대서양의 앞길을 가로막았습니다. 그들은 스페인으로 방향을 틀어 서고트족 왕국을 파괴한 후 피레네 산맥을 넘었으며, 갈리아의 중심부에 이르러서야 비로소 멈춰 섰습니다. 732년, 샤를 마르텔*이 이끄는 프랑크 사람들이 투르에서 이슬람 사람들을 격퇴했는데, 아마도 이 승리가 기독교 세계를 구했을 것입니다. 아랍 사람들이 이 최후의 시련을 이겨냈다면, 그 후의 역사가 어떻게 달라졌을지 누가 알겠습니까? 에드워드 기번은 특유의 문체로 이렇게 썼습니다. "승리의 행진이 지브롤터 바위에서 르와르 강의 둑까지 1천 마일 넘게 이어졌다. 사라센인들은 폴란드 국경 지대와 스코틀랜드 고지대를 점령할 수도 있었을 것이다. 라인 강은 나일 강이나 유프라테스 강보다 건너기 어렵지 않아, 아라비아 함대는 한 번의 해전도 없이 템스 강 어귀까지 항해했을 것이다. 옥스퍼드의 대학들에서는 『코란』 해석을 가르쳤을 것이고, 옥스퍼드 설교자들은 할례를 받은 사람들에게 무함마드 계시의 성스러움과 진리를 논증했을 것이다."

아랍의 희망이 무너진 곳에서 샤를 마르텔의 후손들은 군주국을 세워 샤를마뉴 치하의 단명한 권력과 영광 속에서 빛을 발했습니다. 800년에 프랑크족의 지배자들 중 가장 위대한 샤를마뉴는 로마 제국이라는 칭호를 부활시키고, 성 베드로 성당에서 교황으로부터 서로마 제국의 왕관을 받았습니다. 그러나 과거의 제국은 소생할 수 없었고, 더군다나 프랑크 군주국은 한때나마 누린 우월한 지위도 오랫동안 지탱할 수 없었지요. 새로운 재앙이 가까이에 있었고, 죽기 전에 샤를마뉴는 자신이 통치하는 북쪽 바다의 수평선이 처음 모습을 드러낸 대담한 해적의 배들로 얼룩지는 모습을 지켜보았습니다.

---

* 프랑크 왕국의 동쪽 지방인 아우스트라시아의 재상으로 사실상 아우스트라시아, 네우스트리아, 부르군트 3개로 나뉜 프랑크 왕국 전체를 지배했다. 마르텔은 '망치'라는 뜻이다. 사라센의 침략을 격퇴해 신망을 얻었으며, 로마 교회는 이슬람 세력을 물리치는 데 공이 컸던 샤를 마르텔의 아들인 피핀의 왕위를 승인하게 된다.

봉건제

◆

약 2백 년에 걸쳐 유럽은 극도로 비참한 시대를 경험했습니다. 북서쪽에서는 덴마크인과 스칸디나비아인이, 남쪽에서는 사라센인이 유럽을 유린했던 까닭에 풍요로운 튜턴 문명을 간직한 라인 강과 다뉴브 강 상류만이 피해를 모면할 수 있었습니다. 카롤링거 제국은 프랑크인, 로렌인 혹은 부르고뉴인 그리고 마지막으로 제국 칭호를 간직했던 게르만인으로 분열되었습니다. 봉건제가 등장해 쇠락하는 문명을 강화하고 안정시키지 않았다면, 이 분열은 무한정 계속되어 대혼란으로 치달았을 것입니다.

무력은 오직 무력으로만 제대로 막아낼 수 있었으며, 위협을 당하는 곳마다 무력 저항이 지역적으로 나타났습니다. 자진해서 싸우려 하고 싸울 수 있었던 남자들은 공동체를 보호했으며, 그 대가로 일정한 편익을 강요했습니다. 머지않아 그들은 성을 짓고 영지와 권력을 상속자들에게 물려주기 시작했지요. 영주는 곧 군역을 비롯한 다른 편익을 조건으로 다른 영주와 관계를 맺었습니다. 교회가 이 선례를 따랐고, 11세기경 마침내 하나의 보편적 공식이 서유럽의 관념을 떠받치게 되었습니다. 모든 사람은 하나의 계급에 속했고, 상층 계급에 다양한 편익을 제공하면서 일정한 권리를 누렸으며, 이 계급 사다리의 맨 위는 황제나 교황 아니면 둘 모두가 차지했습니다. 이 마지막 공식은 논쟁의 여지가 아주 많았습니다. 첫 번째 공식에는 모든 사람들이 동의했습니다.

이 시기에 봉건제가 거둔 최고의 성과는 보다 안정적으로 상황을 복구하고 북쪽과 남쪽의 해적질을 끝낸 것이었습니다. 시칠리아에서 스코틀랜드 국경 지대에 이르기까지, 이제 유럽은 작은 군사적 공국들로 이루어진 하나의 덩어리였습니다. 프랑스와 잉글랜드의 경우나 게르만 제국의 경우처럼, 군주국들은 여기저기서 효율적인 방식으로 결합했습니다. 모든 교역로는 요새를 통해 측면에서 보호를 받았고, 이런 곳에서는 상인들에게 당당하게 세금을 거둘 수 있었습니다. 그리고 한층 평화로운 상황에서, 이탈리아와 독일, 네덜란드에 거대한 교역 도시들이 등장하면서 도시의 패권을 둘러싸고 시민들과 봉건 세도가들 사이에 격렬한 투쟁이 벌어졌습니다.

그러는 사이에 교회는 거대한 야심을 키워가면서 극심한 부침을 겪었습니다. 프랑크 왕국의 비호를 받던 로마 교회는 세속적 지배권을 가지고 있다가, 1870년 9월 20일에 새로 건립된 이탈리아 왕국에 빼앗기면서 합병됩니다. 영토는 이렇게 유지되었습니다. 한편 교황 그레고리오 7세(힐데브란트)의 재위기에 가톨릭교회는 고대 로마와 교회의 강력한 전통에 힘입어 유럽의 봉건적 왕권을 장악하기 위해 의도적으로 손을 뻗습니다. 방대한 영토를 소유했던 샤를마뉴의 후예인 게르만 제국은 교회에 저항했습니다. 교황파 구엘프와 황제파 기벨린이라는 거대 정파가 생겨나, 긴 세월 동안 패권을 차지하려고 헛된 시도를 한 탓에 독일과 이탈리아는 분열되었습니다.

봉건제 특유의 움직임이 로마가 창출하는 데 성공했던 교회에 대한 헌신의 열망과 뗄 수 없이 긴밀히 연관되면서, 종교적이고 기사도적이며 경제적인 요소가 결합된 하나의 막간극이 펼쳐집니다. 십자군 전쟁이지요. 봉건 군인들이 풍부하게 충원되면서, 거대한 군대가 양성되어 불경스러운 이교도들이 차지하고 있는 성지를 되찾으려 했던 것입니다. 동방은 종교전쟁과 그에 따른 살육으로 깊은 상처를 입었고 경제적인 측면을 제외하고 영속적으로 맺을 수 있는 결실은 거의 없었습니다. 십자군 덕분에 번창하던 제노바 공화국과 베네치아 공화국은 대규모 운송과 무역을 감당할 수 있었고, 그러면서 동방 무역이 엄청나게 늘어났습니다. 서방은 또 한 번 동방을 통해 배우면서, 신앙심은 약해지고 회의주의는 강화되었습니다. 십자군 전쟁의 막바지인 1270년부터 종교개혁이 시작되기까지 250년간 가장 두드러진 현상은 경제 활동과 회의주의의 증대였지요. 이와 더불어 눈여겨볼 현상은 새로운 언어 그리고 부분적으로 이 모든 에너지를 통해 탄생하고 발흥한 르네상스였습니다.

르네상스

◆

11세기와 12세기에 너무 큰 힘을 소진한 까닭에 교황권은 한동안 힘을 잃었습니다. 교황권을 뒷받침했던 라틴어로 된 사상들은 단테가 1300년에 이탈리아어를 새롭게 창조하고, 그다음 2백 년 사이에 프랑스어와 영어, 독일어가 명확한 형태를 갖추어가면서 빠르게 토대를 잃어갔습니다. 라틴어라는 형식에 대한 믿음만 사라진 것이 아니라 종교 교리를 새로운 언어 양식에 맞게 바꾸려는 욕구, 특히 자국어로 된 성서를 갖고자 하는 욕구가 생겨났습니다. 이런 식으로 공격을 받은 로마 가톨릭은 신학 연구를 촉진하고, 중세 대학의 설립을 도왔습니다. 여기에 더해 그리스 황금시대의 문헌으로 돌아가 아퀴나스와 함께 교리 형식으로 알렉산드리아가 물려준 철학을 되살려내려 했지요.

하지만 백약이 무효했습니다. 유럽은 내부에서 요동치는 새로운 생명과 새로운 민족주의를 감지했습니다. 인도와 아메리카를 발견하기 위한 항해는 처음에는 상상력을 자극했지만, 나중에는 야심 찬 정치가와 군인, 예술가의 탐욕스러운 손으로 막대한 양의 황금이 흘러들게 하는 결과를 초래했습니다. 세계의 맥박은 더 빠르게 뛰었습니다. 수립된 지 1천 년을 넘어서면서 콘스탄티노플은 투르크인의 손에 넘어갔고, 이 도시가 간직하고 있던 필사본과 예술품, 장인은 이탈리아로 밀려들었습니다. 사람들은 저마다 발명가, 개혁가, 예술가, 혁명가가 되었지요. 체사레 보르자•는 이탈리아 제국을 세우려 했으나 실패했습니다. 마르틴 루터는 가톨릭교회에서 독립하려 했고, 결국 성공했습니다.

마르틴 루터는 인간은 신의 은총으로만 자기 영혼을 구원할 수 있다고 선언했습니다. 이에 근거해, 유럽을 다시 한 번 전쟁의 구렁텅이로 빠뜨린 이념 논쟁과 장황한 말싸움이 시작되었지요. 이런 상황은 1648년 베스트팔렌 조약이 맺어질 때까지 계속됩니다. 그 결과 대체로 유럽 북부는 프로테스탄트가 되었고, 남부는 가톨릭으로 남게 되었지요.

프랑스와 영국
◆

바로 그때, 다음 두 세기 동안 유럽에서 프랑스가 우위를 차지하는 계기가 된 루이 16세의 재위가 시작되었습니다. 봉건 시대는 빠르게 사라지고 있었지요. 마지막 남은 대大가신들은 계속되는 종교전쟁을 겪으면서 힘을 잃었습니다. 군주제는 잃었던 것을 되찾으면서, 이제 화려하고 눈부신 베르사유 궁전에서 한때 반半독립적이었던 봉건 기사의 지위를 고상한 척하는 조신朝臣으로 격하하는 작업에 착수했습니다. 부르봉가家의 시도는 대체로 성공했지요. 부르봉가는 변함없이 프랑스의 전제군주들이었고 성직자와 귀족 같은 특권층을 자신들보다 아래에 두었습니다. 게다가 견제받지 않는 정부 조직에 대한 통제권을 소유했습니다. 이러한 조직은 곧 남용되기 시작했지요. 그리고 1789년 프랑스 혁명으로 완전히 무너졌습니다.

이 극적인 사건은 수많은 원인들이 하나로 뭉쳐 서서히 작용하면서 발생했습니다. 그 원인들 중에서 부르봉가의 끔찍한 재정 파탄, 부적절한 식량 공급, 정부 업무에 대한 영향력과 기회를 모조리 박탈당한 높은 교육 수준을 가진 중간계급의 불만을 주목해볼 수 있습니다. 중간계급은 훗날 국민의회가 되는 전국의

● 르네상스 시대 이탈리아의 전제군주이자 교황군 총사령관. 아버지이자 교황인 알렉산데르 6세의 지원으로 중부 이탈리아의 로마냐 지방을 정복해 지배했다. 마키아벨리는 그를 이상적인 모델로 삼아 『군주론』을 집필했다.

회를 장악하면서 자유와 평등, 박애의 이름으로 부르봉 왕가를 무너뜨리는 과업에 착수했습니다. 미숙한 전국의회와 무능한 왕실 사이에서 격분한 파리 민중이 봉기했습니다. 그 결과 프랑스는 분노한 유럽과의 전쟁으로 치달았고, 몇몇 가장 나쁜 사람들은 물론이고 수천 명의 고결하고 뛰어난 프랑스인과 더불어 부르봉가 사람들까지 기요틴으로 끌려갔습니다.

전쟁은 성공적이었습니다. 하지만 공포정치를 뒤이은 나약한 공화제 정부는 불가피하게 군사 독재와 왕정복고를 불러왔습니다. 역사상 가장 벼락출세한 인물이라 할 보나파르트 나폴레옹은 사람을 끌어당기는 매력과 철권통치로 15년간 프랑스를 지배했습니다. 이 기간에 유럽의 어떤 나라도 하지 못한 방식으로 프랑스를 조직했지요. 과대망상에 가까운 정복욕으로, 작열하는 이집트에서 혹한의 러시아까지 나폴레옹이 지배하는 프랑스는 전력을 다해 돌진했습니다. 프랑스를 거덜 낸 채 나폴레옹이 몰락한 뒤 잠시 부르봉가가 복귀했습니다.

나폴레옹 전쟁의 결과 유럽의 모든 나라는 프랑스와 나폴레옹을 무너뜨리기 위해 힘을 합쳤고, 마침내 멀리 떨어진 러시아가 가장 치명적인 상처를 입혔습니다. 그러나 가장 지속적이고, 가장 완고하고, 가장 큰 승리를 거둔 적은 영국이었습니다. 프랑스와 영국, 이 두 나라 사이의 다툼은 아주 오랜 과거까지 거슬러 올라갑니다.

샤를마뉴 대제 이후의 암흑기 동안 노르만인은 프랑스와 유럽 사이에 있는 중간지대를 정복했습니다. 노르망디 공작 윌리엄의 지휘 아래 1066년 노르만인은 영국 본토를 정복하고 강력한 섬나라 군주정을 확립했습니다. 그러나 그들이 프랑스 안에 근거지를 가지고 있었기 때문에 앵글로-노르만 왕들은 프랑스와 충돌했고, 두 나라 사이의 격렬한 전쟁은 1815년까지 거의 멈추지 않고 계속되었습니다. 애초에 두 나라의 목표는 대체로 영토 소유였지요. 이후 18세기까지는 경제적 요인이 두드러졌습니다. 나폴레옹 치하에서 벌어진 전쟁의 목적은 해외에 식민 제국을 세우는 것이었습니다.

스페인과 합스부르크 왕가

◆

16세기에는 튜더 왕가가 영국의 왕좌에 올랐고 프랑스에 맞선 영국 왕들의 끝날 것 같지 않던 싸움은 대륙에 신흥 강국이 출현하면서 복잡해졌습니다. 영국은 당시의 정세에 따라 숙적과 손을 잡으려 했습니다. 이 나라가 바로 스페인이었지요.

732년 투르에서 프랑크족에 패한 이래 아랍인은 서서히 영토를 잃었습니다. 그러나 아랍인은 수 세기 동안 스페인에서 번영했고, 기독교 유럽이 여전히 암흑에 빠져 있던 그 시절, 학문을 발전시키고 예술을 꽃피웠지요. 하지만 머지않아 피레네 산맥과 오스트리아 산맥에 둥지를 튼 봉건 공국들이 영토를 확장하기 시작했습니다. 마침내 14세기 말에 이르러 이 공국들은 하나의 군주국으로 통합되어 마지막 남은 아랍 왕국을 정복하고 근대 스페인을 건립했습니다.

이때 유럽사에서 가장 기막힌 우연들이 겹치면서 혼인 동맹과 여러 사건으로 인해 스페인 왕국, 부르군디 공작들의 넓은 상속지, 헝가리 왕국이 갑작스레 오스트리아 합스부르크 공작들의 손으로 넘어갔습니다. 합스부르크 공국은 1806년 신성로마 제국이 막을 내릴 때까지 거의 중단 없이 자신의 군주들을 이 제국의 왕좌에 앉혔습니다.

이렇게 황제 카를 5세(1519~1556 재위)의 손에 거대한 권력이 집중되면서, 종교 개혁으로 촉발된 상황에는 뚜렷한 변화가 생겼습니다. 가톨릭으로 남은 프랑스와 프로테스탄트로 개종한 영국 모두 합스부르크 왕가가 지배를 급격히 확장하면서 유럽의 균형을 뒤흔드는 문제와 맞닥뜨렸기 때문이지요. 당시에 정세가 끊임없이 바뀌면서 조정되는 정황은 상당 부분 이런 맥락에서 설명됩니다. 루이 14

세의 시대가 막을 내리고 나서야(1713년 위트레흐트 조약 이후) 부르봉가의 왕자가 스페인의 왕위에 오르게 되어 합스부르크 왕가의 권력은 어느 정도 균형을 잡았습니다. 이때부터 프랑스와 스페인은 영국에 대항해 전열을 가다듬었습니다.

영국에서는 헨리 8세에서 올리버 크롬웰에 이르기까지 약 1세기 동안 종교 격변이 계속되었습니다. 전체적으로 보아 영국의 종교 투쟁은 유럽 대륙의 경우보다는 폭력적이지 않았습니다. 그로 인해 영국 국교회(혹은 성공회)와 이들보다 더 돋보이는 프로테스탄트 종파들이 세워졌고, 이들 중 일부는 뉴잉글랜드의 강건한 정착민이 되었습니다.

대영 제국의 성립

◆

종교전쟁을 치르는 동안 영국은 새롭게 부상한 합스부르크-스페인 세력과 충돌했습니다. 이때 스페인의 무적함대는 순항 중에 매우 극적인 사건들을 겪었습니다. 그리고 스페인이 가로막고 있던 남쪽 바다를 통과해서 영국 선원들은 항로를 발견하고 해적질에 가까운 공적을 세우면서 매혹적이고 낭만적인 사건도 겪었습니다. 이제 드넓은 대양과 인도 제도의 황금, 설탕, 담배, 커피 농장, 신세계의 증대하는 정착민과 영토를 둘러싸고 투쟁이 벌어졌습니다. 무적함대의 패배 이후 스페인이 활력을 잃었고 한 세기 뒤에는 프랑스에 예속되면서 이 투쟁은 프랑스와 영국 사이의 투쟁으로 좁혀졌지요.

7년 전쟁(1756~1763)을 치르면서 영국은 이 세계적 투쟁에서 우위를 점했고, 그다음 전쟁에서 아메리카 식민지를 잃긴 했지만 1793년에 프랑스와 다시 맞붙었을 때는 교역과 제조업(상의 우위), 비길 데 없는 지리학적·경제적 조건, 분별

있고 능률적인 정치적 수완에 힘입어 유럽 국가들 중 정상에 올랐습니다. 영국이 1793년에 프랑스에 맞선 동맹에 가담하고, 22년 뒤 나폴레옹이 마침내 워털루에서 웰링턴과 블뤼허에게 패할 때까지, 두 번의 짧은 기간을 제외하고 유럽에서 영국과 맞서려는 세력은 없었습니다.

이 거대한 투쟁을 겪으면서 프랑스는 두 가지 문제에 부딪혔습니다. 하나는 바다와 영국이었고, 다른 하나는 육지와 유럽 북동부의 세 군사 강국인 오스트리아와 러시아, 프로이센이었습니다. 나폴레옹이 스페인에서 실패하고 러시아의 죽음의 갈고리에 걸려 몰락할 때까지 유럽 국가들은 다른 문제는 제쳐두고 나폴레옹 제국을 무너뜨리는 데 집중했습니다. 그러나 영국은 바다와 식민지, 해상 무역에 시선을 고정하고 있었지요. 그리하여 1815년에 열린 빈 회의를 통해 강국들이 조각난 제국을 나누어 가지면서, 영국은 모두가 인정하는 바다와 식민지의 유일한 강자로 남았습니다.

근대 유럽

◆

나폴레옹이 몰락한 후 역사의 흐름을 되돌리려는 반동이 뒤따랐지만 이 반동은 혁명이 폭풍처럼 몰아친 1848년에 막을 내렸습니다. 인구가 증가하고 통신 수단이 급속히 늘어나면서 경제적 활동뿐 아니라 지적 활동도 촉진되었지만, 정치적 특권은 부당하게 제한되었고 정부는 시대에 뒤떨어져 있었습니다. 이탈리아와 1806년에 옛 제국이 소멸한 독일에서는 새로운 민족주의의 싹이 텄습니다.

팔레르모에서 파리까지, 그리고 파리에서 빈까지 연이어 혁명이 발발하면서 유럽은 2년간 몸살을 앓았습니다. 프랑스에서는 새로운 보나파르트 제국이 들어섰지요. 이탈리아와 독일에서는 아직 정점에 달하지는 않았지만 민족 관념이 생겼습니다. 민족 관념이 절정에 도달하기까지는 20년이 더 걸렸습니다. 이렇게 된 데에는 이탈리아를 통일한 카밀로 카부르*와 독일을 통일한 비스마르크에게 교묘하게 이용당한 나폴레옹 3세의 뒤틀린 야망이 엄청난 역할을 했지요.

1859년 프랑스는 사보이 왕가를 도와 오스트리아를 포 계곡에서 몰아냄으로써 카부르와 주세페 가리발디**가 이탈리아를 해방시키고 통합할 수 있는 길을 닦았습니다. 1866년 프로이센은 합스부르크 왕가를 독일에서 내쫓았고, 4년 뒤에는 연합 독일군의 선두에 서서 파리의 성벽까지 진격함으로써 통합을 굳건히 다졌습니다. 파리의 베르사유 궁전에서는 호엔촐레른 왕가의 빌헬름 1세를 새로운 독일 제국의 황제로 맞이하였습니다.

그 후에 일어난 일들, 그중에서도 특히 식민지 쟁탈전과 경제적 종주권 확립을 위한 싸움은 역사보다는 현대 정치의 영역에 속하기 때문에 서술하지 않았습니다. 저에게 할당된 지면이 부족하기 때문에 다른 내용도 서술에서 많이 빠졌습니다. 우리가 역사라 부르는 짓밟히고 만신창이가 된 이 분야에서 무언가를 거두어들일 독자를 위해 마지막으로 한마디 보태자면, 모든 것은 관점에, 정신의 자세에 달려 있다는 것입니다. 독자는 장대한 구경거리를 지켜보는 관객입니다. 독자는 냉정하게 판단하고 분별해야지, 칭찬이나 비난에 치우쳐서는 안 됩니다. 끊이지 않고 흐르는 강물이 변화무쌍한 색깔로 드러날 때 그저 바라보는 것으로 만족해야 합니다. 하지만 인간의 행위와 동기를 판단하는 지성, 언제나 살아 숨 쉬

---

* 토리노 출생의 이탈리아 정치가. 니스와 사부아를 프랑스에게 할양하는 조건으로 중부 이탈리아를 합병하고 이어서 주세페 가리발디가 해방시킨 양兩 시칠리아 왕국을 합병하여 1861년 3월에 성립한 이탈리아 왕국의 초대 총리가 되었다. 민주공화국에 의한 통일을 주장하는 G. 마치니에 대항하여 국제관계를 이용, 사르데냐 왕국을 중심으로 군주제에 의한 이탈리아 통일을 실현하였다는 점에서 비스마르크와 자주 비견되는 19세기 유럽의 뛰어난 정치가이다.

** 이탈리아의 혁명가, 군인, 정치가. 나폴리와 시칠리아 지방을 점령하여 이탈리아 통일에 기여하였다.

는 사실의 드라마를 따라잡는 상상력, 위대한 사람들과 민족들을 고귀하게 만들었던 무수한 영웅적 행위들에 화답하는 가슴을 가져야 합니다. 그리고 이 모든 것들과 더불어 인간애를 갖추어야겠지요.

로버트 매트슨 존스턴
Robert Matteson Johnston(1867~1920)
미국의 역사가로 군사와 역사 분야에서 두드러졌던 학자다. 파리에서 태어나 이턴학교와 케임브리지대학교에서 공부했고, 하버드대학교에서 강의했다. 저서로 『나폴레옹 약전略傳』, 『프랑스 혁명』 등이 있다.

서양 고대사

서양의 역사는 대략 1,500년을 단위로 각각 세 시대로 이루어지는데, 이 중에서 두 시대가 고대에 속합니다.

'영원의 사슬로 서로 묶여 있는' 이 시대들 가운데 첫 번째 시대는 서로 구별되기도 하지만 연결되어 있기도 한 중심지, 즉 이집트, 바빌로니아, 크레타-미케네에서 발생한 동양 문명의 흥망성쇠를 포함합니다. 기원전 1200년부터 서기 300년까지에 해당하는 두 번째 시대 역시 문명의 성장, 결실, 퇴락, 즉 그리스인과 로마인의 수준 높은 물질적·지적 문화로 채워집니다. 두 번째 시대와 수백 년이 겹치는 세 번째 혹은 기독교 시대는 오늘날 우리가 사는 시대에까지 이릅니다. 20세기는 네 번째 시대의 시작으로, 인간 발전의 가능성이 전례 없이 열린 시대라고 할 수 있습니다.

그리스인은 기독교도와 마찬가지로 수백 년간 선조들로부터 가르침을 받았지요. 이들이 처음 창작한 시, 호메로스의 『일리아스』와 『오디세이아』는 어떤 의미에서 크레타인과 미케네인의 행위를 배경으로 하는 크레타-미케네 시대의 유산이지요. 그럼에도 중세와 근대 유럽 사람들과 마찬가지로, 그리스인의 가장 특색 있는 산물은 자신들만의 고유한 노력의 결과입니다.

그리스인이 인류의 새로운 종으로 등장한 것은 기원전 8세기에서 기원전 7세기의 일입니다. 에게 해에서 지중해로 뻗어나간 이 시기에 그리스인은 동방 정신을 속박해왔던 족쇄를 벗어던졌고, 자신들의 지성을 신뢰하며 움츠러들지 않은 채 인간 삶의 엄숙한 문제들과 마주했습니다. 그리스인이 자신의 위치를 깨달았을 때, 그들은 국가이기도 한 도시들을 소유하고 있었습니다. 그 도시들 사이에는 정치적 연계가 전혀 없었지요. 밀레투스, 코린토스, 시라쿠사, 마살리아와 그 밖에 당시 존재하던 수백 개의 그리스 도시-국가들을 서로 묶어주던 가느다란 정서, 언어, 종교적 유대가 있었을 뿐입니다. 크레타 한 곳에만도 23개나 되는 도시-국가들이 있었음을 감안한다면, 고대 그리스의 지도가 그토록 복잡한 이유를 이해할 수 있을 것입니다. 다른 곳과 마찬가지로 그리스에서도, 국가적이기도 하고 도시적이기도 한 삶의 무대였던 도시-국가들은 자유로운 제도가 성장하기에 가장 적합한 토양을 보유하고 있었지요.

그리스의 개인주의

◆

그리스가 형성되던 시대에 특히 중요하게 살펴야 할 대목은 개인주의의 발흥입니다. 시인들은 호메로스식 관습에서 벗어나 옛날처럼 고대 영웅들의 행위가 아닌 자신들의 감정, 관념, 경험을 다루었습니다. 시인들은 서사시의 운율과 어법을 제쳐두고 그들 고유의 운율과 방언으로 보통 남녀를 이야기했습니다. 오랫동안 한 유파의 정신 안에서 작업하는 데 익숙하고 특정한 유형의 예술을 세심하게 다듬는 데 익숙해져 있던 조각가와 화가는 이제 작품 대부분을 자신들의 창조물이라고 의식하게 되었습니다. 그리하여 자신의 이름을 써넣을 권리를 주장하기 시작했지요.

종교 문제는 이제 더 이상 호메로스와 같은 계시로는 만족스럽게 해결되지 않았습니다. 사유하는 개인이라면 종교 문제에 대해 고민하지 않을 수 없었겠지요. 정통파로 남은 사람도 있고, 디오니소스와 데메테르*에 대한 감정적 숭배에서 안식처를 찾은 사람도 있었지요. 또 기존 종교에 반발하여 세상을 신의 창조물이 아니라 자연법칙의 산물로 설명하려는 사람도 있었습니다. 이전에는 가족, 친족, 형제에 가려져 있던 사람들이 이제는 이러한 유대관계로부터 떨어져 나와, 공적인 목적을 위해 모두에게 똑같은 권리를 허용한 국가의 권위만을 인정했습니다. 종교와 예술에서처럼 정치에서도 반란자들이 있었습니다. 아르킬로코스**, 사포***, 알카이오스****처럼 개인의 이야기를 읊은 시인, 밀레투스의 탈레스와 같은 철학자, 이오니아의 자연학자와 참주僭主는 모두 친척뻘이었습니다.

아시아의 그리스인은 대체로 그 시대의 지도자였고, 밀레투스는 그리스 세계 전체에서 가장 큰 도시였습니다.

---

* 그리스 신화의 곡물과 수확의 여신이며 올림포스 12신 가운데 하나이다. 계절의 변화와 결혼의 유지를 관장하는 것으로도 알려졌다. 올림포스의 12신 이전부터 숭배받고 있었던 것으로 보인다. 로마 신화의 케레스에 해당된다.
** 기원전 7세기 초엽에 활약한 그리스 파로스 태생의 전사이자 시인. 그는 처음으로 전설 세계에서 나와 자유로운 개인으로서 인생의 문제와 고뇌에 관해 읊었다.
*** 기원전 7세기 후반 레스보스 섬의 아르카이오스와 함께 활약한 고대 그리스의 시인. 기원전 612년경 레스보스 섬에서 귀족의 딸로 태어나 한때는 시칠리아에 망명했으나 그 후 다시 복귀했다. 개인의 내적 생활을 아름답게 읊어 그리스 문학사·정신사에 독자적인 발자취를 남겼고, 시의 아름다움 때문에 열 번째 시의 여신으로 손꼽힌다.
**** 그리스의 서정시인. 그의 작품은 고대에 높은 평가를 받았다. 기원전 2세기경에 남아 있던 알카이오스의 시들을 10권으로 묶은 전집이 편찬되었으나, 현재는 모두 유실되었다.

스파르타, 아테네, 테베

뒤이은 기원전 6세기는 반동의 시대였습니다. 그리스인은 앞선 세대의 격렬한 반발에 위축되었지요. 이 세기는 '7현자'의 시대, '중용'中庸이 격언이었던 시대, 스스로를 법이라고 주장하던 귀족에게 재갈을 물리던 시대였지요. 이 억압의 시대 동안 스파르타에서 발달했던 풍요롭고 다채로운 문화는 단 하나의 긴급한 관심사, 다시 말해 전쟁과 전쟁 준비로 위축되고 말았습니다. 스파르타 귀족정의 문화 수준이 낮아지면서 귀족이 전수해왔던 예술과 문학도 쇠퇴했습니다. 스파르타인은 무장한 군대가 되어 용맹스러운 동지애를 가지고 매우 엄격한 내핍 생활을 했습니다. 그러면서도 항상 농노(스파르타인의 15배에 달하는 농노가 있습니다)가 반란을 일으켜 자신들을 해치지는 않을까 염려했고, 당시 그리스의 정세(그리스인 3백만 명 중 스파르타인은 1만 5천 명이었지요)에서 자신들이 확립한 지도력이 위태로워지지 않을까 경계를 늦추지 않았습니다. 아테네의 발전 과정은 스파르타와 정반대였습니다. 귀족이 정치적 권리의 독점권을 빼앗겼다는 점에서는 같지만, 스파르타와는 달리 아테네에서는 농노에게 시민권을 허용했습니다. 아테네 민주정이 성장하는 동안 아테네인에게 강력한 영향을 미친 사람들은 귀족이고, 그들은 자신들이 만든 아테네 사회의 문화 덕분에 민중의 삶이 고귀해질 것임을 한순간도 의심하지 않았습니다. 따라서 팔레스트라*와 김나지움**을 세우고 유지하는 데 들어가는 수고와 비용을 귀족이라 해서 면제받지는 못했습니다. 여기서는 빈자와 부자가 동등하게 신체를 유연하고 우아하게 단련할 수 있었고 이러한 활동을 통해 매력과 활력을 함께 얻을 수 있었습니다. 또한 귀족은 대체로 민중이 참여해야 했던 시 경연대회를 열고, 모든 계층이 문학과 예술(무엇보다 서정시에 사용되는 말과 희곡의 합창단에서 사용되는 음악)을

---

* 주로 7세부터 15세 정도의 어린이가 권투, 투원반, 투창, 레슬링, 수영 등을 연마하는 운동장.
** 주로 16세 이상의 청소년이 팔레스트라에서 하는 운동 외의 운동, 전차 경기, 판크라티온, 군사 훈련 등을 하던 운동장. 여기서는 신체 단련뿐 아니라 철학 토론 등의 지적 훈련도 병행되었다.

배울 수 있도록 했습니다. 아테네에서 귀족정은 점차 사라져갔지만, 아테네인은 그리스 전체의 귀족이 되었지요.

아테네인이 이렇게 할 수 있었던 데는 아테네의 가장 탁월한 정치가 테미스토클레스*의 공이 컸습니다. 이 사람의 생애는 플루타르코스**의 『영웅전』에도 실려 있습니다. 선견지명을 가진 테미스토클레스의 지도력으로, 아테네인은 엄청난 재정적 비용을 치르면서 무적함대를 마련했습니다. 그래서 단 한 사람의 헌신과 전례가 없는 영웅적 행위로 스파르타와 힘을 합해 페르시아 제국을 물리치고 해양 제국을 세웠습니다. 아리스티데스***는 처음에는 테미스토클레스와의 경쟁에서 밀려났다가 나중에는 그의 충실한 협력자가 되었지요. 그리고 페리클레스****는 자연학, 철학, 법학, 예술, 문학에 관심을 기울였고 여기서 나온 결과물을 잘 활용한 덕분에 그리스의 황금시대를 대표하는 인물이 되었습니다. 페리클레스는 아테네의 민주주의 제도를 완성했을 뿐 아니라 아테네 제국의 임무를 분명하게 조직했습니다. 모든 시민에게 공적 사업에 대한 동등한 자격이 주어져야 한다는 원리를, 높은 지위에 있던 사람들 중에서 페리클레스보다 진지하게 받아들인 사람은 없습니다. 그러면서도 그보다 더 열렬한 제국주의자로 살았던 사람도 없습니다. 담고 있는 의미를 모두 고려하더라도, 아테네 민주주의는 사실상 아테네 해양 제국 없이는 불가능했습니다. 아테네에 종속된 동맹국들이 아테네인에게는 반드시 필요했지요. 마치 플라톤의 이상(철인) 국가에서 시민에게 노예, 기술자, 상인이 꼭 필요했던 것과 마찬가지입니다.

● 아테네의 명문가에서 태어나 기원전 493년에 집정관으로 뽑힌 고대 아테네의 정치가이자 군인. 아테네의 해군력을 그리스 제일로 성장시켜 페르시아 전쟁을 승리로 이끌었다.
●● 『영웅전』의 저자로 널리 알려진 고대 그리스의 철학자, 정치가 겸 작가. 중기 플라톤주의 철학자 중 한 명이었으며 『영웅전』 외에 유명한 저작으로 『도덕론』이 있다.
●●● 2세기경 활동한 아테네의 철학자, 초기 기독교 변증론자.
●●●● 고대 그리스 아테네의 정치가, 웅변가, 장군으로, 그리스-페르시아 전쟁과 펠로폰네소스 전쟁 사이에 아테네의 황금시대를 연 인물. 아테네 사회에 깊은 영향을 끼쳐, 당대 역사가 투키디데스는 그를 '아테네의 제1시민'이라 칭하였다.

스파르타는 이 아테네 제국을 파괴하려 했고, 이 목적을 위해 아테네를 상대로 10년 동안(BC 431~BC 421) 성과 없는 전쟁을 치렀습니다. 아테네 출신의 간악한 천재 알키비아데스*는 아테네의 민주파에게 시칠리아로 원정대를 보내야 한다고 무리하게 요구함으로써 결국 스파르타가 이루지 못한 것(아테네의 패배)을 이뤄냈지요. 아테네 원정대가 시라쿠사에서 무시무시한 재앙을 겪은 후(BC 413) 아테네의 속국들은 반란을 일으켰고 더 이상 공물을 바치지 않았습니다. 그 결과 아테네에 맞서 힘을 합친 시칠리아와 스파르타, 페르시아에 저항할 수 없게 되면서 아테네는 기원전 405년에 패배했습니다. 성인 남자 5만 명으로 이루어진 어떤 도시가 아테네만큼 평화와 전쟁의 과업을 수행할 수 있었을까요. 그리스가 세계를 이끌었을 때 그리스를 이끈 것은 아테네였습니다.

스파르타인은 평화를 얻었지만 그 평화는 공모국인 페르시아와 시라쿠사의 지지가 있어야만 유지될 수 있었습니다. 페르시아와 사이가 틀어지자, 스파르타는 단번에 평화를 잃었습니다. 기원전 387년 안탈키다스의 평화조약**으로 평화를 되찾았지만 16년 후 레욱트라 전투에서 테베에 패배했지요. 테베는 위대한 전사이자 정치가인 에파미논다스***에게 전적으로 의존했습니다. 기원전 362년 전투에서 그가 사망하자 테베 패권도 곧 몰락했습니다. 기원전 356년 알렉산드로스 대왕이 태어났을 무렵에는 그리스인이 2백 년 동안 추구해왔던 목표가 비로소 달성되었다고 말할 수 있습니다. 유럽의 모든 그리스 도시는 크든 작든 기원전 7세기에 그랬듯이 자유를 되찾았습니다. 그러나 플루타르코스의 데모스테네스* 전기가 보여주듯이, 그리스인은 끊임없이 서로를 두려워하고 시기하여

● 고대 그리스 아테네의 정치가, 웅변가, 장군. 클레이니아스의 아들로, 스캄보니다이 데모스 출신이다. 그는 펠레폰네소스 전쟁 후반기에 전략가, 군사 지도자, 정치가로 활약하였다.
●● 기원전 386년 페르시아와 스파르타 사이에 맺어진 조약. 조약 체결자인 안탈키다스의 이름을 따서 붙여졌으며 페르시아 대왕의 주도로 체결된 조약이라 하여 '대왕의 화약'이라고도 한다.
●●● 테베의 정치가, 군사전략가, 지도자. 스파르타의 군사적 우위에 쐐기를 박았고 그리스 도시국가들의 세력 균형을 계속 유지시키는 데 중요한 역할을 했다. 그는 레욱트라 전투에서 스파르타를 패배시키고(BC 371) 펠로폰네소스 원정을 성공시켰으나 마지막 원정에서 전사했다.

파벌 투쟁을 벌였고, 분열하지 않고 연합해야만 피할 수 있는 커다란 위험의 그림자를 껴안고 살아야 했습니다.

마케도니아
◆

마케도니아의 필리포스 2세는 지도력을 발휘하여 그리스를 통일하였고, 그렇게 확보한 권력으로 알렉산드로스 대왕은 페르시아 제국을 굴복시켜 신속하고도 집요하게 그리스에 식민지를 건설하기 위한 포문을 열었습니다. 마키아벨리는 『군주론』에서 이렇게 지적했습니다. "알렉산드로스의 후계자들은 영토를 유지하는 데는 아무런 어려움이 없었다. 다만 그들 자신의 야심 때문에 그들 사이에서 어려움이 생겼을 뿐이다." 그러나 마케도니아 제국이 무너지는 데는 그것만으로도 충분했습니다. 이 전례가 없는 내분은 30년 동안이나 계속되었지요. 내분이 끝났을 때 그리스-마케도니아 세계는 불안정한 세력 균형 때문에 마비되었습니다. 한편 프톨레마이오스 왕조●● 치하의 이집트는 엄청난 부를 투입하여 거대한 함대를 유지하면서 마케도니아와 아시아를 견제했습니다. 로마가 이탈리아를 통일(BC 343~BC 270)하고 그 뒤를 이어 카르타고 제국이 파멸(BC 264~BC 201)하기까지, 그리스의 어떤 왕국보다 훨씬 강력한 군사 국가였던 로마는 이집트의 적들과 적대적 관계에 놓이게 되었습니다. 이 국가의 전체 인구는 5백만 명이었고, 군대는 75만 명이었으므로 몇 년 동안이나 10만 명의 병사를 계속 전장에 머물게 할 수 있었지요. 이처럼 막강한 세력은 그리스 세계 전체가 동맹을 맺어

● 고대 그리스 아테네의 저명한 정치가이자 웅변가. 웅변을 통해 당대 아테네의 우수한 지성을 표현하고 기원전 4세기 고대 그리스의 문화와 정치에 대한 통찰을 드러냈다. 마케도니아 왕국의 팽창에 반대하는 데 헌신했다.

●● 기원전 305년부터 기원전 30년까지 이집트를 다스린 헬레니즘 계열의 왕가. 파라오라 칭했고, 기존 이집트의 전통과 연속성이 있기 때문에 이집트 제32왕조라고도 불린다.

야만 저지할 수 있었습니다. 그리스인은 다시 한 번 분열의 대가를 치렀고, 쓰라린 전투를 겪은 뒤 로마에 종속되었습니다.

로마의 발흥

◆

그리스인을 정복한 로마인은 150년 후 키케로와 카이사르 시대의 로마인처럼 '온화한 사람들'이 아니었습니다. 이들의 기질은 플루타르코스의 『영웅전』 중 「코리올라누스」 편을 통해 부분적으로만 드러납니다. 여기에 실린 이야기[그러나 플루타르코스 시대(46~125)의 로마인과 그리스인은 사실이라 믿었습니다]에 따르면 이들은 정치 투쟁에서는 결코 타협하는 법이 없지만 가정생활에서는 고결한 미덕을 보여주었습니다. 그러나 실제로 로마인은 이로쿼이족* 같은 기질이 상당히 강했습니다. 그래서 적국의 도시를 급습하여 점령했을 때 병사, 즉 강철 같은 규율이 느슨해진 시절의 교육받지 못한 농민은 앞길을 가로막았던 모든 생명체는 남자든 여자든, 어린아이는 물론이고 동물까지도 도륙했습니다. 로마가 세계를 정복하면서 미지근한 수법이나 근대의 박애주의적인 방법을 사용했다고 할 수는 없는 셈입니다.

다섯 세대가 지나자 이탈리아의 로마인은 그리스 문화에 물드는 듯 보였고, 이 기간에 동방의 속주들은 로마에 강력히 반발했습니다. 이처럼 급속한 국제화 시대에, 로마 귀족은 먼저 국가 내부에서 화합을 이루었고 그런 다음에 이탈리아에서 지도력을 안정시켜 마침내 세계 제국을 이끌었지만, 결국 스스로 분열하고 말았습니다. 로마 제국은 도급업자, 대부업자, 곡물과 노예상인(소위 기사단 계층)을 길러냈는데, 이들은 원로원을 구성하던 대지주들을 자리에서 밀어내고, 속

● 지금의 뉴욕주 중부에 살던 북아메리카 인디언 부족. 전쟁이 체질화된 부족으로 알려져 있다.

주들에 대한 통제권을 빼앗은 뒤 더할 수 없이 잔인하게 약탈함으로써 제국의 통치를 마비시켰습니다. 이제 이런 상황을 벗어나는 길은 황제가 통치하는 방법뿐이었습니다. 청년기에 키케로는 농업파와 상업파로 나뉘어 대립하는 귀족층의 자멸적인 투쟁을 지켜보며 자랐습니다. '신출내기'였던 키케로가 정계에서 출세하려면 폼페이우스*와 같은 저명인사가 되어야 했지요. 그래서 그의 정치적 행보와 정치적 견해는 모두 '불안정'했습니다. 그렇지만 그는 적어도 한 가지 정책만은 확고하게 추구했는데, 어떤 대가를 치르더라도 '계층 간의 조화'를 회복해야 한다는 것이었지요. 그러나 이러한 정책은 추진될 수 없었습니다.

율리우스 카이사르와 아우구스투스 황제의 업적

◆

로마 제국은 상비군을 육성했습니다. 이 상비군으로 튜턴족과 이탈리아인, 그리스인, 골족을 상대해야 했기 때문에 시민 정부에 명령을 내릴 수 있는 군 지휘관을 계속 길러내야 했던 것입니다. 이 지휘관들 중 마지막 인물이 율리우스 카이사르였지요. 그가 마지막이었던 이유는 원로원을 강압하지 않는 대신 스스로 원로원의 자리에 올랐기 때문입니다. 그의 짧은 치세(BC 49~BC 44)는 로마의 발전 과정에서 기억할 만한 사건입니다. 이 기간에 알렉산드로스 대왕 사후 처음으로 세계군주국이 다시 출현했습니다. 카이사르는 당대 그리스 문헌에서 '모든 인종의 구원자'라고 칭송받았지요. 그가 살해된 후 군대(암살자들에게는 유감스럽게도 바로 카이사르의 군대) 지휘권을 두고 경쟁자들 사이에 분쟁이 일어났지요. 결국 카이사르의 기병대장이었던 안토니우스가 군대의 절반을 차지하여 로

* 로마 공화정 말기의 위대한 장군이자 정치인. 로마 공화정 말기 원로원파(귀족파)의 지도자로 마르쿠스 리키니우스 크라수스와 가이우스 율리우스 카이사르와 함께 삼두정치 체제를 이끌었으며 카이사르와의 내전에서 패하고 이집트에서 죽었다.

마 제국 동부로 이끌고 갔습니다. 그는 카이사르가 계획했던 파르티아 원정을 완수했고, 카이사르의 내연녀였던 클레오파트라가 바라는 대로 알렉산드리아에서 살았으며, 로마 제국을 이집트 왕조에 합병시켜 로마 제국에 이집트를 끌어들였습니다. 안토니우스에게 붙여줄 수 있는 가장 좋은 말은 카이사르의 자식이었다는 것입니다. 한편 카이사르의 서자이며 군대의 나머지 절반을 손에 넣은 아우구스투스는 스스로 최고의 정치가가 되었습니다. 안토니우스와 클레오파트라에 맞서, 아우구스투스는 이탈리아에서 민족적이고 공화주의적인 감정을 고조시켰습니다. 그러나 기원전 31년 악티움 해전에서 안토니우스를 물리친 뒤 아우구스투스는 자신이 불러낸 악마(아니면 유령이었을까요?)와 대면해야 했습니다. 그는 공화주의와 군주정을 독특하게 절충시킨 원수정(principate)이라는 체제를 확립했습니다. 이 제도는 변덕스럽게 카이사르의 모델로 되돌아가고 점점 더 완전한 전제정으로 퇴행하면서 대규모 군사 반란이 일어난 3세기까지 지속되었습니다. 이 시기에 로마의 통치 체제는 그리스·로마 문명과 더불어 급속히 쇠퇴했지요. 250년 동안 6백만 명이 평화롭고 체계적인 통치 체계가 가져다준 물질적 축복을 누렸습니다. 그들은 숲을 벌목하고, 사막을 경작지로 바꾸고, 무수히 많은 도시를 건설했습니다. 그리고 로마로부터 당시에 알고 있던 세상 끝까지 스며들었던 정의와 기품이라는 불후의 기념비를 창조했습니다. 그 후 로마인은 수십만 명의 원주민과 야만인 병사의 먹잇감으로 속절없이 전락했지요. 로마 제국의 몰락은 역사상 가장 비참한 사건입니다.

　　원수정 체제에서 군주나 황제는 선하든 악하든 모든 행위의 원천으로 여겨졌습니다. 모든 사람의 삶과 안녕은 명백히 이 한 개인의 의지와 성격에 달려 있었지요. 그러므로 이 시대에 전기에 관심을 기울인 것은 자연스러운 일이었습니다. 이런 까닭에 플루타르코스는 자신이 살던 시대의 '기록자'이자 자신이 되돌아본 그리스·로마 세계의 매혹적인 '밀고자'였습니다.

윌리엄 스콧 퍼거슨
William Scott Ferguson(1875~1954)

미국의 역사가. 하버드대학교에서 고대와 근대 역사를 가르쳤으며 하버드대학교 학장을 역임했다.

르네상스

♦

    르네상스는 지금까지도 이따금 '암흑시대'라 불리는 시대를 이어 출현했습니다. 암흑에 잠긴 시대를 빛의 시대가 계승했다는 생각은 어느 정도 타당합니다. 밤의 장막이 걷힌 뒤 환호하며 태양빛을 맞이한 세계가 완연히 기력을 되찾아 다시 한 번 꿈틀거리기 시작했습니다. 그러나 중세라 불러야 더 마땅할 시대를 이렇게 어둡게 만든 것은 그 시대에 험악한 이름을 붙일 수밖에 없었던 사람들의 시야가 흐렸던 탓이 큽니다. 혹시 우리가 르네상스를 빛의 시대라고 부른다면, 한낱 화려한 빛에 눈이 부셨기 때문은 아닐까요? 이러쿵저러쿵 해도 르네상스는 중세가 낳은 자식이며, 아이는 대개 부모가 남긴 짐을 떠안게 마련입니다.

    중세는 몽매주의(obscurantism)라는 짐을 안겼습니다. 몽매주의는 "계몽을 가로막고, 지식과 지혜의 진보를 방해"하지요. 몽매주의는 중세가 막을 내릴 때까지 사라지지 않고 르네상스 시대 내내 명맥을 유지했지요. 몽매주의는 자기를 공격하는 자들에게 숨을 죽이고 긴장하며 눈을 떼지 않고 있다가 그들이 나이를 먹거나 쇠약해져서 용기를 잃고 기세가 꺾였을 때 갑자기 달려들었습니다. 그렇게 해서 몽매주의가 16세기에 승리를 거두었던 것입니다. 인간이 존재하는 한 몽매주의는 결코 사라지지 않습니다. 마찬가지로 미신도, 두려움도, 뿌리 깊은 악한 정념도 사라지지 않습니다. 잠시 마음속에 쌓아둘 수는 있을지언정 곧 더 맹렬한 기세로 기필코 터져 나올 것입니다. 따라서 관점에 따라서는 르네상스 시대를 중세보다 더 어둡게 그릴 수도 있습니다. 마키아벨리, 메디치가家, 보르자가家는 오랫동안 밉살스러운 죄악의 화신으로 여겨졌습니다. 진실이 과장되고 왜곡되었음을 감안하더라도, 르네상스는 황금시대가 아니었습니다. 존 웹스터의 『말피 공작부인』 같은 공포스러운 연극은 미치광이의 악몽 이상이었습니다. 그럼에도 르네상스는 찬란히 빛나는 시대였지요. 태양에 흑점이 있듯이, 르네상스의 빛은 어두운 그림자가 있었기에 더욱 밝게 빛날 수 있었습니다.

르네상스 시대의 개인주의

◆

어떤 시대든 짧은 문구로는 온전히 정의하기 어렵지만, 르네상스는 인간을 발견한 시대였다고 표현해도 어울립니다. 르네상스 시대에는 인간 일반뿐 아니라 개인도 중요했습니다. 중세에도 개성이 뚜렷한 인물이 많았던 것은 사실이지요. 교황 그레고리우스 1세●, 투르의 그레고리우스●●, 샤를마뉴, 리우트프란드●●●, 아벨라르●●●●, 클레르보의 성 베르나르두스●●●●● 정도만 떠올려도 충분합니다. 이 시대의 새로운 것이라면, 개인의 완성이 아주 중요하다는 사실에 눈을 뜨고 동시대인들과 후손들에게 어느 누구와도 다른 나를 알리고 싶다고 자각했다

● 제64대 로마 교황(590~604 재위). 로마 가톨릭교회의 성인. 그레고리는 전임 교황 중 누구보다도 많은 양의 글을 썼고 이로 인해 잘 알려져 있다. 서방 교회의 4대 교부 가운데 한 사람으로, 중세 교황직의 아버지로 추앙받았다. 교황 레오 1세와 더불어 '대교황'이라는 칭호를 받았다.

는 것이지요.

과장을 약간 보태자면 중세인은 플라톤이 말한 동굴 속에서 사는 사람들이며, 이들이 마침내 햇빛이 쏟아지는 동굴 밖으로 탈출하여 눈앞에 펼쳐진 광경과 그 너머에 있는 무수히 많은 가능성에 매혹되자 르네상스인이 되었다고 할 수 있습니다. 마치 현실 세계가 앞길을 막기라도 하듯이, 르네상스인은 이상의 왕국을 찾아 현재는 물론 과거와 미래에도 살아야만 했습니다.

고전 고대의 부흥

르네상스인이 고대에 주목했다는 사실은 잘 알려져 있습니다. 보물 사냥꾼이 눈에 불을 켜고 보물을 찾듯이, 학자들은 프랑스, 스위스, 독일, 이탈리아, 오리엔트에서 고전 시대의 필사본과 유물을 이 잡듯이 뒤졌습니다. 발견에 성공한 학자들은 열광했지요. 엘도라도를 발견했더라도 이보다 더 열광하지는 않았을 것입니다. 학자들은 자신들의 보물에 관대해서 고대로 열린 문을 차례대로 활짝 열어젖혔습니다. 이런 학자들이 숭배한 것에 더 친숙해지고 싶었던 사람들은 학자들 곁에 모였습니다. 중세의 학자들이 희미하게 마련해준 정보를 이 학자들에게서 확인받고 싶어 모였지요. 어떤 사람들은 너무나 매혹된 나머지 유순해져서

●● 투르의 주교로, 6세기 프랑크-로마 왕국을 이해하는 데 주요 자료가 되는 『프랑크사』의 저자. 당시 복잡한 정치 상황 속에서 수많은 정치 사건 및 왕과의 공개 논쟁에 적극 참여했으며 『교부들의 생애』, 기적에 관한 7권의 책, 『시편 주석』 등을 썼다.

●●● 랑고바르드 왕국의 왕(712~744 재위). 8세기 초 북이탈리아를 본거지로 비잔틴 제국 총독과 로마 교황과의 대립을 이용하여 군사력으로 양자를 견제하면서 영역을 확대하고 다른 지방 제후들의 독립을 억압하여 분립적 경향이 강한 이탈리아의 역사 속에서 가장 큰 단일 세력권을 구축했다.

●●●● 중세 프랑스 철학을 대표하는 철학자이자 신학자로, 중세 철학사 전체를 지배한 보편 논쟁에서 빠질 수 없는 인물이다. 라틴어 이름은 페트루스 아벨라르두스이다.

●●●●● 시토 수도회 수사, 신비주의자, 클레르보 대수도원 설립자이자 대수도원장이었다.

속박을 벗어던지는 대신 새로 나타난 스승들, 더욱 친절한 스승들을 선택했습니다.

페트라르카는 앤드루 랭*보다 먼저 죽은 저자들에게 편지를 썼지요. 키케로에게 보내는 편지에서 그는 "우리를 갈라놓는 시간 따위는 개의치 않고 당신의 천재성에 대한 나의 동경에서 솟아나는 친밀함을 담아 편지를 보냅니다"라고 썼습니다. 리비우스에게 보내는 편지에서는 "(저 높은 곳에서 허락해서) 당신이 살던 시대에 내가 태어났거나 우리 시대에 당신이 태어났다면 얼마나 좋았을까요. 틀림없이 나에게는 전자보다 후자가 더 나았을 것입니다"라고 썼습니다. 몽테뉴는 자신이 어렸을 때부터 옛사람들과 함께 자랐으며, 자신의 가문에 관해 아무것도 모를 때도 로마에 대해서는 알았다고 말했습니다. 몽테뉴는 루브르 박물관과 티베르 강과 센 강을 알기도 전에 로마의 주피터 신전부터 알았던 것입니다.

르네상스 시대의 호기심

이렇게 고대에 심취한 것이 기이하게 보일지 몰라도, 르네상스인은 자신을 둘러싼 세계, 자신이 사는 마을과 나라 그리고 이웃 나라뿐 아니라 멀리 떨어진 나라에도 관심이 많았습니다. 페트라르카는 인도와 실론의 경이로움을 즐겨 언급합니다. 페트라르카의 혈관에는 집시의 피가 몇 방울 흐르고 있었지만, 그는 가장 좋아하는 독서 외의 다른 일에 시간을 빼앗길까봐 난롯가에서 '먼 곳까지 돌아다니는' 여행자의 모범으로 남았지요. 그는 자신의 서재 안에 틀어박혀 머나먼 지역을 돌아다녔으니, 혹독한 날씨와 불편하고 위험한 길을 피할 수 있었습니다.

● 스코틀랜드의 시인, 소설가, 문학비평가. 인류학 분야에 공헌했으며 설화나 동화 수집가로도 유명하다.

"오리처럼 비와 진흙을" 좋아했던 몽테뉴는 페트라르카보다 기질이 강한 사람이었나 봅니다. "자연은 우리를 얽매지 않고 자유롭게 놓아둔다. 우리를 곤경에 빠뜨리는 것은 우리 자신이다"라고 몽테뉴는 말했지요. "여행은 얻을 것이 아주 많은 활동이다. 여행을 통해 정신은 계속해서 새롭고 몰랐던 것들을 관찰하며, 자주 말했듯이, 끊임없이 수많은 다른 삶, 다른 기호, 다른 관습 간의 차이점을 볼 수 있다. 인간 본성의 다양한 형태를 맛볼 수 있다는 점에서 인생을 배우기에 여행보다 더 좋은 학교는 없다."

르네상스인은 이런저런 자료에서 막대한 사실을 긁어모아 보존할 수 있었습니다. 르네상스인의 지칠 줄 모르는 기억력은 잘 알려져 있지요. 그들이 사실을 가지고 무엇을 했는지를 아는 것이 중요합니다. 구두쇠가 금화를 열망하고 미개인이 형형색색으로 빛나는 구슬을 열망하듯이 르네상스인은 사실을 열망했던 걸까요?

사실은 즐겁고 유익한 것이지요. 르네상스인이 남긴 불후의 업적이라면 그들이 사실의 가치를 높이 평가하고 사실을 얻기 위해 애쓰면서 실재와 씨름했다는 것입니다. 그들은 사태의 표면만 대충 훑어보는 것으로 만족하지 않았습니다. 단테가 말했듯이, 그들은 마음의 눈으로 핵심을 꿰뚫어보았습니다. 단테보다 2백 년 남짓 후에 마키아벨리는 동시대인들이 고대를 찬미할 뿐 고대의 역사에 숨어 있는 교훈을 얻는 데는 실패했다고 한탄했습니다. 그러나 마키아벨리가 완전히 옳았던 것은 아닙니다. 모든 사실, 모든 이론, 모든 착상은 섬세한 정원사였던 르네상스인의 애정 어린 보살핌 속에 싹을 틔우고, 꽃을 피우고, 열매를 맺었습니다.

르네상스인 가운데 르네상스 시대정신의 특징이었던 다재다능함의 한계를 알아차린 사람도 있었습니다. 피에르 파올로 베르제리오[•]는 학문의 주된 갈래를 검토한 후 교양교육을 한다고 해서 모든 분야에 정통할 필요는 없다고 말했지요. "그 분야 중 한 가지에만 정통하려고 해도 평생이 걸릴 것이다. 우리 대다수는 적당한 운명에 만족하는 것처럼 적당한 능력에 만족하는 법을 배워야 한다. 다른 주제와의 연관성을 인지하지 못한다면 한 주제도 제대로 이해할 수 없다는 지적은 옳지만, 우리의 지성과 기호에 가장 적합한 주제를 연구하는 편이 현명하다."
이 말은 오늘날에 쓰였다고 해도 손색이 없을 정도입니다. 르네상스 시대에도 딱 들어맞았을 것입니다. 그토록 많은 사람들이 뛰어난 학자, 명망 있는 작가, 유능한 공무원이나 정치가일 뿐 아니라 미술품 감식가, 화가, 조각가, 건축가이기도 했던 시대였기에 그런 언급은 신중하다 못해 지나치게 소심해 보였을 것입니다. 르네상스인은 원하기만 하면 무엇이든 할 수 있을 것처럼 보였습니다.

발견의 시대

모든 호기심이 활용되었습니다. 완벽함을 추구하는 르네상스인에게는 더 넓은 환경이 필요했습니다. 르네상스 시대는 위대한 발견의 시대, 후안 디아스 데 솔리스**, 바스코 다 가마, 아메리고 베스푸치, 존 캐벗과 세바스찬 캐벗 부자, 마젤란, 프랜시스 드레이크 등의 시대입니다. 이들은 그저 끝없이 호기심을 채우는 것과는 거리가 먼 다른 목적을 위해 여행을 했습니다.

하늘을 연구하는 것도 마찬가지로 실용적인 목적을 위해서였지요. 오랫동안 별은 하늘의 빛나는 등대, 인간을 궁극적인 목적으로 이끄는 예언자이자 안내자로 여겨졌습니다. 이로운 것이든 해로운 것이든, 별은 개인과 나라의 운명을 결정하는 데 영향을 미쳤습니다. 신중한 사람들은 별자리를 참고했으며, 그것을 이해하기 위해서는 물론이고 자신의 목적에 맞게 이용하기 위해 자연의 신비한 움직임을 연구했습니다. 이런 시도는 대부분 성공하지 못했지만 르네상스는 파

● 이탈리아의 종교개혁가.
●● 스페인 해군의 일등 항해사이며 남아메리카 라플라타 강 어귀를 앞장서 탐험한 사람들 중 하나.

우스트의 시대이면서 또 한편으로는 코페르니쿠스의 시대입니다.

르네상스인은 자신을 둘러싼 세계, 창공, 과거와 미래를 연구하면서 이러한 주제들이 어느 정도는 창조된 것이라 생각했지요. 그리고 한 걸음 더 나아가 창조자의 역할을 자처했습니다. 성가신 현실 세계에서 벗어나기 위해 르네상스인은 목가적인 아르카디아*와 어른을 위한 동화의 나라를 창조했습니다. 이 무릉도원은 지금은 거의 찾아볼 수 없지만 그 선율과 향기만은 여전히 공기 속을 맴돌고 있습니다. 그들이 현실 세계에 만족하지 못했음을 분명히 드러내는 보다 실제적인 사례는 이상 국가, 태양의 나라, 유토피아를 창조했다는 것입니다.

아름다움에 대한 숭배

◆

오늘날 아름다움을 사랑하는 사람은 르네상스 시대의 유토피아를 멀리 하지만, 르네상스 시대의 실천가들은 우리가 상상하기 어려울 만큼 애착을 가지고 아름다움을 소중히 여겼습니다. 아름다움은 그들과 떼려야 뗄 수 없는 것이었고, 언제나 환영받는 손님이었습니다. 단테는 첫 번째 송시頌詩의 머리말에서 이렇게 말합니다. "송시여! 아름다움의 의미를 이해해야 하건만 올바로 이해하는 자는 드물고, 아름다움을 표현하는 것은 복잡하고 난해하구나. 어떤 이유로든 여행을 하다가 우연히 아름다움을 올바로 이해하지 못하는 사람들을 마주친다면 마음을 다잡고 그들에게 말해야지. 오! 내 사랑하는 청자聽者여, 주의를 기울여주세요, 그저 내가 얼마나 아름다운지만이라도." 그들은 주의를 기울였을 것입니다. 이렇게 극단적으로 아름다움을 숭배하는 과정에서 르네상스인은 아름다움을 악용함으로써 스스로 품위를 떨어뜨리기도 했습니다. 그러나 대다수는 건강한 마음

● 펠로폰네소스 반도 중앙에 위치해 있던 고대 그리스의 산악 지대. 아르카디아는 고립적이고 목가적인 특징 때문에 그리스·로마 시대의 전원시와 르네상스 시대의 문학에서 '낙원'으로 묘사되었다.

을 유지했습니다. 의심 때문에 괴로워하고 거듭거듭 비틀거리면서도 르네상스인은 스스로가 신과 영적으로 교감할 만한 사람이 되는 데 성공했습니다.

이제 마지막 질문만 남았습니다. 르네상스는 질풍노도의 시대, 중세와 근대를 이어주는 시대 그 이상이었을까요? 모든 시대와 마찬가지로 르네상스는 이행기이지만 동시에 빛나는 성취를 이룩한 시대이기도 합니다. 이것이 의심스러우면 인상적인 인물 몇 명의 이름을 떠올려보세요. 페트라르카, 보카치오, 루도비코 아리오스토*, 마키아벨리, 라블레, 몽테뉴, 칼데론**, 로페 데 베가***, 세르반테스, 셰익스피어. 이들 가운데 단테는 고요하면서도 당당하게 베르길리우스, 호메로스와 어깨를 나란히 하게 됩니다.

머레이 앤소니 포터
Murray Anthony Potter(1871~1915)
하버드대학교에서 로망스어를 가르쳤다.

● 이탈리아의 시인. 레조넬에밀리아에서 태어나 일찍이 고전을 배웠다. 1497년 페라라의 에스테가家의 신하가 되어 1503년 이후 이폴리토 사교司教의 비서로 일했는데, 종종 교황과의 위험한 교섭을 위하여 외교 사절로 파견되곤 하였다.
●● 스페인의 극작가. '황금시대'의 4대 극작가의 한 사람. 마드리드에서 출생, 살라망카대학에서 수학하고 궁정시인이 되었다. 그의 방대한 양의 작품 특징은 가톨릭으로의 귀의, 국왕에 대한 충성, 극단적으로 명예를 존중하는 감정이다. 그의 대표작은 『살라메아 촌장』, 『인생은 꿈』 등으로 19세기에 독일 낭만파의 열렬한 찬사를 받았다.
●●● 스페인의 극작가. 스페인 황금기의 뛰어난 극작가로서 1,800편에 달하는 희곡과 수백 편의 짧은 극작품을 썼다.

프랑스 혁명

◆

　프랑스 혁명은 1789년부터 1794년까지, 5년이라는 짧은 시간에 압축적으로 진행되었습니다. 사람들은 이 모든 것을 가장 극적이면서 불쾌하고, 희망적이면서 끔찍하며, 영예로우면서도 맥빠지게 만든 사건이라고 생각할 수 있습니다. 이렇게 상반되는 평가들의 균형을 맞추거나 분별해줄 뾰족한 방법은 없습니다. 프랑스 혁명에서는 굶주림, 살인, 압제, 폭정으로 고통 받는 상황이든 희망의 지평선 위로 자유와 진보가 희미하게 떠오르는 기쁜 상황이든, 감정이 세차게 일어나 가장 격렬한 집단적 목소리로 터져 나왔고 모든 것이 극단으로 치달았습니다. 일반 독자가 역사의 다른 시기보다 프랑스 혁명에 빠져드는 까닭이 바로 이 때문이지요. 프랑스 혁명은 독자 앞에 숭고함과 비천함의 범위, 독자 자신 안에서 다 자라지 않아서 십중팔구 밖으로 드러나지 않을 그 모든 것의 범위를 설정해줍니다.

프랑스 혁명의 대조적인 측면

◆

이런 사건은 유난히도 해석하기가 어렵습니다. 토머스 칼라일*이 제아무리 인간애를 발휘하더라도, 어느 안개 낀 가을날, 두 눈에 허기와 절망을 담은 채 파리의 텅 빈 거리를 터벅터벅 걸으며 기계처럼 북을 두드리며 "빵을! 빵을!"이라고 애처롭게 외치는 가련한 여인의 모습을 이해할 수 없었을 것입니다. 사무치는 감정을 적나라하게 드러낸 이 비참한 모습 때문에 장차 베르사유에서 부르봉가가 뿌리째 뽑히고, 파리는 다시 한 번 프랑스의 수도가 되었으며, 2백 년간 이어져온 프랑스 역사의 흐름을 바꾸었던 것입니다. 모든 순간이 대립과 난관이었습니다. 미라보**는 집요하게 비열한 짓을 저지른 부패하고 타락한 인물이었지만, 이따금 앞날을 내다보는 통찰력으로 시간의 장막을 정확하게 꿰뚫는 정치가이기도 했습니다. 샤를로트 코르데***는 시골 출신으로 신분이 낮고 하찮은 젊은 여성에 지나지 않지만 장 폴 마라****의 심장에 칼을 꽂았고, 이 영웅적 행위로 엄청난 위기의 한복판에 빛을 비추었습니다.

---

* 영국의 평론가, 역사가. 이상주의적인 사회 개혁을 제창하여 19세기 사상계에 큰 영향을 끼쳤다. 저서로는 『의상철학』, 『프랑스 혁명사』, 『영웅 숭배론』, 『과거와 현재』 등이 있다.
** 프랑스의 정치가. 프랑스 혁명 초기에 프랑스를 이끌었던 국민의회의 가장 위대한 인물로 꼽힌다. 입헌군주제를 옹호한 온건주의자로 프랑스 혁명이 가장 급진적인 시점에 이르기 전에 죽었다.
*** 프랑스 혁명 당시 정치가인 장 폴 마라를 암살한 여인. 마라의 암살 이후에 단두대에서 처형되었다. 후세에 그녀는 미모 때문에 '암살 천사'라는 별명을 얻었다.
**** 스위스 태생의 프랑스인으로 프랑스 혁명에서 급진적인 저널리스트이자 정치가로 잘 알려진 내과의사, 철학자, 정치이론가, 과학자. 혁명 발발 후 자코뱅의 산악파에 참가하여 공포정치를 추진했다.

프랑스 혁명의 역사들

◆

프랑스 혁명에 관한 흥미로운 사실은, 따지고 보면 이상할 것도 없지만, 이 혁명을 다룬 훌륭한 역사책이 없다는 것입니다. 눈에 띄는 것은 각각 미슐레, 칼라일, 텐*의 책입니다. 오랫동안 이 세 권 모두 지적이고 예술적인 걸작으로 여겨져왔지요. 그러나 오늘날에는 사실에 대한 서술로 보나 문학적 기법으로 보나 그 안에 담긴 심성(mentality)으로 보나 이 중 어느 하나도 온전히 만족스럽지 않습니다. 그런데도 프랑스 혁명에 대한 탁월한 역사책이 조만간 나타날 기미는 전혀 없습니다. 오히려 역사가들은 점점 더 무수히 많은 사소한 사실이나 다양한 측면에 몰두하고, 그런 부분에 노력과 재능을 쏟을 만한 주제를 찾고 있지요. 여기서는 역사가들을 좇아서 프랑스 혁명에 대한 프랑스와 영국의 반응을 살펴보는 것, 특히 저명한 두 권의 책, 볼테르의『영국에 관한 편지』와 버크의『프랑스 혁명에 관한 성찰』과 관련하여 살펴보는 것이 최선일 것입니다.

사상의 혁명

18세기 초 프랑스에서는 사상의 흐름이 크게 변했습니다. 루이 14세가 죽자 오를레앙이 섭정을 하면서 오랫동안 쌓아온 베르사유의 빛나는 위신을 모조리 벗어던졌습니다. 프랑스의 통치자는 겉치레나 예의 따위는 눈곱만큼도 신경 쓰지 않는 재주꾼이자 난봉꾼이라는 인상을 심어주었습니다. 오를레앙은 볼썽사납게 인생을 즐겼지요. 도박을 일삼고 국채 거래 투기를 부추겼습니다. 그는 언

● 프랑스의 사상가, 비평가, 역사가. 19세기 프랑스 실증주의에서 가장 존중받은 해설자의 한 사람으로 인간성 연구에 과학적 방법을 적용하려고 시도했다.

로_루路_를 열어 루이 14세가 당대의 저명한 문인들을 구속하는 데 활용했던 조신들의 사슬을 풀어놓았습니다. 그러자 프랑스 문인들은 곧장 정치 풍자와 비판이라는 끝없는 싸움판에 뛰어들게 됩니다. 몽테스키외가 1721년 『페르시아인의 편지』로 앞장섰고, 볼테르가 1734년 『영국에 관한 편지』로 그 뒤를 바짝 쫓았습니다. 이렇게 겨울이 지나간 길을 따라 봄이 찾아왔습니다.

볼테르의 대담함
◆

몽테스키외는 옛 질서를 격렬하게 비난했지만 아무 일 없이 지나갔습니다. 섭정이라는 타락한 입맛을 섬세하게 돋울 만큼 강한 양념을 적절하게 곁들였기 때문입니다. 반면 볼테르의 책이 출간되었을 때는 상황이 훨씬 나빴지요. 이 책은 출간 즉시 유죄를 선고받았고, 저자를 체포해서 바스티유 감옥에 가두라는 명령이 내려졌습니다. 볼테르는 안전을 위해 달아날 수밖에 없었습니다. 그런데 오늘날의 모던한 독자에게 『영국에 관한 편지』의 어조는 더없이 온화하게 보입니다.

당시 프랑스의 정치적 전제정을 염두에 두어야만 볼테르의 책이 얼마나 대담했는지 실감할 수 있습니다. 이 책에서 볼테르는 명쾌한 문체로 영국에 대한 자신의 인상을 서술했는데, 여기에는 어떤 물체에 던져졌다가 다시 튀어 오른 공을 잡으려는 사람과 같은 의도가 숨어 있었습니다. 그는 영국에 대해 쓰면서 프랑스를 생각했고, 영국의 관습과 제도 중에서 프랑스의 관습과 제도를 평가할 만한 사례를 찾았습니다.

볼테르는 도버 해협을 건너 방문했던 낯선 사람들을 대체로 좋게 생각했습니다. 영국의 철학과 자유, 기후가 우울증을 유발한다는 결론을 피하지는 못했지만 말입니다. 볼테르에게 영국은 만족, 번영, 질서, 반듯한 정부를 가진 나라처럼 보였지요. 균형 잡힌 의회제가 군주정을 제한했고, 무엇보다 신앙과 소신의 문제에 관련해 관용이 있었습니다. 그는 솔직히 영국에 감탄했으며 자신이 보기에 가장 뛰어난 모범을 프랑스인이 모방하기를 바랐습니다. 그렇지만 주목할 만한 점이라면 볼테르는 엄밀하게 정치적인 문제에 신경을 곤두세우고 있으면서도, 종교라는 우회로를 통해 관용에 호소하는 편을 늘 선호한다는 것입니다.

프랑스 혁명에 대한 영국인의 견해

◆

프랑스 혁명에 대한 가장 대립적인 견해는 약 반세기 뒤 버크에게서 찾아볼 수 있습니다. 버크는 프랑스 혁명에서 아무것도 높이 평가하지 않고 모든 것을 비난하면서 최악의 사태를 예견합니다. 우선 프랑스 혁명은 실제로 일어났습니다. 이미 프랑스 혁명의 가장 좋은 측면은 사라지고 있었고 혼란이 빠르게 퍼지고 있었으며, 국민공회는 무사태평한 부르봉가를 타파하기 위해 의도적으로 파괴 정책을 채택했지요. 프랑스는 무정부 상태의 위기에 직면한 듯 보였는데, 버크에게 무정부 상태는 오랫동안 계속된 폭정과 실정보다도 더 견딜 수 없는 것이었습니다. 노년의 버크는 젊은 시절보다 더 보수적이었습니다. 버크에게는 오렌지 공 윌리엄의 명예혁명과 휘그당이야말로 완벽한 모범이었고, 영국 의회제야말로 이상적인 통치 형태였습니다. 파리의 무질서와 국민공회가 사용하는 방식을 보고 충격과 상처를 받은 버크는 이것들을 산산조각 내려고 했습니다. 버크는 자신이 판결을 내리는 위치에 있지 않다고 인정했습니다. "나는 다른 사람들만큼 정확하게 프랑스를 안다고 자처하지는 않는다"라고 말했으며, 그에 따라 자신의 역할을 변호인으로 한정했습니다. 프랑스 혁명에 반대하자는 버크의 호소는 전 유럽 왕실에 울려 퍼졌고, 의심이 남아 있던 모든 곳에 확신을 심어주었습니다. 이는 오늘날까지도 근대 프랑스를 만든 사람들에 대한 효과적인 고발로 남아 있습니다. 버크의 책이 성공을 거둔 이유는 부분적으로는 저자의 논증을 입증하는 것처럼 보였던 공포 정치에 뒤이어 출간되었기 때문이지만, 무엇보다 (지나치게 장황하긴 해도) 재기 넘치고 품위 있는 문체 덕분이었습니다. 다음에서 한 예를 살펴봅시다.

마리 앙투아네트에 관한 버크의 견해
◆

"16~17년 전 당시에는 세자비였던 마리 앙투아네트를 베르사유 궁에서 배알한 적이 있다. 확실히 지상에 그보다 더 아름다운 광경은 없었다. 세자비는 이제 막 지평선 위로 떠오른 샛별처럼 활기와 광채, 기쁨으로 충만하게 빛나면서 지상을 장식하고 활기를 불어넣고 있었다. 아! 그런데 혁명이 일어났다! 감정을 배제한 채 왕비의 부침을 숙고하는 것은 얼마나 가슴 아픈 일인가! 왕비가 열정적이고, 거리를 두면서도 정중한 사랑이 담긴 존경의 칭호들을 더해가던 때만 해도 가슴에 치욕을 품은 채 날 선 교정수단(단두대)으로 끌려가리라고는 꿈에도 생각지 못했다. 용감한 사내의 나라에서, 명예를 중시하는 남자의 나라에서, 기사의 나라에서 왕비가 그렇게 비참한 처지에 놓이리라고는 꿈에도 생각지 못했다. 왕비를 모욕하려는 기미만 보여도 복수를 위해 수없이 많은 검이 칼집에서 뽑힐 것으로 믿었다. 그러나 기사도의 시대는 지나갔고, 궤변가와 수전노, 타산에 밝은 사람들의 시대가 왔다. 그리하여 유럽의 영광은 영원히 그 빛을 잃었다."

이렇게 버크는 프랑스의 비참한 상황을 거만하게 깔보았지만 볼테르는 영국의 번영을 감탄하며 우러러보았습니다. 버크와 볼테르가 문인으로서 탁월했다는 점은 인정하더라도, 사상가로서 그들은 관찰 대상과 너무 가까이 붙어 있었다고 말하지 않을 수 없습니다. 버크의 논증은 감탄할 만하지만 설득력이 없고, 볼테르가 자주 정당화했던 영국 찬양은 분명히 영국에 대한 그릇된 이해에 바탕을 둔 것이었습니다.

로버트 매트슨 존스턴

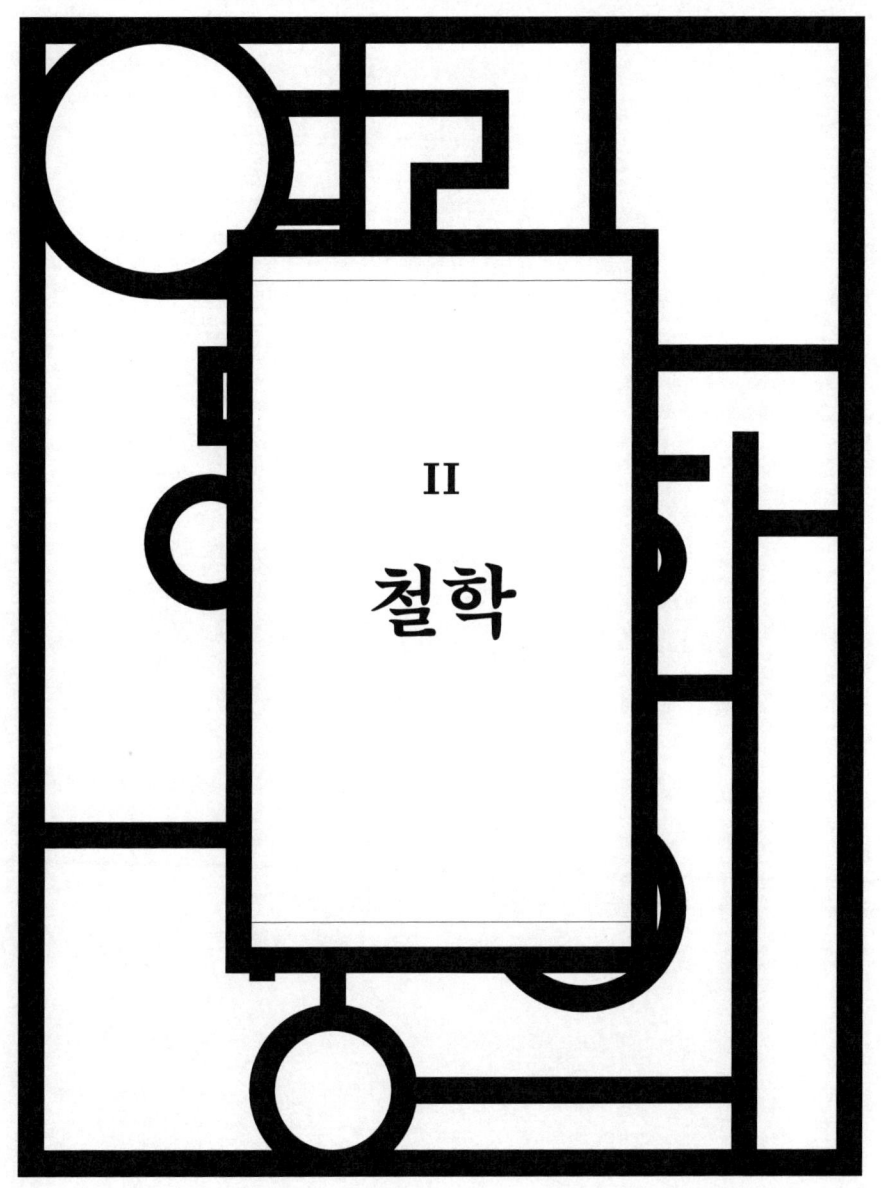

II

철학

들어가는 말
◇
삶의 이상과 희망의 근거를 묻다

신성한 철학은 얼마나 매혹적인가!
어리석은 둔재들이 생각하듯 딱딱하고 난해하지도 않으니
그러나 아폴로의 류트처럼 감미롭고
노골적인 폭음이 전혀 판을 치지 않는
넥타르의 멈출 줄 모르는 향연이여

밀턴이 철학을 두둔하면서 이 우아한 글을 쓴 이래로 철학은 '딱딱하고 난해하다'는 명성을 꽤 성공적으로 고수하고 있습니다. 스콜라 철학이나 중세 철학 그리고 밀턴 시대의 기성 철학을 알고 있는 사람이라면 누구라도 저 어리석은 둔재의 견해에 속으로 공감할 수밖에 없을 것입니다. 하지만 지난 3세기 동안 철학, 특히 영국과 프랑스 철학은 형식이 훨씬 자유로워졌고 상상력이 더욱 풍부해졌으며 스스로를 더 많이 표현해왔지요. 그래서 오늘날 철학을 비평하거나 얕잡아 보는 사람들은 새로운 꼬투리를 잡고 나왔습니다. 그런 이들은 어휴 소리가 나올 만큼 너무 많아서 제대로 이름을 호명할 수도 없습니다. 철학은 이제 감미롭지 않아서가 아니라 실용적이지 않다고 욕을 먹습니다. 아폴로의 류트에서 흘러나오는 음악 소리는 그 자체로 너무 막연하고 먼 이야기라서 효율성과 상식이라는 시대 풍조에 맞지 않는다는 혐의를 받은 것입니다.

철학과 효율성

◆

나는 진심으로 효율성과 상식을 핑계 삼아 철학을 권하고 싶습니다. 그러려면 내가 사람들의 생각에 귀를 기울여 이해하고 스스로 확신을 가져야 합니다. 그리고 즉각 교묘하게 독자의 환심을 사야겠지요. 만일 내가 "자, 여기를 보세요! 철학은 쉽고 실제적인 상식의 문제일 뿐입니다"라거나 "성공하고 싶으면 철학을 하세요. 철학은 여러분이 물건을 만들어 팔거나, 경쟁자들을 따돌리거나 무슨 일을 하든 효율적으로 하실 수 있게 도와드립니다"라고 말할 수 있다면, 만일 내가 이런 식으로 여러분에게 호소할 수만 있다면, 여러분의 본능과 편견을 흔들어서 곧바로 공감을 얻어낼 수 있을 것입니다. 하지만 나는 여러분을 속여야 하겠지요. 그래서 나는 여러분께 철학을 권할 수가 없는 것입니다. 왜냐하면 철학은 간단하지도 실용적이지도 않을뿐더러 통상적인 의미에서 말하는 성공의 수단도 아니니까요. 어쩌다 그런 게 아니라 원칙적으로 그렇다는 것입니다. 철학의 입장에서 봤을 때는 상식이 틀릴 수도 있고 성공이라는 세속적 기준이 자의적일 수도 있다는 것입니다. 철학은 철학이 뿌리내린 곳에서 맞닥뜨려야만 하는 것들 중 하나입니다. 철학은 철학의 발원지에서 찾아야 합니다. 철학을 어중간하게 만났다면, 그것은 절대로 철학이 아니라 빈곤한 절충물, 영혼이 사라져버린, 그저 철학이라는 명칭이나 껍데기에 불과할 것입니다. 철학이 스스로 자신만의 언어로 말하지 못한다면 철학이 무엇을 의미하는지 아무도 알 수가 없습니다. 철학이 도움이 된다면, 그 이유는 철학이 스스로 제공해주는 것 이외의 어떤 기준으로도 측량할 수 없는 뭔가 다른 의미를, 그 자체로 뭔가 특별한 의미를 삶에 부여해주기 때문입니다.

철학과 상식

우리가 상식으로 철학을 정당화할 수 없더라도, 적어도 철학을 상식과 비교해보고 그래서 좀 더 익숙한 지점으로부터 철학에 접근할 수 있습니다. 철학은 상식과 상충한다는 점을 인정하고 상식을 최대한 활용해봅시다. 그러면 상식이란 무엇인가요? 우선 이런 질문이 상식적이지 않다는 것만은 확실하군요. 상식의 특징 가운데 하나는 의문을 유발하지 않고 그냥 당연하게 받아들여진다는 점이지요. 상식은 모두가 인정하는 유효한 확신입니다. 사람들은 확신에 대해 물음을 제기하지 않지만 확신에 기대어 어떤 문제가 제기될지를 결정합니다. 확신이란 보수적인 견해이며 고착화되고 단일한 믿음이어서, 사람들이 그런 확신에 근거해서 행동하고 추론할 때도 무의식적으로 활용하는 전제지요. 상식을 가진 사람으로서 나는 상식에 따라 살고 생각도 합니다. 그래서 상식이란 실용적이면서도 이론적인 선입관입니다. 나는 동료들과도 상식을 공유하기는 하지만 결코 상식을 사유의 대상으로 생각하지는 않습니다.

일단 즉흥적이고 무모하게 상식을 사유의 대상으로 생각하지 않는다고 가정해봅시다. 아주 깜짝 놀랄 일이 벌어집니다. 이렇게 일단 도전받지 않는 권위는 오류가 생길 가능성이 아주 높습니다. 권위의 매력은 사라졌습니다. 예컨대 상식은 분명히 나름의 역사를 가지고 있고 시간과 장소에 따라 수정되었습니다. 어제는 말도 안 되던 일이 오늘은 상식이 됩니다. 어제의 상식은 폐기되거나 진기한 것이 됩니다. 16세기에는 지구가 돈다고 말하면 기인 취급을 받았지요. 지금은 지구가 돌지 않는다고 말해야 기인이 됩니다. 게다가 상식은 습관이나 모방과 같은 비합리적인 힘의 결과를 최소한 어느 정도 반영합니다. 오래된 믿음이나 반복된 주장은 그러한 사실로부터 견고해지고 고착됩니다. 다른 사람들이 믿는 것을 우리는 무의식적으로 자신의 믿음으로 받아들이는 경향이 있습니다. 말을 할 때 사회 구성원들이 사용하는 어조나 사투리에 영향을 받는 것처럼 말이지요. 일단 널리 퍼진 믿음은 기존의 관습에서도 권위를 얻게 됩니다. 그런 믿음은 표준적이고 통상적인 여론의 지원을 받습니다. 믿지 않는 자들은 신뢰할 수 없고 예측할 수 없다는 곱지 않은 혐의를 받게 됩니다. "당신은 그것들이 다음에 어떻게 될지 말할 수 없어." 아니면 공공의 평화를 위협한다고 우격다짐으로 박해를 당합니다. 나는 습관이나 모방을 '비합리적인' 힘이라고 말했습니다. 습관이나 모방은 진리에 특별한 관심을 기울이지 않는다는 뜻입니다. 습관이나 모방은 똑같이 작용해서 나쁜 사고 방식을 좋은 사고 방식이라고 믿게 하고 널리 퍼트립니다. 상식이 반드시 잘못되었다고 결론을 내릴 수는 없습니다. 사실 이성을 통해서 상식이 아주 좋은 안내자가 되는 경우도 있으니까요. 하지만 만일 그렇다면, 상식은 또 다른 근거로 정당화되겠지요. 상식은 종심 법원이 아닙니다. 상식은 안정적이고 유행에 민감한 편이지만, 어쩌면 안정적이고 유행에 민감하다는 이유 때문에 비판에 노출되어 있습니다. 우리는 상식이 진실이라고 확신할 수 없습니다. 그리고 상식은 진리로 가는 길목에 떡 하니 버티고 서서 오래된 것이나 친숙한 것에 보장할 수 없는 권위를 부여하고 우리의 마음을 닫아 새로운 빛이 들어갈 수 없게 할 수도 있습니다.

　　철학자는 수상하게 여겨질 위험을 무릅쓰면서도 상식에 도전합니다. 철학자는 스스로 다수에 맞서 다수가 타성에 젖어 맹목적으로 당연하게 받아들이는 것들을 반성할 수 있게 합니다. 철학자는 무모할 정도로 비판하고 쉴 새 없이 질문합니다. 인간의 지성이 잠에 빠져들 때, 철학자는 지성을 쥐어짜는 방법을 알아냅니다. 매번 철학적 관심과 철학 운동이 새롭게 다시 일어납니다. 이런 일은 주기적으로 반복됩니다. 소크라테스나 베이컨, 데카르트나 칸트 같은 유별나고 사려 깊은 인물들은 익숙한 길로 가는 편이 더 쉽겠지만 통상적인 사유의 길에서 벗어나서 새로운 길을 하나 만들어내고 나서 목표에 더 가까워졌다고 생각합니다. 이런 사상가들은 오래된 전제를 다시 심의하고 과거의 방법론을 개정해야 한다고 요구합니다. 사상가는 새로운 중심에 서서 새로운 참조 체계를 채택합니다.

상식이 습관적이고 모방적인 한, 철학은 상식에 반대합니다. 철학의 진면목과 일치하지 않는 상식의 특징은 더 있습니다. 상식을 대신해서 사용되는 칭찬이나 비난의 말들을 생각해보면 그런 특징을 찾을 수 있습니다. 사상이 상식에 위배된다고 비난을 받을 때, 일반적으로 사상에 대해 뭐라고 말합니까? 가장 즐겨 사용되는 비난의 형식이 세 가지 있습니다. 사상은 '실용적이지도 않고', '너무 일반적'이며, '실체가 없다'고 이야기됩니다. 상식을 가진 사람이라면 누구라도 이 말들이 비난이라는 것을 알 수 있지요. 당연하게도, 상식에 합치하려면 사상은 '실용적'이고 '구체적'이며 '실체적'이어야 한다는 뜻입니다. 상식의 구제 수단으로서 철학이 해야 할 일은 이러한 판단이 실질적이든 함축적이든, 궁극적으로 받아들여질 수 없음을 밝히는 것입니다.

철학과 실용성

◆

　세속적인 의미에서 '실용적'이란 말은 무엇을 의미할까요? 예를 하나 들어봅시다. 어떤 사람이 화재가 난 건물의 지붕 위에서 발을 동동 구르고 있습니다. 친구들이 모여 여러 가지 제안을 내놓습니다. 한 친구가 옆집에서 사다리를 가져오자고 제안합니다. 다른 친구는 그 사람을 옆집 지붕으로 올라가게 한 다음 빗물받이로 내려오게 하자고 의견을 냅니다. 이런 제안들은 실용적이지요. 한편, 세 번째 친구는 화재의 원인이 무엇인지 혹은 친구가 탈출하려고 하는 이유가 무엇인지를 알고 싶어 합니다. 이런 의문들은 핵심에서 벗어났다는 이유로 즉각 제지당합니다. 아니면 한창 바쁜 사람에게 다가가 충고를 해보세요. 그 충고가 실용적인지 아닌지 금방 알게 됩니다. 당면한 문제를 쉽게 해결할 만한 구체적이고 상업적인 메커니즘을 만들어내서 여러분이 실용적인 사람이란 것을 보여주면, 사람들은 금세 귀를 기울일 것입니다. 하지만 사업가에게 왜 그토록 열심히 돈을 벌려고 하는지를 묻고 그럴 만한 가치가 있는 것인지 의구심을 보이면 장막이 드리워질 것입니다. 그 사업가는 여러분을 한가한 사람으로 여길 테고 여러분은 좀처럼 그의 신뢰를 회복하기 어려울 것입니다. 그러므로 '실용적'이란 말은 당면한 문제와 관련되었다는 뜻으로 들립니다. 어른들은 보통 '당면한' 일거리가 있고, 어떤 일로 바쁘며, 목표를 향해 달려갑니다. 실용적이란 말은 이미 달려가고 있는 목표에 도움을 주는 것이고, 비실용적이란 말은 목표 그 자체를 반성하는 것입니다. 철학자들의 충고란 대체로 두 번째 유형입니다. 흔히 그런 충고는 필요 없다고 생각됩니다. 충고를 해도 이미 하고 있는 일에 도움을 줄 수 없지요. 오히려 하고 있는 일을 방해한다고 여겨지지요. 사무실이나 근무 시간에는 적합하지 않습니다. 그러면 그런 충고는 어떤 의미를 갖는 걸까요? 당연히 대답은 이렇습니다. 철학자의 충고는 어떤 일을 진행할 때도 중요하지만 더 나아가 그 일이 옳은 방향으로 나아가는 데도 중요한 역할을 합니다. 어떤 일을 잘 해내는 데도 중요하지만 더 나아가 그 일을 할 만한 가치가 있는지를 판단할 때도 큰 역할을 합니다. 이것은 분명한 사실이지만 쉽게 잊힙니다. 그래서 사람들에게 이런 사실을 상기시켜서 자신들이 추구하는 목표를 수시로 반성하고 삶의 방식 전체를 재고하도록 해주는 것이 철학의 임무가 되었습니다. 살면서 철학을 한다는 것은 여러분이 선택한 수단뿐 아니라 그 수단을 가지고 성취하려는 목적에도 근거를 부여하는 것입니다.

철학과 일반화

상식은 또한 '지나치게 일반적'인 것을 비난합니다. 살면서 우리가 맞닥뜨리는 것은 이론이 아니라 '상황'이라고들 합니다. 신뢰를 받는 사람은 경험이 많은 사람이지요. 대체로 경험이란 개별적인 사실에 익숙하다는 의미입니다. 정치에서 필요한 것은 일반적인 사상이 아니라 구체적인 상황에 정통한 것이지요. 추상적인 인간과 원리가 아니라 구체적인 사람과 대책을 알아야 합니다. 역사가는 문명이나 진보라는 모호한 관념을 믿지 않습니다. 중요한 것은 무슨 일이 벌어졌는지를 아는 것입니다. 산업계에서 필요한 것은 경제 가치론이 아니라 현재의 비용, 임금, 가격에 대한 지식입니다. 삶을 준비하는 과정에서 더욱 중요한 것은 눈과 손을 훈련시켜서 분별하고 조작할 수 있게 만드는 것이지, 이성과 상상력을 훈련시켜서 보편성을 사랑한 나머지 세부사항을 모호하게 하고 궁극적인 것을 더듬거리느라 정말로 중요한 당면 과제들을 간과하게 만드는 것이 아닙니다. 물론 상식이 일반화를 싸잡아 비난하는 것은 아닙니다. 상식은 지식을 매우 존중하며 일반화가 없다면 지식도 없다고 이해합니다. 규칙과 분류 체계, 심지어 법칙과 이론도 반드시 필요합니다. 하지만 정신이 일반화하는 버릇은 제한을 받아야 한다는 것입니다. 일정 정도를 넘어서면 일반화는 터무니없어지고 공상이 되어버려 사실로부터 멀어지고 뜬구름을 잡게 됩니다. 단단한 땅 위에 굳게 뿌리를 내린 상식적인 사람은 그런 사변을 모욕이나 오락 또는 공허한 경탄으로 간주합니다.

철학이 상식을 어기는 이유는 철학이 일반화를 하기 때문이 아니라 언제 멈추어야 할지를 모르기 때문입니다. 결국 어느 누구도 일반화를 하지 않으면 아무것도 사고할 수 없으니까요. 철학자는 상식을 어길 수밖에 없는데, 철학자가 자신의 소명에 충실하려면 상식의 틀 안에 멈춰서는 안 되기 때문입니다. 할 수 있는 한 일반화하는 것이 철학자의 특수한 임무입니다. 철학자가 이렇게 하는 데는 몇 가지 동기가 있을 수 있습니다. 그저 '쓸데없는 호기심' 때문에 자극을 받아서 자신이 어디까지 갈 수 있는지 보려고 그럴 수도 있지요. 아니면 보편적인 것을 찾고 관조하는 것이 가장 고귀한 인간 활동이라고 믿을 수도 있습니다. 혹은 영혼의 구원은 제일 원인이나 사물의 궁극 원인과 올바른 관계를 정립하는 데 달려 있다는 관념에 자극을 받았을 수도 있지요. 어느 경우든, 철학자는 사물의 본성이 허락하는 가장 일반적인 관념을 공식화하는 과제를 떠맡은 것이지요. 철학자는 사사롭게 어떤 제한에 얽매일 필요가 없습니다. 철학자는 다른 사람들보다 더 활발하고 더 철저하게 혹은 더 깊이 생각하지 못하면 스스로의 정체성을 잃게 됩니다. 철학자는 사실이나 이해관계만을 제한적으로 대변하지 않습니다. 철학자는 어디에도 얽매이지 않는 사상가이지요.

철학과 실체

◆

 사실은 '견고'하다고 여겨지고 일반적인 관념은 공허하거나 실체가 희미하다고 생각하게 됩니다. 이 문제는 중요합니다. 그러므로 사실이 장점을 발휘하는 경우는 상식의 세 번째 기준, 즉 명확성이란 기준으로 판단했을 때입니다. 원래의 의미로 돌아가 보면 명확한 것이란 만질 수 있는 것입니다. 의심하는 도마는 상식적인 사람입니다. 이제 우리는 여기서 인간의 본성 중에서 가장 원초적이고 근본적인 것을 언급하지 않을 수 없습니다. 촉각은 가장 원시적인 감각입니다. 그리고 살아 있는 유기체의 역사를 두루 고려해보아도, 의식에서 가장 널리 그리고 가장 긴요한 역할을 했던 부분은 바로 접촉이라는 경험이나 예감입니다. 유기체와 접촉할 수 있는 것은 신체지요. 그래서 신체나 물체는 이미 알려진 것들 가운데 가장 오래되고 익숙한 사례이지요. 그 밖에 그럴 수도 있다고 추정된 사물들의 상태는 의심을 살 만합니다. 정신은 추정된 사물을 다룰 때 매우 불편하고 안심하지 못합니다. 물리학은 비록 물체로부터 멀리 떨어져 나와서 만질 수도 없는 에테르*나 에너지를 상상하기도 하지만, 항상 물체로부터 시작해서 궁극적으로는 다시 물체로 돌아오기 때문에 상식이 지닌 확실성을 향유합니다. 게다가 에테르나 에너지조차 촉각적 상상력을 자극합니다. 인간의 상상력은 비논리적이라고 이해되더라도 이와 같은 일을 그만둘 수가 없습니다. 신과 영혼은 확실히 영적입니다. 그렇기 때문에 가장 큰 권위를 갖는 것입니다. 하지만 신이나 영혼이 평범한 정신을 관통하면서 물질적인 측면을 갖게 됩니다. 비록 정신은 신이나 영혼을 다루는 데 아무런 도움도 되지 않지만 말이지요.

 철학은 물질적인 것을 결코 무시하지 않습니다. 사실 철학은 모든 실질적인 실체가 물질적이라고 밝혀질 수 있는 가능성을 인정할 수밖에 없습니다. 하지만 철학이 물질적인 것을 선호할 때는 인간의 편견이 작용한다는 점을 반드시 밝혀

● 빛을 파동으로 생각했을 때, 이 파동을 전파하는 매질이라고 생각되었던 가상의 물질.

야 합니다. 그리고 가능한 한 그러한 편견을 중화하고 효과도 줄여야 합니다. 철학은 반드시 경험이라는 비물질적 측면을 특별히 정당화하려는 이론을 육성하고 보호해야 하고, 비물질적 측면은 일고의 가치도 없이 '상상할 수도 없다'거나 원래 일어날 수도 없다는 해석에 반대해야 합니다. 한 세대 전에 철학이라고 하면 대체로 '정신과 도덕' 철학을 가리켰지요. 여기에는 그럴 만한 까닭이 있습니다. 철학이 스스로의 영역을 정신적인 것과 도덕적인 것에 제한해서가 아니라 철학자만이 자신의 정당한 권리로 그 문제들을 인식하는 데 몰두할 수 있고 상식과 상식을 기반으로 해서 발전한 과학이 불가피하게 물질성을 인정하면서 지나치게 강조했던 부분을 교정할 수 있었기 때문입니다.

무의식적으로 철학하기

◆

그래서 철학은 상식이라는 불편한 견해를 받아들일 수 있습니다. 심지어 자랑할 수도 있지요. 철학은 비실용적이고 너무 일반적이며 형태도 없습니다. 이런 말들이 함축하고 있는 비난이 결정적이고 최종적이라면 철학을 포기할 수밖에 없을 것입니다. 하지만 철학은 그저 상식에 반대하는 것이 아닙니다. 철학은 상식으로부터 정신을 해방시키고 그 자체로 정당화될 수 있는 훨씬 타당한 기준을 마련하기 때문입니다.

비록 내가 철학은 이상한 것이라서 바깥에서 철학의 영역 안으로 들어가야 한다고 여러분을 설득해야 했지만, 그럼에도 나는 일단 철학을 즐겨보라고 권하고 싶습니다. 지금 바로 철학에 입문하려면 마음속에서 가장 익숙한 생각을 떨쳐버려야 합니다. 그러면 철학은 가장 친한 동반자가 됩니다. 다만 여러분이 너무 어리거나 여러분의 선배들이 상식에 너무 많이 의존하고 있으면 그 때문에 철학을 접할 수 없을 것입니다. 여러분이 비범한 아이가 아니라면 이 세상에 대해 궁금한 것이 아주 많았을 것입니다. 이 세상을 누가 무엇으로 만들었는지, 이 세상이 왜 만들어졌는지, 어떻게 만들어졌는지, 왜 이런 식으로 만들어졌는지, 감각의 범위를 초월해서 멀고도 어두운 영역에서 이 세상은 어떻게 보일지, 이런 문제들이 궁금했겠지요. 그리고 성장 과정에서 여러분은 상식을 얻게 됩니다. 아니 어쩌면 상식이 여러분을 얻는다고 해야 할까요. 상식은 커튼처럼 내려와 황혼을 차단해서 사태를 더 분명하게 볼 수 있게 해주지만 우리의 관점은 더욱 제한됩니다. 그때부터, 어린 시절 가슴에 품었던 물음들이 어리석게 느껴지고 바쁘게 사는 사람은 그것이 사치스러운 의문이었음을 깨닫게 됩니다. 이렇게 보면 철학은 상식보다도 더 순진무구하고 자발적인 정신의 표현인 셈입니다. 그리고 사물에 대한 최초의 자유로운 호기심을 회복하면, 상식은 장년기의 계몽이 아니라 굳어버린 정신, 다사다난한 삶의 세속성과 자기만족으로 나타납니다. 철학적 관심은 훨씬 자유로운 것이고, 상식이 갖는 관심은 전문적인 직업의식에서 나온다고 말하는 편이 공정한 것인지도 모르겠습니다.

하지만 불시에 철학을 향유해야 하는 더 중요한 의미가 있습니다. 철학은 의문의 여지가 없다고 여겨지는 어른들의 다양한 활동과 관심사의 기초가 됩니다. 이러한 활동과 관심사를 곰곰이 생각해보면, 조만간 반드시 철학의 도움이 필요하다는 것을 알게 됩니다. 종교의 경우가 가장 확실한 사례입니다. 우리 모두는 일정한 종교적 전통에 참여하고 그런 전통의 중요한 요소를 당연하게 받아들입니다. 우리는 이타적이고 정직한 삶, 꿋꿋하고 사랑을 베푸는 삶이 최상의 삶이라고 여깁니다. 이런 삶의 가치가 세속적인 성공보다 더 가치가 있고, 모두가 열망하며 기꺼이 모든 것을 희생해야 하는 풍요로운 정신임을 우리는 인정합니다. 더 나아가 이런 유형의 삶이 이 세상에서 가장 중요한 일이라고 생각합니다. 그래서 이런 유형의 삶을 완벽하게 예증할 수 있는 존재가 이 세계를 창조하고 세상 모든 일을 지배해야 한다고 주장할 수도 있는 것입니다. 그래서 신은 우주에서 가장 높은 수준의 이타성, 사랑 등을 의미합니다. 또한 우리는 이타적이고 세심한 사람들이 이 땅을 물려받아 영원한 행복을 누릴 수 있도록 보장해주는 존재가 신이라 믿을 수도 있습니다.

의심

◆

이제 의심에 빠지면 무슨 일이 벌어지는지 살펴봅시다. 사람은 누구나 이상理想의 가치에 의구심을 품을 수 있습니다. 자기 자신을 희생하는 것보다 자신을 주장하는 것이 더 가치 있지 않을까. 혹은 양심의 가책에 좌우되지 않고 완력을 권리보다 위에 두는 사람이 위대한 사람이 아닌가. 이런 문제는 누가 결정할까요? 대중 여론이나 어떤 기관이 가진 권위의 몫이 아닌 건 확실합니다. 이런 것들은 독단적이기 때문이지요. 의심이 생기면, 독단은 더 이상 힘을 발휘하지 못합니다. 이때 필요한 것은 이상을 꼼꼼히 비교하고 가치의 문제와 삶의 의미를 비판적으로 검토하는 것입니다. 이러한 연구를 수행하는 사람은 자기 문제를 해결하려고 연구를 시작한 사람들조차 모두 도덕철학자가 됩니다. 이런 사람은 플라톤과 칸트, 밀, 니체의 발자취를 좇아서 잠시라도 그들과 동행하는 편이 좋습니다.

어떤 사람이 전통적인 이상이 올바른 것인지가 아니라 이상이 확실하게 실현될 수 있는지에 대해 의문을 품었다고 합시다. 『성서』에 나오는 욥처럼, 정당한 사람으로서 불운을 뼈저리게 느낀 사람이라면 사건이 자연스럽게 진행되는 과정에서 정의가 전혀 개입하지 않는 것은 아닌지 의구심을 갖게 됩니다. 결국 세상은 거대한 사건이나 보이지 않는 힘의 잔인하고 서투른 장난이 아닐까요? 이상이 도대체 중요하기는 한 것일까요? 아니면 한가한 꿈, 환영, 단순한 공상의 놀이일까요? 정신은 물질을 움직일 수 있을까요? 아니면 아무리 해도 제어할 수 없는 사건을 무력하게 바라볼 뿐인가요? 이런 물음을 던졌다면 여러분은 철학적 문제를 제기한 것입니다. 그 문제에 답했다면, 철학을 한 것입니다.

물론 마취약을 사용해서 의심을 조절할 수 있습니다. 하지만 그런 치료법으로는 의심을 치료할 수 없습니다. 실제로 많은 마취제는 아무런 효과도 없어요. 지적인 문제에는 지적인 해법이 필요한 법입니다. 일단 촉발된 사유는 사태의 밑바닥에 도달하고 나서야 멈출 것입니다. 한 세대에서 잊힌 문제들은 다시 나타나 다음 세대를 괴롭힐 것입니다. 하지만 비판하고 의심하는 능력이 모두 감각을 잃고 위축된다면, 그것은 인류에게 일어날 수 있는 최악의 재앙일 것입니다. 종교의 미덕은 진실성에 있어야 하므로, 그것이 진실하다면 계몽이 진보하듯 수정될 수 있어야 합니다. 머뭇거리며 안락한 환영에 매달려서는 구원을 얻을 수 없습니다.

영혼을 구원하기 위해 우리가 해야 할 일은 바라기만 하면 이루어지는 가상의 상태가 아니라 실재 상태에 의존하는 것입니다. 구원은 허구가 아니라 사실 위에 세워져야 합니다. 요컨대 철학이 필요한 이유는 종교 밑에 깔려 있는 진지한 문제들 때문이지요. 다른 활동이나 관심사와 마찬가지로 종교에서도 세상 만사가 언제까지나 진지하다고 가정하지는 않을 것입니다. 하지만 가까이에서 열린 마음으로 사물들에 질문을 던지는 것이 수시로 중요해집니다. 그래서 삶의 이상과 희망의 근거를 묻는 것이 바로 철학입니다.

철학과 예술

◆

또 하나의 친숙한 인간의 관심사, 예술로 눈을 돌려봅시다. 때로 권위자들이 옹호하기도 하지만 대체로 무시하거나 부인했던 막연한 생각, 그러니까 위대한 예술 작품은 반드시 일반성과 보편성을 드러내야 한다는 생각이 있지요. 그래서 우리는 이렇게 생각합니다. 그리스 조각은 인간을 묘사해서 위대한데, 대부분의 현대 조각은 개인을 묘사하고 있다. 마찬가지로 이탈리아 르네상스의 회화는 기독교적으로 해석된 삶을 표현하고 있어서 순간적인 빛과 색채의 놀이를 포착한 인상주의의 풍경화보다 뛰어나다. 한동안 나는 이런 식의 주장이 예술의 이점을 결정할 때 결정적이라고 주장하고 싶지 않았습니다. 그런 주장은 우리의 순수한 미적 판단에 전혀 영향을 주지 않을 수도 있으니까요. 하지만 그런 주장이 예술가의 정신과 관찰자의 정신에 대해 중요한 사실을 보여주는 것만은 분명합니다. 그리스의 조각가나 이탈리아의 화가는 특정한 종류의 생각을 가지고 있었습니다. 사실 그들은 그런 생각을 무의식적으로 얻었을지도 모릅니다. 아무튼 그리스 조각가는 자신의 모델에 대해서만이 아니라 인간의 본성과 그에 걸맞은 완전성을 분명히 생각했을 것입니다. 그리고 이탈리아의 화가는 자신의 미의식에 덧붙여 당시의 사물에 부여되는 상대적 가치관, 즉 육체적 삶보다 우월한 내적인 삶, 세속적인 영역보다 우월한 천상의 영역이란 생각을 공유하고 있었음에 틀림없습니다. 그리고 감상자들도 그런 생각을 감당할 능력을 분명히 가지고 있었을 것입니다. 그렇지 않다면 예술가들이 전달해야 하는 의미를 놓치겠지요. 시의 경우는 더욱 확실합니다. 역사시나 서사시, 여인의 눈과 입술에 오르내리는 연애시는 어떤 구체적인 상황이나 정신을 협소하게 하여 세상과 담을 쌓게 만드는 희귀하고 덧없는 특성을 버리지 않습니다. 다른 한편, 알프레드 테니슨*의 「더 높은 범신론」이나 「모드」, 로버트 브라우닝**의 「랍비 벤 에즈라」, 워즈워스의 「틴턴 사원」, 매튜 아널드***의 「도버 해변」처럼 시인이 특정한 매체를 통해 삶의 보편성을 표현하려 애쓴 시도 있습니다. 시인은 더 넓은 통찰력을 통해 사물들의 전체적인 체계 안에서 진정 자신의 자리를 지키고 있는 인간의 모습을 드러냅니다. 그러한 통찰력은 아주 분명하지만 말로 다 표현할 수는 없습니다. 하지만 그것은 이미 만들어진 구도에 만족하지 않고 빛을 찾아 싸우고 통속적인 기준으로부터 스스로를 해방시키려 애쓰는 정신의 징표이지요.

그리고 그런 시를 읽는 사람들은 시의 정조에 반응해서 정신을 전방위적으로 확장시킬 것입니다.

우리의 목적 때문에 시의 장점이 사상의 폭에 비례한다고 주장할 필요는 없습니다. 대체로 위대하다는 평가를 받는 시의 실질적인 특징은 대체로 그 시에 담긴 사상의 폭이라는 점만 알면 됩니다. 위대한 시인은 상상력을 발휘해 과감하게 땅을 박차고 삼라만상을 폭넓게 굽어볼 수 있을 만큼 높이 올라가는 사람입니다. 그런 상상력은 철학적이라서, 철학을 산출하는 것과 똑같은 충동으로부터 생겨나 철학과 똑같이 상식을 깨뜨리고 삶에 근본적으로 기여합니다. 차이라면, 시적 상상력은 미래에 벌어질 논증 결과를 대담하게 예측하거나 이미 이루어진 논증 결과를 무의식적으로 활용하지만, 철학은 논증 그 자체지요. 시는 예술이기 때문에 최종 결과물을 심미적인 형식으로 제시해야 하지만 철학은 이론이기 때문에 무엇에 대해 이야기하는지 정의를 내려야 하고 무엇을 말하려는지 근거를

● 영국의 시인. 목사의 집안에서 태어나 케임브리지대학교에서 배웠다. 형 찰스와 함께 『형제시집』(1827)을 출판했다. 대학에서 고전 · 역사 · 철학을 배우는 한편 『서정시집』(1830)을 출판하여 워즈워스에게 그의 재능을 인정받았다. 그 후 『모드』(1855), 『국왕 목가牧歌』(1858), 『이녹 아든』 등을 출판하여 교묘한 음과 운율의 구사 및 회화적인 묘사로서 가장 영국적인 정경과 정서를 노래했다.

●● 영국의 시인이자 극작가. 바이런, 셸리의 영향을 받아 시인이 되었다. 알프레드 테니슨과 더불어 빅토리아 왕조 시대를 대표하는 시인이다. 그의 시는 인간의 모든 강렬한 정열을 힘차고 극적으로 노래한다. 그러나 그의 시는 어려웠기 때문에 그가 죽은 후에야 가치를 인정받았다. 주요 작품으로는 『남과 여』, 『등장 인물』, 『반지와 책』 등이 있다.

●●● 영국의 시인이자 평론가. 럭비학교 교장의 아들로 태어나 자신도 장학관이 되었고 옥스퍼드대학교에서 시를 가르치기도 했다. 처음에 시인으로 출발해 『에트나 산 위의 엠페도클레스』, 『학자學者 집시』와 『도버 해변』 등 내향적이며 고독과 애수의 색이 짙은 작품을 썼으며, 40대 이후부터는 비평에 전념하여 『비평시론집』, 『교양과 무질서』 등을 출판했다.

제시해야 합니다. 모든 논증에는 통찰이 있고 모든 통찰에는 논증이 필요하므로 시와 철학이 모두 필요한 것입니다.

철학과 과학

◆

과학이란 용어는 물리학을 필두로 미지의 대상에 맞부딪혀 처음에는 지식으로, 그다음에는 창조로, 궁극적으로는 문명으로 바꾸어내는 특정한 지식 분야를 가리키는 데 사용됩니다. 과학은 상식의 도움을 받고 동조합니다. 상식은 수지맞는 투자를 한 셈이지요. 흔히 베드로처럼 과학은 철학을 부인하고 이미 철학을 알고 있다는 사실을 부정하지만, 과학은 철학적 혈통을 가지고 있어서 철학과의 연관성을 감추려 해도 감출 수 없습니다. 삶의 절박함 때문에 자연스러운 정신의 운동이 속박당하기 전에 여러분과 내가 철학자였듯이, 인간의 지식도 마찬가지로 철학적이었지요. 그것이 '과학'이었고 고도로 전문화된 분야로 나뉘어 저마다 고유한 기법과 계획을 지니게 되기 전만 해도 말입니다. 과학의 철학적 뿌리와 연관성은 여러 가지 방법으로 드러납니다. 예컨대 각기 다른 분야의 과학은 하나같이 동일한 세계와 관계를 맺고 있으며 그에 따른 결과도 일관성 있게 나와야 합니다. 그래서 물리학, 화학, 생리학, 심리학 등은 모두 인간의 본성에서 합류되어 조정되어야 합니다. 아무튼 인간은 자신 안에 기계 장치, 생명, 의식을 모두 담고 있지요. 어떻게 이것이 가능할까요? 이런 문제는 어느 한 가지 과학만으로는 답할 수 없는 문제입니다. 이것은 과학의 문제가 아니라 철학의 문제입니다. 그리고 철학의 문제는 과학 연구와 거기서 나온 결과에 대한 평가와도 긴밀하게 연관됩니다.

또한 과학은 의미가 충분하게 검토되지 않은 상태에서 개념을 많이 활용합니다. 이것은 전부는 아니더라도 과학의 근본 개념 대부분이 그렇습니다. 그래서 역학은 공간과 시간의 정확한 본성에 관해 우리에게 알려주지 않습니다. 물리학은 물질의 본성에 대한 기계적이고 형식적인 설명만을 제공해주지요. 생물학과 생리학의 대부분은 생명의 의미를 세심하게 구분해서 정의하지 않고 진척됩니다. 한편 심리학은 본질적으로 의식이 무엇인지 우리에게 정확하게 말하지 않으면서 의식의 사례를 연구합니다. 모든 과학은 법칙과 인과성이란 개념을 사용하지만 그런 개념에 대한 어떤 이론도 우리에게 제공하지 않습니다. 요컨대 특정 과학은 실험과 기술이라는 목적은 충족시키지만 거친 개념을 사용하므로 비판적 반성이란 목적을 충족시키지 못합니다. 내가 언급했던 개념은 모두 일단 사유가 그 개념으로 유도되기만 하면 사유에 자양분을 공급해줍니다. 이 개념에는 난점이 많습니다. 그리고 전문가와 숙련자가 그 용어를 사용한다는 제한적인 의미에서, 과학은 이러한 난점을 제거하기 위해 뭔가를 성취해낸다고 말할 수는 없습니다. 과학은 이러한 난제를 제기하지 않고도 놀라운 진보를 이루어 의기양양하게 물질문명의 도구를 제공할 수 있습니다. 하지만 어떤 사람이 이렇게 묻는다고 가정해봅시다. "이러니저러니 해도 결국 나는 어디에 서 있는가? 나는 어떤 세상에 살고 있는가? 나는 누구인가? 나는 무엇을 두려워해야 하고 무엇을 희망해야 하는가?" 이런 난제에 부딪히지 않고서는 아무런 답도 얻을 수 없습니다. 이런 질문에 답하려 시도하는 사람은 철학자뿐입니다.

윤리의 문제

◆

　철학이 제 역할을 하려면 문제를 나누어야 합니다. 철학에는 엄밀하게 구분된 분야가 없습니다. 문제들이 점점 더 근본적으로 변하면서 하나로 합쳐지고 한 문제의 해법은 나머지 문제의 해법에 의존하게 됩니다. 하지만 정신은 다른 일들과 마찬가지로 철학에서도 한 번에 한 가지씩 해결해야 합니다. 게다가 철학의 필요성은 접근 방식과 강조점에서 차이가 나는 상당히 다른 영역에서 감지됩니다.

　어쩌면 그 자체로 가장 쉽게 생각되는 철학의 분과는 윤리학 혹은 도덕철학이지요. 플라톤의 유명한 대화편 『소크라테스의 변론』에서 고소인에 맞서 스스로를 변호하는 소크라테스가 도덕론자의 임무를 서술하고 정당화하는 장면보다 더 좋은 윤리학 입문서는 없습니다. 도덕론자로서 소크라테스는 사람들이 여러 가지 직업을 갖는 이유와 원인을 직접 사람들에게 물었다고 합니다. 그가 보기에 사람들은 분명히 바쁘게 살아가지만, 이상하게도 왜 그렇게 사는지 모르고 있었던 것입니다. 사람들은 어디론가 향해 가고 있지만 정작 그곳이 어딘지를 몰랐습니다. 소크라테스는 직접 사람들을 가르치려 하지 않았지만 문제를 던져야 한다고 확신했고, 그런 의미에서 적어도 자신이 다른 사람들보다 현명하다는 생각을 하게 되었습니다. 소크라테스의 도덕적 입장은 삶은 선善이라는 명확한 개념 없이는 정당화될 수 없다는 것입니다. 그래서 선의 문제가 윤리학의 중심 문제가 된 것입니다. 선은 쾌락일까요, 아니면 지식이나 세속적 성공일까요? 개인적일까요, 사회적일까요? 선은 내적인 상태로 이루어질까요, 아니면 외적인 성취로 이루어질까요? 선은 이 세상에서 추구해야 할까요, 아니면 저승에서 찾아야 할까요? 이 물음들은 같은 문제를 다양하게 제기한 것에 불과합니다. 플라톤, 아리스토텔레스, 기독교 신학자들, 홉스, 루소, 칸트, 밀 그리고 도덕철학자 모두가 차례로 달려들었던 문제이기도 하지요. 또 다른 특수한 문제들이 이 문제 옆에 자리를 차지합니다. 예컨대 도덕적인 덕과 세속적인 법은 어떤 관계인가? 플라톤의 『크리톤』에서 소크라테스는 선한 사람의 첫 번째 의무는 아무런 죄가 없더라도 법에 복종하고 처벌에 따르는 것이라고 가르칩니다. 선한 삶이란 본질적으로 질서를 지키는 삶이고, 개인은 자신이 나고 자란 정치적 공동체를 따라야 하기 때문입니다. 홉스는 다른 입장에서 동일한 결론에 도달합니다. 그는 도덕성이란 권위와 법이 있어야만 존재한다고 말합니다. 선천적인 이기심과 부도덕성의 결과로부터 자신을 구하기 위해, 인간은 영원히 자신을 국가에 양도했고, 권리와 의무가 전혀 없는 국가에 의해 강제되는 한에서 구제를 받아왔습니다. 사람들은 법에 복종하거나 아니면 모든 사람이 스스로 사냥꾼이나 먹잇감이 되는 원시적인 무법 상태로 빠져듭니다. 루소의 주장은 사뭇 달라서, 인간은 오랫동안의 속박에 견딜 수 없어 목초지로 향하고 싶어 한다고 예언했지요. 인간을 위해 법이 만들어진 것이지 법을 위해 인간이 만들어진 것이 아니라고 루소는 설파합니다. 인간은 스스로 만든 발명품의 노예가 되었고 인간이 누려야 할 당연한 유산인 자연의 선함과 행복으로 되돌아가도록 노력해야 합니다. 이것들은 여전히 정치철학의 기초에 놓여 있고 지금도 지지자의 편을 가르는 문제들이지요. 칸트는 도덕철학에서 다소 다르게, 어쩌면 좀 더 익숙한 변환을 이루어냅니다. 칸트에게 도덕적 삶의 중심 이념은 의무지요. 중요한 것은 결과나 의도가 아니라 의지의 상태입니다. 도덕성은 인간이 만든 성문법보다 훨씬 심오한 도덕성 자체의 법칙에 근거해서 설정됩니다. 이러한 법칙은 '실천이성'을 통해서 개인에게 전달되고 행위의 규제에 영향을 미치는 모든 문제에서 결정권을 행사하지요. 그래서 프로테스탄트와 청교도가 강조하는 대목을 칸트는 강조합니다. 반면, 원만하고 완벽한 삶을 바라보게 하는 플라톤은 그리스도 강림 이전에도 오늘날처럼 활발하게 번성한 이교도의 대변자인 셈이지요.

종교철학

◆

소위 종교철학의 핵심을 이루는 문제들은 도덕철학과 긴밀하게 연관되어 있습니다. 윤리학의 문제에 잠정적인 답변이 주어졌다고 가정해봅시다. 선이 정의되었고 인간의 의무는 명확해졌습니다. 그러면 선을 실현하려면 무엇을 희망해야 할까요? 의무가 지시하는 대로 수행하는 능력을 인간이 가진 것이 확실할까요? 그래서 무엇보다도 인간의 지위라는 문제가 제기됩니다. 인간은 기껏해야 자연법칙에 따르는 원인의 사슬 안에 하나의 고리로서, 자신의 무력함을 관조할 수 있을 뿐일까요, 아니면 인간은 자신의 이상에 걸맞은 능력, 운명을 지배하고 자신이 관여하는 목적을 촉진시키는 능력을 부여받았을까요? 이것은 오래되고 잘 알려진 자유의 문제입니다. 인간이 가진 특권에 대해 뭐라고 말할 수 있는지 알고 싶으면 칸트를 읽어보세요. 인간이 그저 동물의 상태에 있을 때 인간이 어떤 모습을 보이는지 알고 싶으면 홉스를 읽으세요. 육체적 죽음에서 살아남고 자연이 지닌 힘의 놀이에 영향받지 않는 또 다른 삶으로 들어가는 기회에 대해서는 뭐라고 말할 수 있을까요? 인간의 불멸성이란 주제는 플라톤의 『파이돈』과 칸트의 『실천이성비판』에서 가장 진지하고 아름답게 논구됩니다. 이 모든 물음에서 결정적인 문제는 인간이 아니라 신입니다. 삼라만상을 통제하는 것은 무엇일까요? 그것은 맹목적이고 기계적인 힘일까요, 아니면 선의 승리와 의무를 수행하는 인간의 구원을 보장해주는 도덕의 힘일까요? 이것이야말로 가장 포괄적이고 중대한 문제로 제기될 수 있고, 이를 통해 우리는 '형이상학'이란 이름의 철학 분야로 들어갑니다.

형이상학
◆

'형이상학'이란 말은 조심해서 사용하지 않으면 오해를 불러일으킬 수 있는 구어적 의미를 가지고 있습니다. 이 말은 보통 신비하고 초자연적인 것과 관련된 이론을 의미할 때 사용됩니다. 형이상학은 엄밀한 실험보다는 사변적이라는 점에서, 그리고 사물의 일차적 현상 너머로 우리를 이끈다는 점에서 그와 같은 용어법이 정당성을 갖기도 합니다. 하지만 이것은 방법론이 아니라 원칙의 문제입니다. 형이상학자가 되려면, 사유를 극한의 경계까지 밀어붙여야 하고 최초의 현상이나 상식 혹은 관습적인 결론에 만족해서는 안 됩니다. 하지만 현실에서 신비하거나 초월적이거나 초자연적인 교리와 형이상학 사이의 모든 연관성은 필연적입니다. 결국 형이상학에서는 전적으로 사물들은 정확하게 그것들이 보이는 대로이거나 자연만이 실재한다고 주장할 수도 있습니다. 형이상학은 사물의 밑바닥에 도달해 가능하다면 무엇이 실재의 근본적인 구조인지, 그리고 무엇이 제1원인이고 최종 원인인지를 규명하려는 시도일 뿐이지요. 두 개의 대안이 두드러집니다. 신에 대한 믿음을 정당화하는 이론이 하나이고, 신에 대한 믿음을 상상의 결과, 절대 신앙과 교회 조직의 허구로 보고 불신하는 이론이 또 하나입니다. 두 번째 유형의 형이상학을 고전적으로 대표하는 사례는 보통 유물론으로 알려져 있고 홉스에게서도 발견됩니다. 첫 번째 유형의 걸출한 사례는 버클리 주교의 글에서 발견됩니다. 홉스가 유일한 실체가 신체임을 증명하고자 했듯이, 버클리는 유일한 실체가 정신임을 밝히려 했습니다. 버클리에 따르면, 정신의 본성은 각각의 인간이 자신에 대해 가진 지식 가운데 가장 먼저 직접적으로 알게 되는 것입니다. 그래서 독립적이고 빼어난 자연의 질서를 설명하려면 자연의 원인이 되고 자연을 유지시키는 정신, 우리와 동질적이지만 무한한 권능과 선을 가진 보편적이고 신성한 정신을 상정해야 했던 것입니다.

인식론

◆

철학 문헌에서 대단히 중요하게 다루어지는 네 번째 문제는 인식론입니다. 모든 철학적 물음 가운데 이 분야는 얼핏 가장 인위적이고 학술적으로 보일 수 있지만, 조금만 관심을 기울여도 이 분야의 결정적인 중요성을 밝힐 수 있습니다. 예컨대 과학의 궁극성이나 신앙의 정당성이란 문제가 있다고 합시다. 이 문제는 과학의 방법론을 검토해서 결과의 범위를 제한하는 자의적인 요소가 있는지를 밝혀내면 해결될 수 있지요. 그리고 진정한 지식은 무엇으로 이루어지는지, 사물은 언제 궁극적으로 설명될 수 있는지, 열망과 이상을 허용해서 어떤 결론에 영향을 주는 것이 합당한지를 물어야 합니다. 근대 철학의 창시자 베이컨과 데카르트는 우선적으로 이런 문제들에 몰두했고, 그 시대에 이런 문제들을 출발점으로 삼은 이후로 모두가 그 문제들을 사유해왔던 것입니다. 게다가 철학은 사상가가 스스로 찾은 아주 독특한 곤경에 관심을 기울여왔습니다. 데카르트는 지식을 근본적이고 의심할 여지가 없는 확실성으로 바꾸려 시도하면서, 그러한 확실성이란 각각의 철학자가 가진 자신만의 경험과 자신만의 관념에 관한 지식임을 알게 되었습니다. 만약 어떤 사상가가 이러한 핵심에서 시작한다면, 그 핵심에 뭔가를 어떻게 첨가할까요? 자기 자신이나 자신의 관념이 아닌 어떤 존재를 어떻게 확신할까요? 한편, 내 지식은 나 자신 안에 존재하므로 나 자신 너머로 나를 이끌지 않으면 좀처럼 지식이 될 수 없습니다. 이는 철학의 핵심적인 난제가 되었습니다. 이것은 진정 어려운 문제이지만 철학자를 제외한 사람 모두가 간과합니다. 버클리는 이러한 난제를 연구하여 만일 실재가 알 수 있는 것이라면 그것은 사상가와 그들의 관념 이외에 어떤 것으로도 구성될 수 없다는 결론에 이르렀지요. 이런 결론에 따라 모든 관념론 학파가 버클리를 추종했습니다. 그들 중에는 후대의 가장 뛰어난 사상가도 끼어 있었는데, 그들은 독일과 영국 문학에서 일어난 주목할 만한 운동에 영감을 주었습니다. 똑같은 난제를 연구하여 상당히 다른 결론에 도달한 학파도 있습니다. 이 난제는 근대 사유의 십자가가 되었고 이 난제와 대결하지 않고서는 근본적인 문제를 토론할 수 없습니다.

그래서 이런 것들은 누군가 철저하고 근본적으로 사유하고자 할 때 한 번은 논의해야 할 문제가 됩니다. 철학은 여기서 제기된 문제들을 좋아합니다. 왜냐하면 철학은 정신의 심오한 들썩임, 이미 만들어져 습관적이고 관습적이게 된 견해에 대한 불만, 자유롭고 속박되지 않은 호기심 그리고 세상을 주유하고 그것을 삶의 목적으로 판단하려는 욕구를 표현하기 때문입니다.

랠프 바튼 페리
Ralph Barton Perry(1876~1957)

프린스턴대학교에서 학사를 마치고 하버드대학교에서 철학으로 석사와 박사를 마쳤다. 윌리엄스대학과 스미스대학에서 3년 동안 철학을 가르친 후 하버드대학교에서 철학 교수로 지냈다. 윌리엄 제임스의 제자였던 페리는 신新실재론 운동에 앞장섰던 인물들 가운데 하나로, 자연주의적 가치론과 지각과 지식의 신실재론을 주장했다.

소크라테스, 플라톤, 로마 스토아학파

◆

　페르시아 전쟁 직후, 소크라테스가 아테네에서 살던 시절에는 아테네 시민이라면 누구나 아무리 가난하더라도 자신의 삶을 스스로 결정할 자유가 있었습니다. 돈벌이에 급급한 삶은 진리를 탐구하며 살아갈 자유와 비교하면 가치가 없다고 소크라테스는 결단을 내렸지요. 당시의 그리스 세계에는 많은 사상이 살아 숨 쉬고 있었습니다. 페리클레스가 통치하던 아테네는 제국에서도 가장 두각을 나타냈고 어떤 사상을 가졌든 위대한 사상가라면 모두 아테네로 가고 싶어 했습니다. 당시에 피타고라스의 학도들도 지적으로 왕성하게 깨어 있었습니다. 게다가 천문학 연구에도 상당한 성과를 얻었고 음악에서도 진전을 이루었지요. 특히 이들은 수학, 그중에서도 기하학을 연구했습니다. 어떤 학파에 속한 철학자는 물, 불, 공기, 흙에 대해 마치 고체가 녹아서 액체가 되고, 액체가 증발하면 기체가 된다는 식으로 연구하고 있었습니다. 그리고 기체 원자는 전자기로 이루어져 있다고 생각하는 사상도 있었습니다. 하늘의 거대한 팽창에 매료된 사상가도 있었는데, 이들은 진리를 발견하는 유일한 방법은 이 우주를 불변하는 거대한 천체로 사유하는 것이라고 주장했습니다. 한편, 단단한 물체에 들어 있는 작고 눈에 보이지도 않는 형태, 즉 원자가 결합하거나 분리되면서 세상을 변화시킨다는 원자론을 주장한 사상가도 있었습니다.

소크라테스와 아낙사고라스

◆

이 모든 학설을 진지하게 탐구하던 소크라테스는 마침내 아낙사고라스라는 철학자를 알게 됩니다. 아낙사고라스는 누스nous•가 세상을 만들어낸다고 주장했지만 소크라테스가 보기에 아낙사고라스는 누스가 작동하는 방식을 합리적으로 설명하지는 못했습니다. 소크라테스가 살펴보았듯이, 합리적인 이성은 항상 실질적인 선을 얻으려고 노력합니다. 한 물질이 다른 물질로 변화하고, 또 다른 물질로 변화하는 것을 보여준다고 해서 세계를 합리적으로 설명한다고 말할 수는 없습니다. 아낙사고라스는 이성에 대해 이야기했지만 소크라테스가 보기에는 합리적 행위의 핵심에 도달하지 못했던 것입니다. 소크라테스는 한때 누스를 원인으로 보는 발상을 받아들였지만, 자신의 생각을 저버릴 수는 없었습니다. 자연을 합리적 활동으로 탐구하려면 인간과 인간의 정신을 세심하게 연구해야 한다는 뜻입니다.

• 아낙사고라스는 철학사에서 최초로 '누스'라는 개념을 제시했다. 누스란 만물을 다스리는 원리로 감각적으로는 보이지 않아도 세계의 질서를 관장하는 개념이다. 또한 아낙사고라스는 세상을 구성하는 원리가 스페르마타spermata(씨앗)의 혼합이고, 이 스페르마타를 결합하거나 분리하는 힘이 누스라고 주장했다.

소크라테스와 피타고라스학파

◆

페리클레스 시대에는 인간과 인간의 삶이 연관된 모든 것에 대한 관심이 폭증했습니다. 소크라테스는 사람들과 기꺼이 토론했지요. 이런 성향 때문에 그는 인간의 영혼에 가치를 두고 인간이 불멸한다고 말했던 피타고라스 학도들에게 특히 호의적이었습니다. 이전 시대에 이 학파의 창시자인 피타고라스는 학생 단체를 조직하여 종교와 금욕적 생활, 수준 높은 사유를 통해 서로를 결속시켰습니다. 이러한 결속력과 형제애를 통해 그들은 자신들이 살던 폴리스의 정치적 삶에 영향을 주고 개선시키려 했습니다. 소크라테스의 시대에, 사람들은 정치에는 신물을 냈지만 종교나 인간에 대한 관심은 잃지 않았습니다. 사람들은 치료술과 천문학, 음악, 기하학을 연구했을 뿐 아니라 정의와 아름다움, 생명, 건강의 본질을 찾고자 했지요. 이러한 본질 덕분에 인간의 삶이 아주 생생하게 이루어진다고 여겼던 모양입니다. 피타고라스 학도들은 특이하게도 이런 주제를 어떤 방식으로든 기하학과 연결해서 사유했지요. 사실 오늘날의 우리도 정의正義를 정사각형에 비유하는 경향이 있습니다. 우리가 사용하는 이런 비유법은 어쩌면 피타고라스적 사고 방식의 반영이라 할지 모릅니다. 피타고라스 학도들이 보기에는 각기 다른 형상이나 모양, 입방체, 구체, 피라미드, 삼각형, 원, 사각형이 이 세계를 이루는 본질이었을지도 모르지요. 이들은 당시에 형상形相(이데아)을 의미하는 그리스어로 자신들이 주장하는 본질 개념을 표현했고, 이런 의미에서 아름다움이나 자제, 건강의 이데아를 찾으려 했던 것입니다. 이런 사유 방식에 관심이 있었던 소크라테스는 이러한 이데아를 찾기로 결심했습니다. 하지만 소크라테스는 피타고라스 학도들이 주장하듯이 사물을 기하학적 개념으로 파악하는 것에 만족하지 못했습니다. 소크라테스는 사람들과 토론을 벌이고 인간의 사고 안에 반영된 것으로 삶을 연구하면서 더욱 분명한 실재 개념을 찾아내 사람들에게 실질적인 도움을 주고자 했습니다. 어떤 사물은 그 안에 들어 있는 아름다움 때문에 아름다워집니다. 그러면 아름다움이란 무엇일까요? 이런 물음이 그리스 사상가들에겐 중요했습니다. 이상적으로 아름다운 삶을 찾는 일은 노력할 만한 가치가 있습니다. 어떤 행위가 정의로운 것은 그 행위 안에 정의가 있기 때문이지요. 정의의 본질은 무엇일까요? 우리도 소크라테스도 답을 알고 싶어 합니다. 소크라테스는 이런 물음에 답하기가 곤란함을 깨닫고 낙담하게 된 것입니다.

소크라테스의 임무

◆

당시의 모든 생활이 가장 민감한 세력에 의해 통제되었던 시절에 델포이의 신탁이 어느 날 질문자에게 소크라테스야말로 사람들 중에 가장 현자라고 말했습니다. 자신의 무지를 깊이 깨닫고 있었던 소크라테스 자신에게도 매우 당황스러운 선언이었습니다. 모든 부류의 사람들에게 열정적으로 질문을 던져봐도 자신에게 지혜를 줄 수 없다는 것을 알게 되자, 그는 곧바로 실재 사물의 본질에 관한 사람들의 관념이 혼란스럽고 모순적이라는 사실을 알게 되었지요. 소크라테스는 사람들의 생각을 명쾌하게 정리하는 것이 자신의 임무임을 깨달았습니다. 이것이 이성적 사고의 첫 걸음으로, 우리의 생각을 명확하게 정의하고 우리의 말이 지칭하는 사물의 본질적 속성에 대해 일치된 의견을 얻는 방법입니다.

소크라테스와 플라톤

◆

『소크라테스의 변론』,『크리톤』,『파이돈』은 플라톤의 입을 통해 소크라테스의 사상을 우리에게 극적으로 전해줍니다. 이 저작들은 모두 소크라테스가 산 마지막 날들을 다루고 있고 이때 소크라테스 사상은 원숙기에 있었다고 봐야 할 것입니다. 플라톤은 소크라테스의 사상을 논리적으로 발전시키면서 스승이 실제로 설파했던 내용을 넘어서 자신의 사상을 가미했을 가능성이 큽니다. 소크라테스 사상의 진면목에 한 걸음 더 다가가려면 이 대화편들을 읽는 수밖에 없습니다. 예컨대 소크라테스는 영혼이 영원불멸하고 영혼의 본질이 살아가는 데 생명을 부여하며 정의, 절제, 경건, 아름다움과 같은 관념이 인간 세상에 생명을 불어넣는 영원한 본질이라고 생각했던 모양입니다.『파이돈』에 등장하는 엄청나게 번뜩이는 상상력은 플라톤의 작품이고 그로 인해 전체 이론이 완벽해졌을 가능성도 있습니다. 그래서 대화편의 모든 철학은 플라톤 철학이라고 생각하는 사람들도 많지요. 플라톤의 사상을 스승 소크라테스의 사상과 따로 떼어놓기란 어렵습니다. 이 두 사상가는 정말로 인간 사유에 거대한 진전을 이루었고 이 세계에 깊은 영향을 주었습니다. 이러한 영향력은 많은 차이에도 불구하고 실재하는 본질 개념에 강한 영향을 받았던 아리스토텔레스에게서 찾아볼 수 있습니다. 소크라테스의 영향력은 스토아 철학에서도 찾아볼 수 있습니다.

제논과 스토아 철학

◆

　스토아학파의 창시자 제논은 키프러스 토박이로 원래는 상인이었는데, 항해 중 난파를 당하는 불운을 겪은 후 철학으로 방향을 바꾸었던 것 같습니다. 당시에 철학자가 되려는 사람들은 모두 아테네로 가려고 했습니다. 소크라테스보다 두세 세대 이후 사람인 제논은 아테네에 머물던 어느 날 책장수의 진열대 옆에 앉아 있었습니다. 거기서 책장수는 소크라테스의 언행을 기록한 크세노폰의 『회고록』을 큰 소리로 읽고 있었습니다. 귀를 기울이던 제논은 책장수에게 소크라테스와 같은 사람은 어디에 살고 있는지 물었지요. 바로 그때 가난하지만 선한 사람, 소크라테스의 삶을 따라 살고자 했던 크라테스가 지나가고 있었습니다. 책장수는 그를 가리키며 "저 사람을 따라가시오"라고 말했답니다. 제논은 자리에서 일어나 크라테스를 따라갔습니다. 이성의 우월성과 인간의 영혼, 인간적인 삶의 가치에 대한 소크라테스의 신념은 제논의 학설에 깊은 영향을 끼쳤습니다. 이제 우리는 스토아 철학에 각인된 다른 영향을 찾아낼 수는 없습니다. 이 학파의 과학적이고 종교적이며 논리적인 학설은 매우 중요하며 학설이 발전하는 과정도 흥미롭습니다. 소크라테스의 사상이 이 유명한 학파에도 지울 수 없는 영향을 준 것만큼은 확실합니다.

로마 스토아 철학자들

◆

　4~5세기가 흐른 후, 노예였던 에픽테투스와 로마의 황제였던 마르쿠스 아우렐리우스는 인간의 삶에 대한 명상과 대화를 통해 소크라테스에게서 점화되어 그로부터 수 세대를 전해 내려온 생생한 사유의 불꽃을 보여주었지요. 스토아 철학자라고 하면 우리는 으레 모든 감정을 억누르고 고통을 품은 채 엄숙한 얼굴과 슬픈 가슴을 끌어안고 세상으로 나아가는 사람을 떠올리기 쉽습니다. 하지만 모든 시대에 최고의 스토아 철학자들은 인간의 본성과 자유에 대해서도 상당한 관심을 기울였습니다. 이들은 인간을 연구했고 인간의 본성은 본질적으로 이성적이라는 것을 알았습니다. 이들에게 가장 끔찍한 것은 이러한 이성적인 영혼이 자제력을 잃고 외부 세계에 굴복하여 행복을 찾으려는 헛된 노력 속에서 갈피를 잡지 못하고 결국 통제력을 잃은 사물에 동요되어 과도하게 빠져드는 것입니다. 하지만 이들은 자신의 힘으로 통제할 수 있는 것을 신성하게 장악하려고 노력했지요. 인간의 이성적인 영혼은 우주를 만들고 움직이는 선한 힘과 가깝다고 생각했기 때문입니다. 이런 점에서 이들의 생각은 소크라테스와 일치합니다. 노예와 황제는 자유로운 아테네 시민의 생각과 융합되었던 거지요.

찰스 포머로이 파커
Charles Pomeroy Parker(1852~1916)
고전학자로, 하버드대학교에서 그리스어와 라틴어 담당 교수를 지냈다.

근대 철학의 발흥

◆

'암흑시대'에 줄곧 깊은 잠을 자고 있던 유럽이 1453년 콘스탄티노플이 멸망하면서 갑자기 잠에서 깨어났다고 우리는 배웠습니다. 이제 우리는 알게 되었지요. 유럽에는 항상 빛이 있었고, 한 발 물러서서 말해도 유럽은 잠을 자는 상태에서도 분주하게 움직였습니다. 1453년 이전 수 세기 동안 사람들은 열정적이면서도 고결하게 살아왔습니다. 어쩌면 그 전례를 찾아볼 수 없이 사상이 깊어지고 그 수준도 높아졌지요. 고딕 예술을 창조하고 신성로마 제국처럼 그토록 화려한 꿈을 꾸었던 이 시대에 상상력과 계몽이 없었다고 말할 수는 없습니다.

하지만 15세기 언저리에 유럽의 정신에 뭔가 중요한 일이 발생했습니다. 이를 부정할 만큼 과격한 학자는 아무도 없습니다. 이것은 사상의 자각이라기보다는 결과적으로 엄청난 결실을 맺은 방향 전환이었습니다. 이러한 전환은 근원으로의 회귀라고 표현해야 가장 어울릴지도 모릅니다. 이런 변화의 특징이라면 예컨대 고대의 회상과 관습의 재심, 자연에 대한 더욱 직접적인 관찰이란 표현으로 잘 알려져 있습니다. 새로운 경험이 뒤얽히면서 전반적으로 활기를 띠고 사물들의 근원과 뿌리로 돌아가는 사상의 전환은 인간의 모든 관심사에 영향을 주었습니다. 이런 맥락에서 주로 고대 철학을 새롭게 연구한 르네상스 철학이 나왔습니다. 피코 델라 미란돌라*는 플라톤에 대한 새로운 유행을 주도했습니다. 피에트로 폼포나치**는 아리스토텔레스를 해석하면서 아베로에스주의***에 반대하여 알렉산드리아학파****의 해석을 옹호했습니다. 한편 몽테뉴는 고대 회의주의를 부활시켰지요. 하지만 철학의 미래에서 더욱 결정적이었던 것은 시대정신이 철학에 직접 준 영향을 통해서가 아니라 우선은 과학에 끼친 영향력을 통해, 그리고 간접적으로는 철학에 영향을 준 과학을 통해 나왔습니다. 철학의 미래를 고려해보면, 이 시대의 거인은 피코 델라 미란돌라나 폼포나치가 아니라 코페르니쿠스와 갈릴레오였던 것입니다.

● 르네상스 시대에 활약한 이탈리아의 플라톤주의 철학자. 1463년 이탈리아 귀족 가문에서 태어나 볼로냐대학에서 법학을 공부하고 파도바대학에서 아리스토텔레스 철학을 연구했다. 또 파리대학에서 히브리어를 공부하고 신비 철학에 흥미를 가졌으며, 신비 철학적인 설교로 기독교 신학을 보강하려 하였다.
●● 르네상스 시대의 대표적 아리스토텔레스주의자. 파도바대학, 페라라대학, 볼로냐대학 등에서 강의했고, 1516년에 『영혼불멸론』을 출판했다. 이 책은 정통파 토마스주의자, 아베로에스파, 알렉산드리아학파 사이에 격렬한 논쟁을 불러일으켜 베네치아에서는 불살라졌고 저자 자신을 죽음의 위험으로 몰아넣기도 했다.
●●● 이슬람 철학자 아베로에스의 학설을 계승한 철학. 아베로에스의 본명은 이븐 루시드이다. 탁월한 아리스토텔레스의 주석가이기도 했던 이븐 루시드는 신플라톤주의라는 틀 안에서 이해된 아리스토텔레스 철학을 비판했다.
●●●● 2세기 중엽 알렉산드리아에 세워진 최초의 기독교 학파. 이들의 주된 학문적 관심은 텍스트를 주해하는 작업이어서, 플로티노스 이전의 이른바 2세기 중기 플라톤주의의 전통을 계승하였다. 이 학파는 중세의 기독교적 철학, 즉 그리스 철학의 기독교화를 위해 선구적 역할을 하였다.

코페르니쿠스적 발견

◆

코페르니쿠스는 지구가 돈다고 과감하게 주장했습니다. 설령 그가 실제로 지구를 움직였더라도 사람들을 이보다 더 놀라고 혼란스럽게 하지는 못했을 것입니다. 태양과 달이 비추고, 천구로 둘러싸여 있으며 인간의 타락과 구원이라는 장대한 드라마를 제공해주는 지구야말로 창조의 확고한 중심이란 믿음, 이런 믿음은 그 자체로 인간의 모든 믿음에 확고한 중심이었습니다. 인간이 수 세기 동안 적응해서 마침내 편안하게 받아들이게 된 모든 사물의 장대한 체계를 허물지 않고는 지구가 돈다는 생각을 할 수는 없었을 것입니다. 인간은 어떻게 신과 인간의 장소를 찾아내고 또 어떻게 시작도 끝도 없고, 중심도 주변도 없는 우주 안에서 서로를 찾아낼까요? 이것은 위대한 순교자 조르다노 브루노*가 몰두한 문제였고, 1600년에 그가 맞이한 죽음은 근대 철학의 시작을 알리는 기념비적 사건이 되었다고도 할 수 있습니다.

이 세계는 더 이상 최고천最高天 너머 지상의 영역과 천상의 영역으로 나누어지지 않음을 브루노는 깨달았습니다. 자연 자체가 무한하기 때문에 신은 자연 너머에, 혹은 자연의 앞이나 뒤에도 존재할 수 없습니다. 우주는 수많은 세계의 체계이며 거기에 남아 있는 사람들보다 더 신성한 것은 없습니다. 그러므로 신은 지엽적이지 않고 보편적이며 모든 것의 생명이자 아름다움입니다. 이 사상은 브루노가 스토아 철학과 신플라톤 철학으로부터 재발견한 것이었고, 코페르니쿠스가 고대의 획기적 발견에서 훔쳐내어 이 시대의 필요에 맞게 전용한 것이었으며, 데카르트와 추종자들의 감춰진 범신론과 스피노자의 노골적인 범신론 안에 살아남은 것이었습니다. 이 사상은 18세기 동안 소멸되었다가 레싱*과 요한 헤

---

* 이탈리아의 사상가이며 철학자. 로마 가톨릭의 도미니코회 수사로 활동했으나, 수도원에서 이단으로 여겨졌다. 가톨릭교회로부터 이단 판정을 받을 것을 우려하여 1576년에 나폴리를 떠나 여러 나라를 돌아다니며 자전설을 말하거나 학문을 가르쳤다. 로마 교황청 이단 심문소로부터 이단의 혐의로 유죄를 선고받아 로마에서 공개적으로 화형에 처해졌다. 브루노의 화형은 이탈리아에서 자유로운 문화 활동이 가능했던 르네상스 시대의 마지막을 상징한다.

르더**가 부활시켜 19세기 독일의 낭만주의와 헤겔주의 운동이라는 중심 사상 가운데 하나가 되었습니다.

갈릴레오의 공헌

◆

코페르니쿠스는 획기적인 가설로 근대 사상에 공헌했습니다. 그에 비해 갈릴레오의 공헌은 명확하지는 않지만 훨씬 더 근원적입니다. 이렇게 말하는 편이 좀 더 안전하겠군요. 갈릴레오는 발견의 방법과 정확하고 수학적인 기술의 방법, 이렇게 두 가지 방법론을 제시했습니다. 물론 갈릴레오가 당대의 유일한 발견자도 아니고 유일한 수리물리학자도 아니었지만 그는 이 두 가지 방법을 탁월하게 구현했습니다.

망원경을 만들고 나서 1년쯤 지난 1610년에 『별들의 전령』을 출간하면서, 갈릴레오는 속표지에서 인용된 내용을 통해 이렇게 선언했습니다. "거대하고 아주 경이로운 장관을, 모든 사람들, 특히 철학자들과 천문학자들이 숙고해볼 수 있도록 제공하고자 한다. 이러한 장관은 최근에 갈릴레오 갈릴레이가 발명한 망원경의 도움을 빌려 발견한 것이다. 다시 말해 이러한 장관은 달의 표면에서, 은하수의 수많은 항성에서, 희미한 별들에서, 특히 각기 다른 간격과 엄청나게 빠른 주기로 목성 주변을 선회하는 네 개의 행성에서 관찰된 것이다." 이렇게 망원경을 만든 갈릴레오는 발견 시대의 선지자였지요. 하지만 망원경을 만든 갈릴레오보다 더 위대한 것은 세 개의 운동법칙을 만들어낸 갈릴레오이고, 그는 근대 역학

• 독일의 극작가이자 비평가. 계몽주의의 대표적 극작가이자 평론가로서 독일 문학과 연극의 근대화를 촉진시킨 시조라 할 수 있다.

** 18세기 독일의 질풍노도 시대의 대표적 사상가이며 신학자이자 문예비평가이다. 쾨니히스베르크에서 의학과 신학을 배운 뒤 칸트의 강의에서 커다란 영향을 받았다. 만년에는 칸트 철학의 추상성과 관념성을 스피노자주의적 범신론 입장에서 공격했다.

의 창시자가 되었습니다. 그는 물체가 땅으로 떨어지는 것을 중력이란 모호한 힘이 아니라 시간과 거리라는 정확한 수학적 비례로 설명했고 양적으로 정확하게 추론하고 예측하고 증명할 수 있었습니다. 다시 말해, 그는 수학의 명확성과 확실성을 물리적 사건의 영역 안으로 끌어들였던 것입니다.

근대 경험론

이러한 갈릴레오가 끼친 이중의 영향력은 근대 철학을 새롭게 만든 가장 중요한 원천입니다. 베이컨과 로크는 이성보다는 감각을 신뢰하고 발견의 정신에 의해 고무된 철학의 관찰자였지요. 데카르트, 홉스, 스피노자는 수리철학자이자 이성의 옹호자로서, 지식을 확장시키기보다는 지식을 더욱 확실하게 만드는 데 우선적으로 관심을 기울였습니다.

프랜시스 베이컨은 근대 '경험론', 즉 감각-경험 철학의 창시자였습니다. 상투적인 문구나 신인동형론神人同形論 혹은 당시에 만연해 있던 전통과 권위에 대한 불필요한 관심 등의 오류가 명확한 관찰에 장애가 된다고 생각하고 비판했지요. 그는 『신기관』新機關*에서 아리스토텔레스의 오르가논Organon**을 교정하고 보충할 수 있는 논리와 방법론을 정식화하여 과학적 절차의 기반을 마련했습니다. 베이컨이 중요한 이유는 그가 정식화한 것 때문이 아니라 그가 예측한 것 때문입니다. 그는 처음으로 그 세기 말에 이르러 거의 대부분이 실현되었던 장대한 꿈, 자연에 대한 끈질기고도 사심 없는 연구를 통해 점진적으로 자연을 통제하려는

● 1620년에 간행된 프랜시스 베이컨의 철학 저작. '신기관'이라는 이 책의 제목은 아리스토텔레스가 논리와 추론 방법에 대해 저술한 오르가논에 대항하는 의미로 지었다. 이 책에서 베이컨은 기존의 연역법보다 뛰어나다는 새로운 추론법을 제시하였는데 이는 오늘날 베이컨적 방법, 즉 귀납법으로 알려져 있다.

●● 아리스토텔레스의 논리학 저작 전체를 가리키는 명칭. 6세기부터 이 이름으로 불렸다. 학문의 실질적인 부분이 아니라 그 도구라는 뜻이다. 아리스토텔레스에게는 논리학이란 명칭이 없었으며, 분석론이 주로 그 역할을 했다.

꿈을 꾸었습니다. 베이컨은 인간의 왕국인 "새로운 아틀란티스"는 지식 위에 지어질 거라고 말했습니다. "인간의 지식과 인간의 힘은 하나로 만나게 된다. 원인을 모르는 상태에서 결과가 나올 수는 없다. 자연은 명령을 받으면 복종하게 되어 있다. 원인으로 여겨지는 것은 규칙으로 작동된다." 자연을 이용하려면 자연을 관찰하라, 그래서 자연을 인간의 거주지, 도구, 보물로 바꿔라. 이것이 바로 근대 세계 지고의 격률이자, 특유의 자신감과 희망의 주요한 근거입니다.

근대 합리론

◆

르네 데카르트와 토머스 홉스는 근대 합리론의 창시자들이었지만 각자 가는 길이 달랐습니다. 데카르트는 수학을 모델로 삼았지요. 즉 인간은 수학적 방식에 따라 철학을 해야 한다고 주장했던 것입니다. 물리학에 적용되는 수학을 그 자체로 최상의 지식이라고는 믿지 않았지요. 오히려 그는 수학처럼 정확하지만 훨씬 근본적이고 보편적인 논리를 정식화하고자 했습니다. 그리고 그것을 신이나 영혼과 같은 최상의 진리를 증명하는 기반으로 삼고자 했던 것입니다. 『방법서설』은 데카르트의 수학에 대한 깊은 관심과 철학에서 확실성을 찾으려는 탐구의 기록인 셈입니다.

하지만 홉스는 다른 맥락에서 갈릴레오의 제자입니다. 그는 수학을 모방하기보다는 차용하고 확장해야 한다고 주장했지요. 그는 1백 년 후, 라플라스가 우아하게 선언했고 뉴턴의 연구에서 거의 실현될 뻔했던 보편기계론, 즉 물체의 운동법칙은 자연의 근원과 인간에게 고르게 적용되어야 한다는 관념을 대변했습니다. 홉스는 행성의 속도와 궤도처럼 모든 사물이 논증을 통해 알려지고 확실하게 예측될 수 있기를 희망했습니다. 이 때문에 그는 사람과 사회, 소인과 거인 모두를 이기심이라는 충동에 의해 추동되는 섬세하고 복잡한 기계장치로 간주했습니다.

이것들이 갈릴레오가 구현했던 르네상스 과학이 근대 철학과 소통하던 세 가지 형태였습니다. 베이컨, 데카르트, 홉스는 번갈아가면서 17~18세기 철학을 구성하는 새로운 경향의 원천이 되었습니다. 베이컨의 경험론은 '소박한 역사적 방법론'을 인간 정신의 연구에 적용한 로크에게서 쇄신되었고 존재를 지각("존재는 지각이다")으로 환원한 버클리에게 계승되었으며, 흄에 이르러 회의론적 위기를 초래했고 영국의 국가철학으로 존속되었습니다. 데카르트의 합리론은 대륙철학이라는 거대한 형이상학적 체계, 스피노자의 일원론과 라이프니츠의 이원론의 토대가 되었고 볼프에게서는 단순한 형식주의와 독단론으로 떨어졌지만 칸트가 이끌었던 새로운 독일 관념철학에 살아남았습니다. 로크와 데카르트의 철학에서 끌어낸 유사한 요소가 뒤섞인 홉스의 물질철학은 프랑스 혁명의 발발을 이끌었던 프랑스의 유물론 운동으로 발전되었고 물리학으로부터 형이상학을 정립하고자 하는 모든 철학자의 모델로 남았습니다. 이 세 가지 경향은 18세기 동안 취했던 형태 때문에, 특히 사실과 필연성을 과도하게 강조한 탓에 엄청난 반발을 샀지요. 이러한 반발은 다음 세기에 결실을 맺었지만 이미 파스칼의 신앙철학과 루소의 감정철학, 레싱의 발전철학에서 예견되었던 것입니다.

랠프 바튼 페리

칸트

사람들은 일반적으로 소크라테스나 데카르트처럼 칸트를 전대미문의 위대한 철학자라고 생각합니다. 보편적으로 새로운 시대를 열었던 지식의 거인들은 두 가지 특징을 가지고 있습니다. 첫째, 그들은 당대에 불명확하게 드러나는 경향을 구체화하는데, 그런 경향은 대체로 이전 시대를 지배했던 경향에 반발해서 나타납니다. 둘째, 싹트기 시작한 그들의 사상은 추종자들 사이에서 더 자라나면서 결국 원작자도 알아보기 어렵게 됩니다. 칸트의 철학을 이 두 가지 측면에서 생각해봅시다.

순수 경험론과 순수 합리론에 대한 개혁

◆

17세기와 18세기의 두드러진 경향 중에서 특별히 강조해야 할 두 가지를 꼽아보겠습니다. 첫째, 인간 인식의 두 가지 중대한 원천, 감각-지각 혹은 이성 가운데 둘 중 하나를 고립시키거나 지나치게 강조한 것이 이 두 세기의 특징이었습니다. 로크와 그의 추종자들은 이성을 그저 감각의 메아리로 바꿔놓으려 했지요. 반면에 데카르트와 그의 추종자들은 감각이 항상 지성을 혼란시키거나 열등한 종류의 지식만을 제공해주므로 '이성적인 과학'에 우선권을 내줄 수밖에 없다고 의구심을 품었지요. 극단적 감각주의나 경험주의는 흄에 이르러 막다른 골목에 도달한 듯 보였고 이성주의는 볼프에 이르러 형식주의와 말 만들기로 전락했습니다. 그래서 칸트는 역작 『순수이성비판』(1789)에서 감각-지각과 이성 모두에 필수적인 규정을 만들어 극단적인 관점을 교정하려 했던 것입니다. 칸트는 말했습니다. 개념 없는 지각은 맹목적이고 지각 없는 개념은 공허하다고. 칸트의 비판은 우선 감각-지각을 극단적으로 강조한 입장에 초점을 맞추었지요. 감각-인상이란 빈약한 계기는 과학에 필수적인 연관성, 필연성, 통일성, 법칙 등을 절대로 산출할 수 없음을 칸트는 증명합니다. 지성이 이것들 자체를 제공해야만 합니다. 이것들은 칸트가 말했던 '범주'를 구성하는데, 이 범주란 정신이 인식이라 불리는 특정한 방식으로 작동할 때 반드시 사용해야 하는 도구입니다. 하지만 뭔가를 인식할 때 범주만 가지고는 안 됩니다. 범주란 사람들이 인식하는 데 필요한 도구이기 때문에 범주만 가지고는 통상적인 방법으로 인식할 수 없습니다. 그리고 범주는 도구이기 때문에 결론적으로 작업할 재료가 있어야 하는 거지요. 범주가 아무것도 없는 것에서 지식을 만들어낼 수는 없습니다. 따라서 감각 자료가 필수적이지요. 요약하면, 인식한다는 것은 감각에 의해 전달된 내용물을 정신에 선천적으로 내장되어 있는 도구를 통해 체계화한다는 뜻입니다. 이것이 칸트의 첫 번째 비판, 그러니까 오늘날의 사상가 중에서도 수많은 추종자를 거느리게 된 칸트의 체계적인 철학의 핵심입니다.

영혼의 재발견

◆

17~18세기 철학의 두 번째이자 더욱 일반적인 경향이라고 하면, 막연하게 이야기되었던 '영혼'의 요구를 상대적으로 무시했다는 점입니다. 이 세기 자체가 이전 시대의 과도한 신인동형론에 대한 반발로 간주될 수도 있겠지요. 인간은 스스로를 자신만의 세계 안에 집어넣어 해석함으로써 오류를 범했습니다. 이제 인간은 인칭적 구분을 넘어서 감정에 치우치지 않으며 관찰되어야 했지요. 사람들은 지각의 결과물이나 이성의 필연성을 기록하고자 했지만 어느 경우든 인간은 자신의 관심과 욕망을 억제해야 했습니다. 물론 당시에는 도덕성과 종교가 인간의 관심과 욕망을 억제하는 데 가장 크게 기여할 것이라는 확실한 기대를 받고 있었습니다. 사람들은 이적이나 독단이 없는 '자연종교'•, 권위가 없는 이성적인 도덕성, 계시나 신앙이 없는 증명 가능한 신학의 가능성을 믿었습니다. 하지만 이런 진의는 퇴색하고 있었습니다. 너무 많은 것을 자신의 외부에 남겨놓게 되자 인간은 의지할 곳도 없고 무방비 상태에 놓여 있다고 느꼈습니다. 17세기 초에 파스칼은 데카르트의 수학적 합리론을 통해 종교의 파산을 선언했습니다. 자연

• 인간 본연의 지혜나 이성에 바탕을 둔 종교를 의미하며, 계시종교에 대비되는 말로서 자연종교에는 두 가지 개념이 있다. 인간 이성으로 발견할 수 있는 신에 대한 의무를 총칭하는 경우와 문화와 대비되는 원시적 미개 종교인 경우이다. 앞의 것은 18세기 계몽사상과 이신론理神論에서 그 전형적 모습을 찾아볼 수 있는데, 종교의 본질이란 기성 종교의 교의·신조 속에 있는 것이 아니라 이성이나 경험에서 찾을 수 있다고 하였다. 뒤의 것은 원시인이나 미개인이 신봉했던 자연적인 종교(nature religion)를 말한다. 자연종교에 대한 탐구는 종교개혁 이후 격렬하게 전개된 가톨릭과 프로테스탄트의 논쟁과 투쟁으로 기독교의 권위가 동요되고, 과학의 발달과 교역의 확대로 기독교의 세계관에 대한 의문이 제기되기 시작한 지적인 상황을 반영하여 나타났다.

종교는 흄에 이르러 간단하게 무신론으로 바뀌었지요. 시대정신 전체에 대한 가장 강력하고 선동적인 저항은 루소에 의해 이루어졌는데, 루소는 사람들에게 감정을 신뢰하고 마음의 요구에 귀 기울이며 기본적이고 자연 발생적인 인간의 본성으로 되돌아가야 한다고 주장했습니다. 프리드리히 야코비*와 헤르더도 똑같은 지적을 했습니다. 마침내 레싱은 『인류의 교육』에서 철학의 관심을 역사적으로 전개되는 문화사나 인간 생명의 의미로 돌려놓았습니다. 병약하고 현학적이었던 칸트가 새롭게 떠오르는 감성과 신앙의 봉기를 대변해야 했다는 사실은 얄궂은 역설입니다. 이제 이런 측면에서 칸트를 살펴봅시다.

칸트의 혁명

◆

칸트를 언급할 때 가장 유명한 것은 사유에서 코페르니쿠스적 혁명을 초래할 기획을 세웠다는 것입니다. 코페르니쿠스가 태양계에 새로운 중심을 설정했다면 칸트는 인식에 새로운 중심을 설정하려고 했습니다. 새로운 중심이란 정신 그 자체였지요. 이전 시대의 오류는 주로 인식의 중심을 대상에 두려 했기 때문에 지각이든 이성을 통해서든 정신은 외적인 자연과 독립적으로 존재하는 사물을 반영해야 한다고 생각했습니다. 이런 방법론으로는 회의주의나 철학적 논점으로는 불충분한 독단론에 빠질 수밖에 없다고 칸트는 생각했습니다. 새로운 방법은 대상이 정신에 따라야 한다고 요구합니다. 따라서 이전 시대의 관점에 따르면 자연은 정신이 영향을 받거나 정신이 추리를 통해 재현해내는 외적인 질서라고 추론되었지만 이제는 정신의 독창적 창조물로 추론됩니다. 시간과 공간 속에서 자연이 배열되고 연관되며 심지어 분배되는 이 모든 과정은 인식자의 '구성'

---

* 독일의 철학자. 감정철학의 대표자로, 특히 스피노자의 합리론에 대한 주요 비판자이다. 그는 이성의 엄격한 사용을 강요하는 철학 체계를 세우려는 모든 시도를 거부했다.

에 따를 뿐입니다. 정신은 대상에 자신의 조건을 부여하고 그다음에 자연으로부터 정신이 이미 주입해놓은 것을 뽑아냅니다. 이러한 사고 방식이 인간의 정신적 요구에 미친 영향은 명백합니다. 피조물은 바로 자연이고 지성 덕분에 이제 인간은 창조자가 됩니다. 정신과 그토록 이질적으로 보였던 사실과 필연이라는 숙명의 세계는 그저 정신의 지적인 부분이 드러난 것에 불과합니다.

의지의 영역

◆

하지만 루소는 정신의 나머지 부분이 속절없이 지성에 종속되게 되었으니 물질에 대한 정신의 승리는 막대한 희생을 치렀다고 여전히 불만을 토로할 수 있겠지요. 권위로 표현되는 지성이 감정이나 양심의 요구를 참작해준다는 보증이 어디에 있을까요? 칸트의 대답은 그의 유명한 주장인 "실천이성의 우위"에 나와 있습니다. 자연은 이론적 인식 능력의 영역이고 이론적 인식 능력은 사실과 법칙만을 인식합니다. 하지만 이론적 인식 능력 그 자체는 더 깊은 능력, 즉 의지의 표현일 뿐이지요. 사고는 일종의 행위입니다. 일반적으로 행위는 양심을 통해서 드러나는 나름의 법칙을 가지고 있지요. 양심의 법칙은 인식과 같은 특정 행위를 지배하는 법칙에 우선합니다. 그렇다고 해서 양심이 지성을 위압한다거나 의지가 자연에 폭력을 가한다는 뜻은 아니지만 양심은 자연보다 더 심오하고 실재적인 세계, 그래서 의지가 실행하는 데 적합한 또 다른 영역을 드러낸다는 뜻입니다. 이것은 신, 자유, 영혼불멸의 세계입니다. 이 영역은 완고한 감각으로는 인식될 수가 없습니다. 인식을 통해 알 수 있는 영역은 자연뿐입니다. 이 영역은 믿을 수 있고 믿어야만 합니다. 왜냐하면 그 영역이야말로 모든 행위의 전제가 되기 때문입니다. 우리가 사는 세상이 바로 그렇게 되어 있다는 말입니다. 그래서 과학을 정당화하면서 출발했던 칸트는 신앙을 정당화하면서 끝을 맺었던 것입니다.

칸트의 추종자들
◆

누군가가 주장한 사상이 곧바로 의도하지 않았던 방향으로 바뀌는 것이 새로운 시대를 개척한 사람들의 운명이라고 이미 말씀드렸습니다. 칸트는 신중했고 자신이 표현한 대로 '비판적인' 사상가였지요. 그는 인식의 가능성과 신앙의 입법성에 관한 문제에 몰두하면서, 이 세계에 대한 실증적인 주장을 가능한 한 회피했습니다. 하지만 그의 추종자들은 사변적인 욕망에 불을 지폈고 곧장 '비판'에서 형이상학으로 건너뛰었지요. 그래서 19세기 내내 철학적 사유의 주류를 이룬 낭만주의와 관념론 운동이 등장하게 되었던 것입니다.

낭만주의 운동에서 칸트의 인식론은 플라톤까지 거슬러 올라갈 수 있는 범신론적 경향과 결합되었습니다. 이러한 범신론적 견해에 따르면, 자연과 신은 다르게 보이지만 동일한 것입니다. 지상에 얽매인 인간의 지성이 규정하는 제한적인 시각으로 축소된 신이 바로 자연입니다. 충만함과 조화의 관점에서 완성된 자연이 신이고요.

우리 모두는 시력을 가지고 있지만 곧은 막대기도 물속에서는 휘어 보인다.
인간의 귀는 들을 수 없고 인간의 눈은 볼 수 없다.
하지만 우리가 보고 들을 수 있다면, 이러한 통찰력은 신에 속한 것이 아니겠는가?

칸트의 입장에서 자연은 지성의 영역이고 지성은 또한 더 심오한 영혼의 법칙을 따릅니다. 플라톤-범신론적 전통에 따라 해석했을 때 이러한 법칙은 전체의 완전성을 의미하지요. 이러한 견해에는 여러 가지 변형된 형태가 있을 수 있습니다. 전체의 완전성은 칸트가 주장했고 피히테가 더욱 적극적이고 구성적으로 주장했던 도덕적 완전성, 도덕 의지의 이상으로 간주될 수도 있겠지요. 아니면 헤겔과 그의 추종자들이 주장했듯이 이성의 이념으로 간주될 수도 있으며, 감상주의자나 낭만주의자가 주장했듯이 모든 정신적 가치의 일반적인 실현, 도덕과 이성의 표준을 초월해서 미적 경험이나 번뜩이는 신비적 통찰을 통해 더 가까이 다가갈 수 있는 완전성으로 간주될 수도 있습니다. 이 견해를 유행했던 언어로 표현해보았지만, 이러한 다양한 입장은 변화를 거쳤고 구별할 수 없을 정도로 뒤섞였습니다. 그래서 쾨니히스베르크의 현자라 불렸던 칸트와 가장 가까운 철학에서부터 오늘날 대중적인 동기에서 생겨나 사람들에게 위안을 주는 철학에 이르기까지, 사유의 흐름은 면면히 이어져 내려오고 있습니다.

랠프 바튼 페리

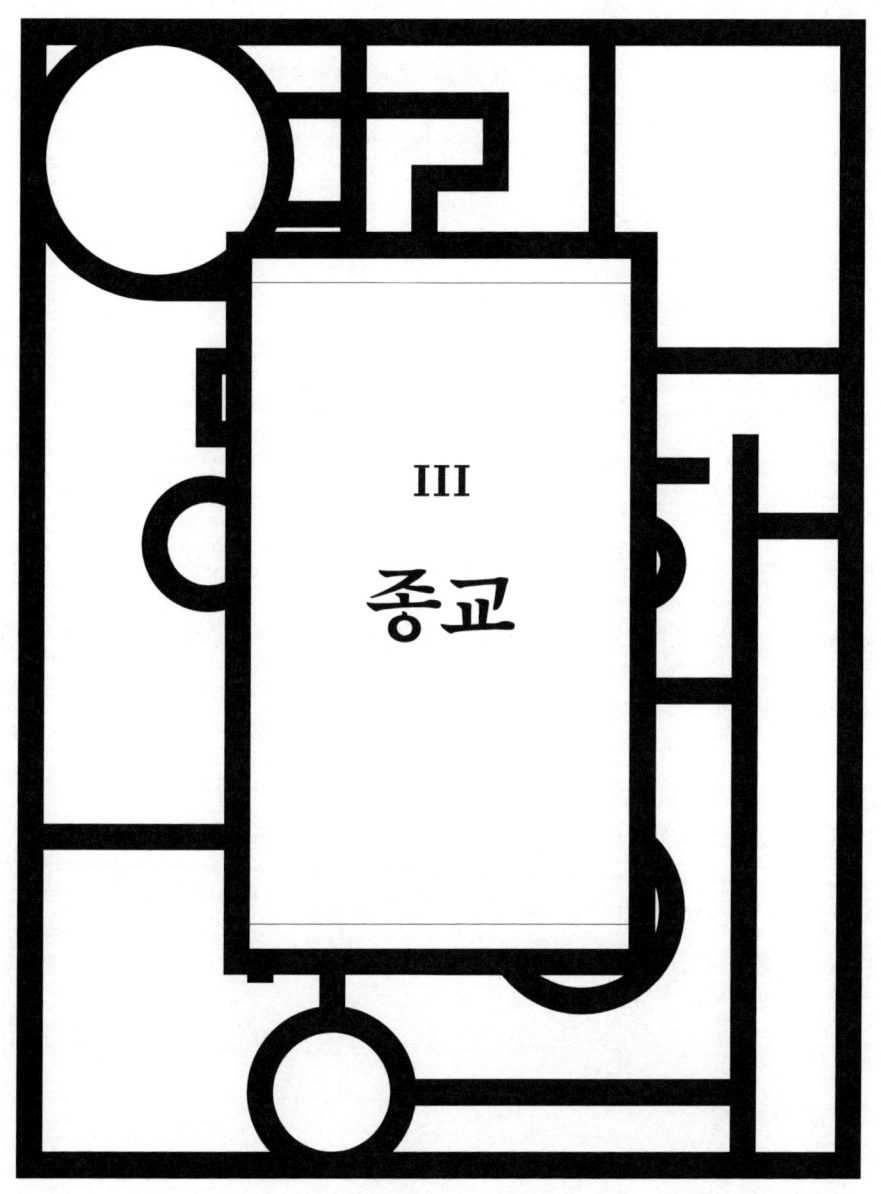

III

종교

들어가는 말

원하는 것을 얻는 것과 얻을 것을 원하는 것의 사이

종교 문헌을 읽는 방법에는 두 가지가 있습니다. 우선 기독교인이 『성서』를 읽듯이, 자신이 믿는 신앙의 책으로 읽을 수 있습니다. 이런 경우에 사람들은 이 권위 있는 책을 읽으며 거기서 교훈이나 가르침을 얻습니다. 또한 자신만의 믿음과 희망이라는 친숙하고 사랑스러운 상징을 발견합니다. 사람과 책 사이의 이러한 관계는 특정한 조건에서만 가능합니다. 이런 관계가 형성되려면 시간과 전통, 사회적 경험이 작용해야 하기 때문입니다. 그렇다면 누군가에게 '성서'가 되는 책이란 어떤 책일까요? 먼저 영적인 삶을 일깨우는 중요한 자극제가 되고 깨달음의 원천이 되어야 합니다. 그리고 목표를 다잡고 신앙을 굳건히 할 필요가 있을 때마다 그 책으로 되돌아갈 수 있어야 합니다. 성서는 영혼의 건강을 위해 확실하게 의지할 수 있는 증명된 치료약입니다. 성서는 마음속으로 은혜를 받고 희망을 얻는 모든 것과 연관됩니다. 그런 의미에서 성서는 도구일 뿐 아니라 상징이지요. 어떤 인종이나 역사적 종교의 성서는 당연히 한 개인의 성서가 갖는 의미를 넘어

섭니다. 왜냐하면 인종은 개인보다 범위가 넓고 역사는 한 사람의 인생보다 길기 때문입니다. 여기서 내가 강조하고 싶은 것은 어떤 사람과 그 사람의 삶에서 성서가 되었던 책 사이에는 사적인 관계가 개입된다는 점입니다. 그러한 관계에서 성서를 읽는 사람의 태도는 다른 책을 읽을 때와는 달리 특별한 의미를 갖게 됩니다. 종교서는 대개 이런 식으로 읽힙니다. 사람들은 저마다 자신만의 성서를 읽을 수 있습니다. 어떤 문헌이 이런 의미에서 누군가의 성서가 될 때에만 비로소 그 책은 온전히 종교서라 할 수 있습니다.

타인의 성서
◆

하지만 종교 문헌을 읽는 두 번째 방법도 있습니다. 종교 문헌을 넓은 의미에서 읽고자 하는 사람들이 채택해야 하는 것은 바로 두 번째 방법입니다. 누구라도 다른 사람의 성서를 읽을 수 있습니다. 그렇게 하려면 자신만의 성서를 읽는 사람들과는 다른 마음가짐을 가져야 하고, 어느 정도 교양도 갖추어야 합니다. 다른 사람의 성서를 읽는다고 해서 특정 종교에 속한 사람이 자신의 종교서를 읽으면서 발견하는 가치를 동일하게 찾을 수도 없고, 그 신앙을 가진 사람만의 고유한 영적 기준에 따라 판단할 수도 없습니다. 그렇기 때문에 다른 사람의 성서를 접하면 지루하거나 거슬리고, 미신 같거나 이단처럼 보일 수 있습니다. 다른 사람의 성서를 세속적인 문학작품으로 읽을 수도 없습니다. 읽어봐야 기이하고 황당하거나 기껏해야 시詩 같다는 느낌을 지울 수 없으니까요. 다른 사람들의 견해와 욕구를 이해하려면 상상력과 공감을 발휘해야 합니다. 이슬람교가 겉으로 보여주는 특성은 기독교 여행자에게는 별난 관습에 지나지 않지요. 『사람의 마음』에서 헨리 필딩*은 이렇게 말합니다. "일몰 시간에 기도를 드리는 이슬람교도 옆으로 가서 무릎을 꿇고 당신의 마음을 그의 마음에 맡기고 확실하게 다가올 메아리를 기다려보세요." 종교가 존재하는 이유는 이런 외적인 태도 속에 깃들어 있는 내적인 가치에 있습니다. 종교 저술의 경우도 마찬가지입니다. 이러한 저술의 종교적 의미는 신자들과 연관되어 그들을 찬미하거나 위안을 주며 깨우치거나 두려움에 떨게 합니다. 적어도 한동안 스스로 신자가 되지 않고서 이런 의미를 깨달을 수 있는 사람은 아무도 없습니다.

어쩌면 이런 상황 때문에 많은 의문이 생겨날 수도 있습니다. 사람들은 어떻게 불교도나 이슬람교도, 기독교도, 브라만교도, 유교도가 될 수 있는 걸까요? 한 가지 가능성이 있습니다. 모든 신앙인에게 공통되는 어떤 태도가 있는 것은 아닐까요? 자기 종교의 특수성에서 벗어나 모든 종교에 존재하는 뭔가를 간직함으로써 서로의 종교를 더 잘 이해할 수 있지 않을까요? 영국인이 영국인만의 특성을 덜어내고 인간의 특성을 좀 더 부각시키면 프랑스인을 이해할 수 있을 것입니다. 마찬가지로 기독교인이 기독교도만의 특성을 조금 줄이고 종교 일반을 좀 더 이해하려고 노력한다면 이슬람교도를 이해할 수 있습니다. 필딩은 말합니다. "어디에 있건, 믿음을 뭐라고 부르건, 들을 수 있는 귀를 가지고 있고 당신의 마음과 세상의 마음이 일치하기만 하면, 항상 똑같은 노래를 듣게 될 것입니다." 다시 말해, 모든 종교에는 공통점이 있고 그러한 공통점을 통해 다른 종교와 연결됩니다. 그리고 종교가 지닌 이와 같은 공통점을 알고 느끼게 되면 특정 종교에 고유한 영역의 한계를 뛰어넘을 수 있습니다.

이렇게 중요한 진실이 잘못 이해되면 위험할 수 있습니다. 시카고에서 만국박람회와 연계해서 세계종교회의가 개최된 적이 있습니다. 이 행사는 미국의 종교적 견해를 완화하고 넓히는 데 상당히 기여한 인상적인 사건이었습니다. 하지만 이 행사는 모든 종교는 똑같이 종교적이어서 하나같이 선하고 진실하다는 잘못된 견해를 부추겼습니다. 마찬가지로 모든 형태의 정치 조직이 똑같이 정치적

● 영국의 소설가이자 극작가. 새뮤얼 리처드슨과 함께 영국 소설의 창시자로 평가된다. 대표적 소설로는 『조지프 앤드루스』(1742), 『톰 존스』(1749)가 있다.

이니까, 모두가 건전하고 정당하다는 주장이 합당할 수도 있습니다. 모든 정치 체제가 질서와 정의라는 동일하고 근본적인 요구에 의해 나타나고 그 체제가 받아들여져서 유지되는 한 어느 정도 그러한 요구를 충족시켜야 합니다. 그리고 다른 나라의 정치 체제를 이해하려면 그 체제가 그 나라의 방식에 따라 그 나라의 시공간에 맞는 방식으로 이루어졌음을 알아야 합니다. 우리의 정치 체제가 우리만의 방식으로 이루어진 것처럼 말입니다. 하지만 두 가지 정치 체제가 원리적으로는 똑같이 정당하다거나 하나의 체제가 다른 체제의 입장에서 잘못을 지적받을 수 없다고 결론을 내릴 수는 없습니다. 마찬가지로 종교도 똑같은 근본적인 요구, 무한하고도 영원한 요구 때문에 발생합니다. 하지만 어떤 종교는 다른 종교보다도 그러한 요구를 진정성 있게 지속적으로 충족시킬 수 있고, 인간이나 신에 대한 좀 더 진실한 관념을 바탕으로 하고 있어서 비교 연구나 비판적 연구에서 우선적으로 고려될 수 있습니다.

  종교는 저마다 개별성을 버리고 공통점만을 간직해야 한다는 잘못된 가정을 피하는 것이 중요합니다. 어떤 종교가 다른 종교와 공통점만을 가지고 있다면, 그 종교는 결코 종교가 아닐 것입니다. 공통의 요구도 있지만 특수한 요구도 있습니다. 종교는 추상적인 인간이 아니라 구체적인 공동체나 개인을 만족시켜야 합니다. 아주 엄밀하게 말하면, 신자나 예배자의 수만큼 무수한 종교가 있어야 합니다. 하지만 이런 생각은 인생에는 한 가지 변하지 않는 요인이 있고, 그로부터 모든 종교가 발생하며, 모든 사람이 공통적으로 종교를 필요로 하게 된다는 중요한 진실과도 모순되지 않습니다. 그래서 내가 몸담고 있지 않은 종교의 형식을 공부하거나 문헌을 읽으려면 이런 시각에서 보아야 합니다. 개인의 특수한 요구는 물론이거니와 모든 종교가 발생한 더 깊은 공통의 요구도 알아야 합니다.

  이런 태도를 지니려면 훈련이 필요하다고 나는 주장했지요. 이것은 오늘날의 수많은 교양 있는 독자에게도 해당되고 유럽 사상사를 봐도 아주 명백하게 나타납니다. 관습과 모방의 법칙이 이상하게 작용하는 바람에, 우리 대부분은 가장 보편적인 사회적 실천이 어떤 의미를 지니고 있는지에 대해서는 깜깜합니다. 법과 권위를 잘 따르는 사람들 또는 자신들이 속한 특정한 정치 제도에 따라 충실하게 살아가는 사람들, 이들 가운데 정부가 무슨 일을 하는지 곰곰이 따져보는 사람이 얼마나 될까요? 사람들은 대부분 정부를 당연하게 받아들이거나 정부에 대해 별 고민도 해보지 않고 그저 정파적 차이나 개인적인 불만만을 털어놓을 뿐입니다. 마찬가지로 대부분의 사람들에게 종교란 일반적인 사실이나 인간의 제도로 존재하지 않습니다. 사람들은 종교의 차이만을 의식합니다. 또한 사람들은 종교라고 하면 아주 철저하게 특정 종교와 동일시하기 때문에 자기가 모르는 종교는 종교도 아니라고 생각하기도 합니다. 대다수의 기독교인에게 종교라는 말은 기독교라는 말과 똑같습니다. 자기들처럼 믿지 않으면 '불신자'가 되는 것과 다름없다고 생각합니다. 그렇지만 지난 3세기 동안에 거대한 변화가 발생했습니다. 간략하게나마 그 과정을 살펴보겠습니다.

자연종교 대 실증종교

◆

모든 사람들이 알고 있듯이, 근대 사상은 중세의 경향에 대한 반발로 발생했습니다. 이성은 권위, 전통, 현학에서 해방되었습니다. 하지만 처음에는 물리학과 형이상학의 영역에서만 이성이 활용되었습니다. 17세기에 인간은 이성을 활용할 수 있었지만 국가와 교회, 기존의 윤리적 준칙에 대해서는 의문을 제기할 수 없었습니다. 이성적 인간은 내적으로는 자유로웠지만 외적으로는 순응했습니다. 요컨대 제도는 여전히 당연하게 받아들여졌지요. 하지만 18세기에 이르러, 자유로워진 이성은 제도 자체로 방향을 돌렸고 그로 인해 합리적 윤리, 새로운 정치과학, '자연종교' 이론이 나타납니다. 토머스 홉스*는 이 운동의 선구자였지요. 이처럼 모든 근대적 사회혁명의 원조를 등장시킨 힘은 현실적으로 절박한 요구가 아니라 이념입니다. 홉스는 종교에 관해 다음과 같이 주장했습니다. "다음 네 가지 현상, 즉 유령에 대한 견해, 이차 원인에 대한 무지, 소위 두려움에 대한 집착 그리고 우연한 일들을 전조로 여기는 행위에 '종교'의 자연적인 씨앗이 내재해 있다. 수많은 사람들의 각기 다른 공상, 판단 그리고 열정 때문에 그토록 다양한 의식儀式이 성장할 수 있었고 어떤 한 사람이 사용했던 의식이 대부분의 다른 사람에게는 우스꽝스러워 보인다." 이 말은 1651년에 출간된 『리바이어던』에 나옵니다. 1755년에 데이비드 흄●●은 『종교의 자연사』라는 책을 썼는데, 여기서 그는 다신교가 종교의 원형이고 "최초의 종교 관념은 자연의 작용을 심사숙고해서 생겨난 것이 아니라 일상사에 관한 관심과 인간의 정신을 움직이게 하는 끊임없는 희망과 두려움 때문에 발생한 것"이라고 주장했습니다. "행복에 대한 근심스러운 관심, 비참한 미래에 대한 두려움, 죽음의 공포, 복수에 대한 열망, 음식과 여타 필수품에 대한 욕구 때문에 마음이 흔들려서 (……) 인간은 떨리는 호기심을 가지고 미래의 원인과 결과를 자세히 조사하고 인간의 삶에서 다양하고 상반되는 사건들을 살펴본다. 그리고 이렇게 혼란스러운 상황에서, 더욱 혼란스럽고 깜짝 놀란 눈으로, 인간은 최초로 희미한 신의 자취를 보게 된다." 이 두 가지 사례는 모두 당시의 보수적인 견해에 대해 종교를 혁명적이고 공격적으로 바라보는 방식을 대표했습니다. 어떤 의미에서 기독교를 가장 경멸스러운 미신과 동등하게 바라보아야 한다는 뜻이지요. 왜냐하면 모든 종교는 인간의 본성 안에 있는 동일한 씨앗에서, 혹은 모든 인간이 처해 있는 동일한 보편적 상황에서 발생한 것이니까요. 그것은 운명에 대한 인간의 두려움, 더 큰 자연의 힘을 자신을 위

● 영국의 철학자로 서양 정치철학의 토대를 확립한 인물. 『리바이어던』이란 책으로도 유명하다. 자연을 만인의 만인에 대한 투쟁 상태로 보고, 그로부터 생존권 확보를 위한 사회 계약에 의해서 강력한 국가권력이 발생되었다고 주장하였다.

●● 스코틀랜드 출신의 철학자이자 경제학자이며 역사가. 서양 철학에서는 경험론적 회의론자로 알려져 있다. 흄의 종교에 관한 저작은 그가 사망하고 나서 1778년에서야 저자의 이름이나 출판사 이름도 표기하지 않은 채 출간되었다. 흄은 생존 당시에도 이미 자연신론자 또는 무신론자로 의심받았다.

해 통제하려는 희망이고 그로부터 인간의 종교가 발생한 것이며, 마찬가지로 모든 종교는 이러한 두려움을 떨쳐버리고 희망을 성취하려는 인간의 힘이라고 생각해볼 수도 있습니다. 그래서 종교가 인간의 기질과 삶이라는 공통적 사실들로부터 발생한다고 보는 '자연종교'와 특정한 제도, 전통 그리고 교리에 내재해 있다고 보는 '실증종교' 사이에도 의견 차이가 생겨난 것입니다. 이제 종교를 판단하는 새로운 기준이 나타났습니다. 정부 기구로서 군주제와 민주제를 그 역할에 따라 비교할 수 있듯이 기독교와 불교도 일반적인 종교적 요구의 성취도에 따라 비교할 수 있습니다. 종교의 임무를 더 잘 수행한다는 의미에서 어떤 것이 더 좋은 종교인가요? 종교 사이의 상대적 이점이라는 문제를 제외하면 새로운 연구 영역, 즉 자연적·역사적 사실로서 종교를 연구할 수도 있는 길이 인간의 정신에 열렸습니다.

비교종교학

◆

흄의 저작 『종교의 자연사』는 두 방향으로 전개되었습니다. 첫째, 19세기에 역사와 진화가 강조되고, 발전하는 모든 사물의 원천과 다면적인 다양성에 관심이 일면서 소위 '비교종교'의 발전이 촉진되었습니다. 선교사, 여행자, 최근에 나타난 인류학과 민족지학을 연구하는 학자가 인도와 중국, 일본, 더 나아가 전 세계에 흩어져 있는 원시인과 야만인의 종교 문헌을 수집하고 종교적 관습을 기술해왔습니다. 고고학이 발전하면서 고대 종교가 알려졌습니다. 과거를 재발견하는 이 모든 일 중에서 가장 중요한 것은 언어에 대한 지식이 증가한 것이었지요. 산스크리트어의 지식은 고대 인도 종교의 자료를 이해하는 길을 열어주었습니다. 상형문자와 설형문자 楔形文字●가 해독되면서 이집트, 바빌로니아, 아시리아의 고대 종교에 빛을 던져주었습니다. 방법론이 훨씬 정교해지자 그리스와 초기 셈족의 종교에도 전체적으로 새로운 빛이 밝혀졌지요. 이렇게 자료가 풍성하게 확보되면서 종교의 일반적 특성이나 기원과 진화 등을 새롭게 개괄할 수 있게 되었습니다.

에드워드 타일러**, 허버트 스펜서***, 프리드리히 막스 뮐러****, 앤드루 랭, 제임스 프레이저*****의 책은 인류 지식의 새로운 분야를 부각시켰습니다. 이 분야에서 종교는 인간의 보편적 관심사이자 삶의 모습으로서 감정에 좌우되지 않는 경험적 연구의 대상이 되었다고 할 수 있습니다.

● 기원전 3000년경부터 메소포타미아를 중심으로 고대 오리엔트에서 광범하게 사용된 문자. 설형은 쐐기를 뜻한다. 한자漢字와 마찬가지로 회화문자(그림문자)에서 생긴 문자이다. 점토 위에 갈대나 금속으로 만든 펜으로 새겨 썼기 때문에 문자의 선이 쐐기 모양으로 되어 설형문자라 한다. 설형문자를 발명한 것은 수메르인이며, 현재 알려진 문자의 수는 약 1천 자이다.

●● 영국의 인류학자. 1896년 옥스퍼드대학교 최초의 인류학 교수가 되었다. 인류학 연구의 대상을 문화에서 찾았고 인류학 연구의 새 분야를 많이 개척하여 '인류학의 아버지'로 일컬어진다. 저서로 『원시 문화』, 『인류학』 등이 있다.

●●● 영국 출신의 사회학자, 철학자. 오귀스트 콩트의 체계에 필적할 대규모의 종합사회학 체계를 세워 영국 사회학의 창시자가 되었다. 자연과학에 흥미를 가졌던 그는 진화철학을 주장했으며, 진화가 우주의 원리라고 생각해 인간이 살아가는 사회에도 강한 사람만이 살 수 있다는 '적자생존설'을 신봉했고, '사회유기체설'을 주장하였다. 저서로는 『제1원리』, 『생물학 원리』, 『심리학 원리』, 『사회학 원리』 등이 있다.

●●●● 독일의 철학자이자 동양학자. 서양에서 인도 연구에 관한 학문 분야를 창시한 사람 중의 한 명이다.

●●●●● 스코틀랜드의 사회인류학자. 대표 저서로 『황금가지』가 있다.

종교심리학

◆

둘째, 19세기 말에 심리학은 거대한 동력을 얻었습니다. 그러면서 심리학은 흄의 『종교의 자연사』에서 다시 한 번 확장되어 소위 '종교심리학'으로 나타납니다. 종교의식의 기원이 두려움이나 복수와 같은 본능과 감정에서 비롯된다는 문제가 제기됩니다. 종교의 심리학적 유형이 나타납니다. 예컨대 윌리엄 제임스● 는 '병든 영혼'과 '건강한 정신의 종교'라는 유형을 주장합니다. 신비체험이 상세하게 분석됩니다. 신비체험의 '반복'과 신비체험의 '단절', 신비체험의 특정한 상태 등도 함께 분석됩니다. '개종'과 같은 종교적 위기에 심리학적으로 특별한 의미를 부여합니다. 그리고 그러한 위기와 사춘기 같은 생리적 조건과의 관계에 대해서도 심리학적으로 특별한 의미를 부여합니다. 어떤 종교 상태는 히스테리와 유사하거나 비정상적 심리 영역에 속하고, 또 어떤 종교 상태는 모방과 암시라는 거대한 사회적 힘의 작용을 보여줍니다. 제임스 교수의 역작은 '종교적 경험의 다양성'이란 제목으로 전파되었고, 계속 증가한 관찰자 집단이 이러한 다양한 사례를 수집하고 기술하여 목록을 만들었습니다.

홉스와 흄 두 사람은 우리가 살펴본 대로 종교의 포괄적인 본질을 제시하고자 했습니다. 종교가 가진 다양한 모습 중에서 무엇이 내적이고 무엇이 외적일까요? 당황스러울 정도로 다양한 종교의식과 교리, 정신 상태 중에서 무엇이 종교의 공통적인 특성일까요? 더 깊은 자연의 원인이 자신의 운명에 끼칠 수도 있는 영향력을 인간이 두려워했기에 모든 종교가 발생한 것이라고 규명했다는 점에서 이 학자들이 옳았을까요? 이 문제는 비교종교학과 종교심리학에서 경험적 연구에 지속적으로 활력을 불어넣고 종교철학의 문제를 구성하는, 여전히 흥미로운 문제입니다.

● 미국의 철학자이자 심리학자. '의식의 흐름'이란 용어를 처음 사용했으며, 근대 심리학의 창시자로 일컬어진다. 주요 저서로는 『심리학 원론』, 『프래그머티즘』, 『근본적 경험론』 등이 있다.

종교의 기원

◆

종교는 어떤 보편적 사실에 의존해서 존재할까요? 혹시 인간의 본성에 관한 사실일까요? 인간은 '종교의식'이라는 독특하고 선천적인 능력을 소유하고 있고 그것을 통해 신 관념을 만들어낸다고 흔히 알고 있습니다. 그렇다면 동일한 정신구조를 가지고 있는 인간은 신에 대한 생각도 일치할 것입니다. 하지만 이런 견해의 밑바탕에는 진부한 심리학이 깔려 있습니다. 인간은 본능과 능력을 가지고 태어나 세상과 맞설 수 있지만, 본능과 능력이 관념을 미리 결정한다고 믿지는 않습니다. 관념은 경험으로부터, 본능과 능력, 그것들이 작동하는 환경 사이의 상호작용을 통해 생겨나는 것이지요. 특히 종교에 관한 한, 아주 분명해진 것이 하나 있습니다. 종교가 두려움이나 호기심과 같은 본능처럼 그 자체로는 종교와 전혀 관련이 없는 인간 본성의 다양한 요소를 이용한다는 점입니다. 다시 말해, 종교의식은 근원적이라기보다는 복잡하고 파생적이며, 인간에게 타고난 것이라기보다는 경험의 산물인 셈이지요. 그렇다면 종교의 보편성은 어떻게 설명되는 것일까요? 두 번째 가능성이 있습니다. 아마도 종교의 대상인 신은 흔하고 친숙한 대상입니다. 마치 태양을 너무 쉽게 볼 수 있고 도처에 산재해 있어서 누구나 알 수 있는 것과 같습니다. 만일 누군가가 모든 선입견을 제쳐두고 최초의 발견자나 지구에 막 도착한 화성인의 눈으로 이 세상을 살펴본다면, 절대로 신을 찾지 못할 것입니다. 통상적인 의미에서 신은 뚜렷하게 눈으로 볼 수 있는 사실이 아닙니다. 허버트 스펜서는 종교가 꿈의 경험에서 비롯된 정령 신앙임을 밝히려고 시도했습니다. 꿈을 소박하게 해석하는 사람들에게는 분명히 사람들이 죽은 다음에도 '나타나고' 몸이 없는데도 말하고 움직이는 것처럼 보입니다. 하지만 유령은 신이 아니라는 사실은 너무나 당연하고 분명합니다. 유령은 이처럼 사람들로 가득한 세상에 존재하는 기이한 창조물일 뿐이지요. 그리고 종교를 믿는 사람들은 가장 견고하고 믿을 만하면서도 유령과는 전혀 다른 대상을 찾아 숭배합니다. 가장 억지스러운 가설은 인간이 자신이 꿈꾸는 실체를 자연에 투사한다는 주장을 가지고 태양, 바다, 창조자 숭배를 설명하는 것입니다. 신은 실체가 아닙니다. 그리고 오로지 불완전하고 비유적인 의미에서만 신은 자신이 만들어낸 자연의 장대함이나 공포를 통해 드러난다고 말할 수 있지요. 신은 자신의 작품을 통해 추론되거나 해석될 수 있지만 마치 그 안에 존재하는 것처럼 생각할 수는 없습니다. "하늘은 하나님의 영광을 선포하고 궁창이 그의 손으로 하신 일을 나타내는도다."(『성서』「시편」 19장 1절) 하지만 단순히 사실을 관찰하는 사람들의 눈에는 신이 망원경 끝에 있어도 보이지 않습니다.

이제 남은 대안은 단 하나뿐인 듯합니다. 종교가 보편적이라고 한다면, 우리는 종교가 인간과 환경의 결합으로 발생한 것이라는 결론에 도달할 수밖에 없습니다. 종교의 씨앗은 인간이 처한 상황, 상호작용하는 두 부분, 즉 인간과 세계로 이루어진 상황입니다. 이러한 상황을 기술하면 종교의 불가피성을 밝힐 수 있을지 한번 살펴봅시다.

삶이란 주어진 상황에서 뭔가를 찾아가는 과정이라고 할 수 있습니다. 인간은 목표를 향해 내달리고 주어진 상황에 제한을 받습니다. 만일 우리가 세상을 한편의 연극이라 하고 인간에게 주인공 역할을 부여한다면, 기본적인 사실은 인간이 환경에 의존한다는 것입니다. 환경은 인간을 낳습니다. 환경은 항상 인간을 집어삼키려 으르렁대지만 인간은 존재합니다. 인간이 무엇을 얻든, 모두 저 환경에서 쥐어짜낸 것이 분명합니다. 요컨대 인간은 환경이 명령하는 대로 따라야 합니다. 하지만 종교가 발생하기 이전에, 인간이 이미 자연을 정복해서 자기 것으로 만들고 있었다고 추측할 수도 있습니다. 인간은 자신을 발견하자마자 많은 것들을 통제할 수 있게 됩니다. 지상을 마음껏 이동하고 물질적 대상을 조작해서 음식이나 거처를 마련하며, 개인의 완력을 쓰거나 협력을 통해 다른 사람들을 지배했습니다. 일정 한도 내에서 인간은 지배권을 행사하여 뜻대로 운명을 개척할 수 있었습니다. 다만 그 한도라는 것이 제한적이고, 당연히 인간 발달의 초기 단계에서는 매우 협소했겠지요. 아쉽게도 그 폭이 협소하지 않았던 적은 없습니다. 인간은 상황을 오판할 수도 있습니다. 인간 자신의 성취를 지나치게 과장하거나 자신의 관심사에 너무 집착한 나머지 스스로 위대하다는 착각에 빠져 거만해질 수도 있습니다. 그러나 서양 근대의 '문명화된' 허풍이야말로 한때 절실하게 느꼈고 여전히 무장을 해제시키는 자연의 힘과 즉각적으로 맞부딪쳤을 때 생기는 의존감보다도 훨씬 불완전한 균형감각을 드러내는 것이 아닌가 하는 의문이 듭니다. 어떤 경우든 항상 염두에 두고 있지는 않더라도, 인간은 주기적으로 자신의 통제를 넘어서는 거대하고도 설명하기 힘든 환경을 문득문득 생각하게 됩니다. 인간이 뭔가를 도모하지만 결국 일의 성패를 결정하는 것은 인간을 넘어서는 그 무엇입니다. 홍수, 가뭄, 역병, 혹독한 기후, 복종, 실수, 실패. 실제로 이런 것들을 통해 인간은 뭔가에 의존하고 있다는 교훈을 배우고 받아들입니다. 가장 인상적이고 반박할 수 없는 사실은 죽음입니다. 헤아릴 수도 없이 고통스러운 행위들, 투쟁과 성장의 모든 열매―― 재산, 권력, 우정 ―― 로 이루어낸 개인의 모든 성취가 일순간에 명백하게 사라져버리는데 만일 이런 일이 비극적이지 않다면 말이 안 될 것입니다.

이제 인간이 이렇게 쓰라린 경험을 통해 어떤 교훈을 얻어야 할까요? 살아야 한다면 절망해서는 안 됩니다. 왜냐하면 산다는 것은 모든 곤경으로부터 희망을 가지고 길을 찾아가는 것이니까요. 자신이 유한하고 뭔가에 의존하고 있다는 생각을 가지고 살아가면 도움을 얻게 됩니다. 인간이 통제할 수 없는 힘이 인간의 운명을 실제로 결정한다면, 인간은 그 힘을 이겨내려 하든지 아니면 그 힘과 동맹을 맺어야 합니다. 여기에 바로 종교의 뿌리가 있다고 나는 믿습니다. 무력감을 의식한 인간이 실제로 지배하는 힘과 자신을 결합하려고 시도합니다. 종교란 결핍감, 스스로 얻을 수 있는 세속적 이득에 대한 불신, 운명을 통제하는 힘과 타협해서 구원에 이르는 방법입니다. 종교는 두려움에서 출발해 희망에서 완성됩니다.

지금까지 신을 언급하지 않고 종교를 설명하려 했으니 어쩌면 의아해할지도 모릅니다. 하지만 이렇게 한 이유는 신이란 종교의 원인이 아니라 종교의 산물이기 때문입니다. 우리가 살펴본 대로, 신은 명백한 사실이 아니라 종교적 요구를 충족시키기 위해 불러낸 대상이지요. 이제 종교가 만들어낸 신의 다양한 유형을 간단하게 살펴봅시다.

신의 유형

◆

가장 일반적인 숭배의 대상은 자연 속에서 두드러지게 나타나는 모습들이지요. 예컨대 하늘, 달, 별, 지구, 바다, 강, 바람, 계절, 낮과 밤입니다. 과학이 발달하기 전에, 인간은 이러한 현상들의 작용을 통제할 수 없었지요. 이런 자연 현상들은 적당한 비, 풍작, 고요한 변화와 온화한 날씨로 인간에게 호의를 베풀 수도 있고 아니면 가뭄, 홍수, 태풍, 혹한과 혹서로 인간에게 고통을 주어 파멸에 이르게 할 수도 있지만, 인간은 예측할 수도, 미리 해결할 수도 없었습니다. 그저 기다리고 두려움에 떨며 희망하고 기도할 수밖에 없었지요. 소망하고 기도하는 인간의 행위는 피할 수 없습니다. 자신의 운명을 결정하는 대상에 대해 통제할 수 없는 무력감을 느끼는 것은 모든 살아 있는 생명체의 본능입니다. 그래서 태양은 축복을 내려주거나 파멸시킬 수도 있다고 여겨졌고 그런 의미에서 이 집요한 대상은 신이 되기 시작합니다. 하지만 절대로 없으면 안 된다고까지는 할 수 없어도 거의 변함없이 존재하는 한 가지 요소가 신에서 빠져 있습니다. 저는 소위 '인격화'라는 개념을 언급하고자 합니다. 우리는 태양의 '영'靈이나 영적으로 해석되는 태양을 숭배합니다. 하지만 태양을 숭배하는 이유 역시 현실적인 상황 때문이지 숭배자의 형이상학 때문이 아니라고 믿습니다. 우리가 마치 사실처럼 친숙하게 받아들이는 것이 있습니다. 즉 우리에게 도움을 주거나 해를 끼치는 어떤 힘은 모종의 관심이나 의지를 가지고 있다는 생각입니다. 우리는 어떤 결과에 대해 명확한 판단을 내리지 않습니다. 우리의 정서적, 현실적 반응은 우리가 여러 생명체에게 용인하는 반응과 유사하다는 뜻입니다. 동물은 자기를 괴롭히는 회초리에 성을 냅니다. 아이는 잘 세워지지 않는 블록을 나무라지요. 마치 아이의 아버지가 골프가 생각대로 되지 않는다고 골프채를 부러뜨려서 화풀이를 하듯이 말이지요. 즐거움이나 혜택을 베푸는 대상을 사랑하고 찬양하며 어루만지거나 돋보이게 하는 것은 당연합니다. 이러한 반응은 어떤 태도를, 그러니까 결과가 나쁘게 나타났을 때 악의적이고 적대적인 태도 그리고 결과가 도움이 되면 선의의 태도를 대상에 전가하는 것과 같습니다. 이것이 바로 종교적 인격화의 뿌리라고 나는 믿고 있습니다. 우리에게 좋은 결과를 끼치는 한에서 태양은 호의를 베풀어주는 감사의 대상이고 나쁜 결과를 끼치면 걱정스러운 염려의 대상이 되어, 우리도 태양의 악의를 호의로 바꾸고 싶다는 바람을 갖게 됩니다. 이런 식으로 숭배되는 태양이 바로 태양신이지요. 태양이 인간에게 끼치는 의지나 의도 그리고 힘이 얼마만큼 가시적이고 물질적인 태양에서 떨어져 나와 '영'으로 간주되느냐는 부차적인 문제입니다. 그런 신이 어느 정도까지 인간과의 관련성에서 벗어나 그 자체의 역사를 가지는가도 부차적입니다. 그리스인의 풍부한 상상력 덕분에 태양신은 예술, 시, 전설 속에서 생생하게 구현되어 하나의 개성을 가지게 되었습니다. 조지 무어* 교수가 지적한 바에 따르면, 중국인처럼 실용적인 사람들에게는 "신이 무슨 일을 하고, 숭배자들은 신에게서 호의를 받기 위해서 무슨 일을 해야 하는지 알면 그만이지 신이 어떻게 생겼는지 상상할 필요가 없습니다."

두 번째 유형의 신은 조상입니다. 중국인이 숭배했던 진짜 인간 조상, 토테미즘의 신화적인 동물 조상, 기독교의 신처럼 신자들이 아버지라고 주장하여 조상으로 받아들여진 신을 말합니다. 친족 관계를 숭배의 대상으로 삼았던 관념은 아

● 하버드대학교 신학과 교수이자 저명한 동양학자.

주 광범위하고 앞에서 이야기되었던 것에 비추어보아도 분명히 납득할 만합니다. 친족 관계는 협력을 의미합니다. 친족끼리는 우호적으로 도와주고 도움을 요구할 권리가 있습니다. 죽은 조상들은 통제할 수 없는 두려운 힘을 발산하는 저승에 속해 있습니다. 조상이 있다는 것은 유력한 친구가 있다는 의미입니다. 한 인간을 둘러싸고 있는 것은 아무런 관계도 없는 낯선 사람이 아니라 나면서부터 연관된 존재, 끊을 수 없는 인연, 호의적인 마음이 드는 동지입니다.

세 번째 유형의 신은 어떤 문제에 국한해서 특수한 임무를 수행하는 수호신입니다. 수호신은 개인이나 부족 혹은 국가를 호위할 수 있습니다. 농업, 전쟁, 항해를 주재하는 신이나 벽난로나 '조리용 난로'를 관장하는 집안의 부엌신처럼, 인간의 행위나 사회적 행위에서 비범한 능력을 드러내는 존재이지요. 이처럼 긴박한 욕구로 인해 해야 할 일이 생겨나고 구체화됩니다.

세 가지 신은 모두 지역의 부족신과 결합될 수 있습니다. 로버트 스미스의 말대로 "부족신은 한편으로는 인류와 다른 한편으로는 구체적 자연 영역과 관계를 확립해왔습니다. 그래서 숭배자는 물질적 환경 가운데 자신의 의지와 통제에 따르지 않는 부분과 안정적이고 항구적인 협력 관계를 맺을 수 있게 되는 것입니다."

최고신 개념

◆

이 짧은 글에서 최고신이란 개념을 이해하려면 신 개념이 하나 더 필요합니다. 인간의 지성과 상상력 그리고 사회 교류의 영역에서 발전이 이루어지면서 하나의 신이 반드시 다른 신들보다 더 찬미되거나 다른 신들을 모두 배제하고 숭배되어야 합니다. 이러한 종교 개념은 자연 통합이나 인간 통합의 경험에서 비롯됩니다. 자연의 위력에는 분명한 위계가 있습니다. 다른 힘보다 열등한 힘도 있고 따라서 어떤 힘을 가장 강하다고 생각하는 것도 당연합니다. 땅과 공중보다 위에 있는 하늘의 우월함은 가장 분명하게 감지됩니다. 그래서 중국인에게 최고신은 하늘(天)이고 그리스인에게는 제우스입니다. 한편 수호신이나 조상신 사이에도 위계가 있습니다. 개인이나 특정 예술, 부족이나 지방을 보위하는 신은 민족신보다 하위에 있습니다. 마찬가지로 민족신 역시 정복 국가의 신에 종속됩니다. 정복신, 지배계급의 신이란 관념은 정복이란 보편적 관념과 연관됩니다. 수호신은 그 신이 관할하는 행위의 보편성에 비례해서 보편성을 가질 수 있습니다. 기원적으로 다른 종교에 속하더라도 동일한 행위를 하는 신은 동일시될 수 있습니다. 그래서 모든 인간이 개입된 공통의 과업을 관장한다는 의미에서 보편적인 신 개념이 나타납니다. 마찬가지로 모든 인간의 기원이 되는 신은 가족신이나 부족신, 민족신보다 우위에 서게 됩니다. 기독교의 신은 시간이나 공간, 인종이나 계급과 상관없이 모든 인간의 신이 되듯이 보편 종교가 될 수 있는 몇 가지 독립적인 이유를 가지고 있습니다.

모든 종교의 공통적이고 포괄적인 면에서, 신이란 인간의 통제 범위를 넘어서며 선의로든 악의로든 인간의 운명을 지배하는 힘이므로, 인간은 가능하다면 신의 호의와 도움을 받을 수 있어야 합니다. 다음으로 신자와 신이 결합될 수 있는 두 가지 다른 방식과 관련해서 숭배의 동기를 두 가지로 지적하는 것이 중요합니다. 간단하게 말하면, 자기 자신의 방식을 제시할 수도 있고, 신의 방식에 복종할 수도 있습니다. 이것은 만족감과 마음의 평화를 얻는 두 가지 방법이 있다는 사실을 종교적으로 적용한 것이지요. 원하는 것을 얻는 것 아니면 얻을 것을 원하는 것. 종교란 항상 이 두 가지 극단 사이의 어딘가에 위치한다고 말할 수 있습니다. 전자의 방식을 먼저 시도하는 것이 자연스럽고 합리적이지요. 그리고 의심할 여지없이 이것이 숭배의 최초 동기입니다. 인간은 먹고살 것 그리고 장수長壽, 적에 대한 승리를 원하고 이런 일을 도모하면서 신의 도움을 얻고자 합니다. 인간이 이러한 특권의 필요성을 인식하지 못한 때는 없습니다. 인간은 희생을 치르거나 금기를 준수하거나 신이 지시한 행위의 준칙을 채택합니다. 신이 호의를 베푸는 조건은 더욱 정확해지는 반면 은혜는 확실하지 않다는 것이 종교의 공통적인 경험입니다. 그래서 철학자들은 악의 문제를 제기하고 있고, 기독교에서는 이 문제를 『성서』「욥기」에서 찾아볼 수 있습니다. 욥은 아쉬울 것 없고 "정직하여 하나님을 경외하며 악에서 떠난 사람"이었지만 온갖 재앙과 비참한 일을 당했습니다. 욥은 신의 의지에 대한 완전한 복종에서 그 해법을 찾았지요. "내가 모태에서 알몸으로 나왔으니 또한 알몸이 그리로 돌아갈지라도 주신 이도 여호와시요 거두신 이도 여호와시오니 여호와의 이름이 찬송을 받으실지니이다." 그렇지만 결국 "여호와께서 욥에게 이전 모든 소유보다 갑절이나" 주셨습니다. 완전한 포기를 요구하는 종교는 절대로 종교가 될 수가 없습니다. 그 때문에 어떤 의미에서 은혜가 베풀어지지 않는다면 신을 숭배할 동기가 있을 수 없습니다. 종교가 진화하는 과정을 살펴보면, 처음에는 신의 도움을 기원했던 육체적이고 세속적인 은총이 (종교가 규정하는 삶의 양태에서 찾을 수 있는) 더 높은 선으로 대체되는 경향을 보입니다. 그래서 종교란 단지 도구적인 것만이 아니라 교육적인 것입니다. 이로부터 사람들은 자신의 자연적이고 세속적인 욕구를 충족시키는 방법은 물론이고 그러한 욕구를 경멸하고 마음을 다른 것에 두는 방법까지 배우는 것이지요. 경외하는 마음을 그 종교 특유의 감정으로 만드는 것은, 바로 종교 안에서 자기주장과 자기복종이 뒤섞이기 때문입니다. 종교는 자신의 한계를 깨닫게 하는 수단이면서 그 한계를 재구성하는 상위의 법칙입니다.

극기의 종교

◆

자기를 완전히 버리는 종교에 가장 근접한 것은 인도의 철학종교 혹은 비전秘傳종교입니다. 이렇게 종교가 다양한 형태로 나타난다는 것은 삶에 대한 하나의 근본적인 태도, 즉 지속적인 노력을 해도 아무런 선을 이룰 수 없다는 생각을 반영합니다. 욕망을 채우려는 시도는 부질없습니다. 인도인이 자포자기한다는 뜻은 아닙니다만 이 점에서 서양의 형제들과 다릅니다. 서양인은 개인적인 행복이나 소위 완전한 '문명'을 성취하기 위해 신의 도움을 희망합니다. 하지만 인도인은 이 모든 시도를 오류에 근거한 행위라고 생각합니다. 실패를 절대로 피할 수 없다는 생각이 곧 진짜 실패를 의미하지는 않더라도 성공에 잘못된 기준을 끌어들이고 있는 것이지요. 『우파니샤드』의 가르침에 따르면, 심지어 단독적인 개체조차 욕망 때문에 사라지지 않는 환각입니다.

모든 열정이 가라앉아
그것이 사람의 마음 안에 깃들면
인간은 더 이상 죽지 않고
바로 여기서 브라만이 된다.

브라만이라는 세계의 더 깊은 통일성 안에서, 개인은 자신의 참 존재를 얻어 구원을 받습니다.

신을 종교의 근원이 아니라 종교의 산물로 바라보는 관점이 중요한 까닭은 불교를 생각해보면 알 수 있습니다. 사실 불교는 신이 없는 종교이기 때문에 역설적으로 보일 수 있습니다. 석가모니 자신이 공자처럼 종교의 대상이 되었던 것은 사실입니다. 종교의 창시자들은 모두 거의 불가피하게 추종자들에 의해 신성화되지요. 하지만 석가모니는 자신을 신성화하지 않았습니다. 석가모니는 영혼 자체도 일시적이고 환상적인 경험으로 봐야 한다고 가르쳤습니다. 고통은 존재의 보편 법칙입니다. 존재는 욕망의 업보이고 이전 존재의 침전물인 인연, 습성, 공과 때문에 환생합니다. 존재의 순환은 피할 수 없는데, 생은 환생과 존속의 조건을 계속 만들어내기 때문입니다. 구원은 성공적인 존재, 실질적인 욕망의 실현이 아니라 욕망을 이김으로써 존재로부터 해탈하는 것을 의미합니다. 이런 종교에서는 신이 존재하지 않습니다. 인간이 자신의 적극적인 욕망을 실현하는 과정에 숨은 힘이 필요하지 않기 때문입니다. 그럼에도 인간을 곤경으로부터 해방시킨다는 점에서는 종교인 셈입니다. 모든 관점에서 봤을 때 열반은 적멸과 동등하지만 무기력함과 실패를 의식하는 인간의 관점에서 보면 구원을 의미하지요. 이것은 인간이 상상할 수 있는 최고선을 획득함으로써 인간과 세계를 일치시킨다는 생의 철학입니다.

종교 문헌의 전반적인 의도를 이해하기 위해서는 종교의 일반 원리를 파악하는 것만으로는 충분하지 않습니다. 종교가 인간의 삶에서 보여주는 형태들을 알아야 합니다. 특히 중요한 것은 한편으로는 종교와 과학의 관계, 다른 한편으로는 종교와 예술, 시의 관계를 아는 것입니다.

종교와 과학

◆

우리는 과학을 통해 사실이나 엄밀한 논증에 기초하는 지식을 이해합니다.

인간의 이론화 능력과 인식 능력을 활용하는 과학으로 종교 문헌을 이해하는 것이 어디까지 가능할까요? 이 문제에 관한 한 어찌 보면 과거보다는 오늘날의 상황이 더 혼란스러워졌습니다. 의심이 증가하고, 한때 종교가 정당성을 부여했던 믿음이 과학에 의해 거부되자, '신앙'이라는 절대적 행위나 주관적이고 상상적인 가치를 통해 믿음을 간직하려는 시도가 다양하게 나타났습니다. 14세기에 가톨릭 정통파가 득세한 이래로 요나와 고래의 이야기, 「창세기」의 창조 이야기, 심지어 신약에 등장하는 이적들과 같은 그리스도의 가르침이 하나씩하나씩 상징, 전통, 시로 평가될 수 있는 (대체로 역사적 사실에 근거해서가 아니라 신자에게 위안을 주고 개심시키는 효과가 있다고 판단되는) 허구나 믿음의 체계로 받아들여지는 경향이 지속적으로 나타났습니다. 하지만 근원적인 인간의 욕구에 응답하여 종교가 발생했다는 논리를 돌이켜보면, 만일 종교가 그러한 욕구를 충족시킨다면 종교 안에 진리의 토대가 존재할 수밖에 없다는 것도 분명합니다. 인간은 종교를 통해 있는 그대로의 사물들과 유익한 관계를 맺으려 합니다. 인간은 더 깊은 실재와 모순되지 않는 방향을 채택함으로써 영혼을 구원하려 합니다. 만일 실재의 본성을 따랐는데도 잘못된 길로 인도된다면, 인간의 모든 계획은 오류를 바탕으로 이루어진 셈이고 처음부터 실패할 운명이었던 것이지요. 자연의 힘이 무력하거나 인간의 성가신 요구에 영향을 받지도 않는데, 자연을 숭배한다면 그것은 어리석은 일입니다. 정의의 승리를 보장하는 심오한 이유가 없다면 기독교인의 희망은 착각에 불과하고 기도와 경배는 헛수고가 됩니다. 요컨대 모든 종교는 마음속으로 뭔가를 진실로 믿는 것이고 만일 그 뭔가가 진실이 아니라면, 그 종교는 믿음을 얻을 수 없습니다.

  비록 모든 종교에 과학적인 토대가 있다고 하더라도, 그러한 토대는 종교 안에서 작은 부분에 불과합니다. 우선 종교는 인간을 우주의 중심에 두고 사물을 바라본다는 점에서 엄밀한 의미의 과학과는 다릅니다. 종교는 오직 인간의 운명과 관련된 우주의 삼라만상에만 관심을 갖습니다. 그래서 궁극적으로 종교는 사실적 판단이 아니라 희망, 두려움, 확신, 절망, 집착, 사랑, 감사 혹은 자기복종 같은 감정을 통해 모습을 드러냅니다. 종교의 대상은 우주이거나, 도움을 주든 해를 끼치든, 신자의 걱정에 의해 윤색되어 눈에 보이지 않는 우주의 대리인입니다. 그래서 예컨대 『성서』의 「시편」이나 성 아우구스티누스의 『고백록』 같은 상당수의 종교 문헌은 신의 특성을 차가운 과학 공식이 아니라 신자 자신의 감정과 태도를 나타내는 언어로 종교적 감정을 표현합니다.

종교의 두 번째 비과학적 요소는 상상력과 사회적 전통에서 비롯되었습니다. 종교는 이론과 다릅니다. 이론이란 믿음 이후에 나오는 것이지 믿음 이전에 나오는 것이 아니기 때문입니다. 종교는 어떤 개인이 우주의 힘에 대한 해석을 채택해서 삶의 근거로 받아들이고 나서야 비로소 유효해져서 역할을 하게 됩니다. 불교는 개인이 열반에 이르고자 하는 수행 과정에 돌입하면서 종교로서의 역할을 시작합니다. 기독교는 신자들이 실제로 기도, 복종 그리고 선행을 통해 구원의 길을 따를 때 시작됩니다. 모든 중요한 역사적 종교의 근원적인 교리는 개인적 삶은 물론이거니와 사회적 삶에도 흡수됩니다. 그런 교리가 공통적이고 집단적으로 신봉되어 공동체의 신앙에 무의식적 전제가 되었습니다. 종교적 상상력의 임무는 이러한 과학적 전제를 생생하고 효과적으로 만드는 데 있습니다. 희망의 종교란 우주의 힘을 호의적으로 담고 있는 명제가 아니라, 그러한 명제의 의미를 생생하게 실현하여 부푼 희망을 정서적으로 고양시키고 신실하게 행동하도록 만드는 것입니다. 종교적 진리가 상상력으로 사람들에게 강한 인상을 주고 그래서 호의를 불러일으키면 행동에 동기를 부여하게 됩니다. 사회적으로 이런 역할을 하는 것들이 전통이나 상징주의에서도 발견되어 그로 인해 종교적 감정과 실천이 지속적으로 강고해집니다. 요컨대 우리는 종교 문헌과 같은 모든 종교의 표현물에서도 과학적 명제로 바뀔 수 있는 근본적인 가정을 발견하리라 기대할 수 있습니다. 하지만 이것들은 그 의미가 감정적으로나 실질적으로 구현된 상상적이고 상징적인 표현에 압도되어 모호해지겠지요.

종교가 과학과 다른 또 하나의 중요한 측면은 증거의 한계를 넘어선다는 것입니다. 과학 이론에서 요구하는 검증 능력과 동일한 능력을 지닌 종교는 없었고 앞으로도 없을 것입니다. 종교는 어둠 속에서의 도약입니다. 그 이유는 확실합니다. 엄밀하고 이론적인 목적을 더 많이 밝혀내기 위해 미루었던 문제들도 실용적인 목적에서는 결론을 내려야 할 필요가 있기 때문입니다. 삶이란 비상사태이고 위기이며, 윌리엄 제임스가 말했듯이 '강요된 선택'입니다. 재빨리 마음을 정해야 하고 닥치는 대로 살아야 합니다. 이런 세상을 어떻게 이해해야 할까요? 그리고 구원을 받으려면 어떻게 해야 할까요? 이런 결정은 미룰 수가 없습니다. 하지만 엄밀하게 생각해봐도 증거는 확실하지 않습니다. 신앙이란 그럴듯해 보이는 것을 믿는 것이고 그런 상황을 냉담하게가 아니라 확신을 가지고 믿는다는 뜻입니다. 만일 누군가의 믿음이 냉랭하다면, 그 믿음을 가지고 앞으로 나아가거나 구원을 얻을 수 없습니다. 신자가 가지고 있는 비판적 능력과 철학적 능력의 정도에 따라 절대적 신앙의 요소가 많을 수도, 적을 수도 있습니다. 하지만 어떤 경우에도, 경험적 사실과 추론에는 어떤 근거가 있을 것이고 '믿음의 의지'나 권위에 대한 신뢰 등이 있을 것입니다. 따라서 종교 문헌을 읽다 보면 독단적 확실성과 임의성을 발견하게 됩니다. 이런 특징은 과학에서는 받아들여지지 않겠지만 종교에서는 반드시 필요합니다.

종교와 도덕성

◆

여기서 간단하게나마 한 가지 주제를 더 언급해야겠습니다. 종교와 도덕성 사이에는 어떤 관계가 있는 걸까요? 『성서』의 「잠언」이나 공자의 『논어』와 같은 윤리적 가르침을 종교로 볼 수 있을까요? 제 생각에 이 문제에 대답하려면 종교의 고유한 의미를 분명하게 기억해야 합니다. 어떤 삶의 방식이 종교적 의미를 가질 때는 오직 모종의 보호를 받는 삶의 방식이 추구될 때입니다. 그리고 삶의 방식이 우주의 보편적 본성에 의해 승인되거나 구원의 길을 만들어낸다고 생각될 때뿐입니다. 정의가 사회적 복지의 수단으로 존중되면, 그것은 윤리적입니다. 만일 정의가 신의 호의를 얻어내는 수단이나 열반에 이르는 수단으로 채택되면, 그것은 종교적이지요. 도덕적 삶이 어떤 의미에서 보편적 삶과 연관되면 종교적 성격을 띠게 됩니다. 소위 '윤리적 종교'에서, 종교에 의해 규정된 삶의 방식은 도덕의식에 의해 규정된 삶의 방식과 일치하고, 정의는 구원의 길로 여겨집니다. 두말할 필요도 없이 이런 식으로 도덕성의 모습이 드러나면 사람들에게 강한 인상을 주어 관심을 끌게 됩니다. 희망을 심어주는 모든 윤리적 종교에서, 종교는 자연에 대한 통제력과 승리라는 관념에 건전한 분별력을 더해줍니다. 올바른 삶은 궁극적 실재의 모습을 갖게 됩니다. 순수한 의무감에 확신, 영감, 무한하고 지속적인 성취의 가능성을 더해줍니다. 염세적인 윤리적 종교에서도, 도덕성은 존재의 비참한 상태에서 빠져나오기 위해 가장 중요한 것으로 신망을 얻게 됩니다. 그리고 이와 같은 종교의식으로부터, 특별한 요구나 믿음과 상관없이, 도덕성은 일정한 위엄을 얻어 힘을 가지게 되지요. 왜냐하면 종교를 통해서 사람들은 삶을 진솔하고 진지하게 보게 되니까요. 인간은 종교를 통해 정욕에 대한 집착과 즉각적인 이해관계에서 자유로워집니다. 종교는 우주적 상상력을 살려주고 내적이든 외적이든 모든 삶의 문제에 관심을 기울이게 해줍니다.

그래서 종교는 두 가지 의미에서 보편적이라고 결론을 내리는 편이 공정하겠습니다. 한편으로 종교는 보편적인 요구에서 나옵니다. 또 다른 한편으로 종교는 보편적인 가치를 가지고 있어서, 그 안에 아무리 오류나 맹목성이 있을지언정 삶을 고양시켜주고 존엄하게 해줄 수 있습니다. 진실한 종교는 거짓 종교보다 낫고, 종교를 가지는 것이 종교를 가지지 않는 것보다 낫습니다.

랠프 바튼 페리

불교

◆

석가모니(아명은 고타마 싯다르타, 존칭은 세존, 석존, 여래, 부처, 각자覺者)의 팔십 평생은 깨달음, 즉 정각正覺 사건을 기점으로 전반기 35년과 후반기 45년, 이렇게 두 부분으로 나뉩니다. 불교도에게 그 큰 깨달음의 순간은 서양사에서 예수의 탄생과 마찬가지로 영겁의 시간 중에서도 가장 고귀한 사건입니다. 전반기 35년은 다시 두 부분으로 나뉘는데, 그의 생에서 왕자였던 기간, 그러니까 태어나서부터 큰 깨달음을 찾기 위해 출가하기까지의 시간(29년)과 6년 동안의 고행기입니다. 전반기 35년에 대해서는 상세한 기록이 남아 있습니다. 후반기 45년을 다룬 전설에 재미있다고 할 만한 이야기는 거의 없지만, 스승의 가르침에 대해 전해지는 말들은 상당히 많습니다. 불경에 축적된 이러한 가르침은 가장 진정한 의미에서 그의 인생 자체입니다.

석가모니의 탄생

사람은 지루한 윤회를 통해 또다시 태어나서 살다가 죽을 수밖에 없다는 믿음이 석가모니가 살던 시절의 인도에 이미 오래전부터 퍼져 있었습니다. 따라서 석가모니의 '전기'에도 이러한 전생에 대한 이야기가 포함될 수밖에 없습니다. 고행자 수메다 이야기도 그중 하나입니다. 가장 매혹적인 불교 경전인 『본생경』 本生經에는 547년 이전, 고타마의 전생에 관한 이야기가 나옵니다. 전생 이야기 다음에 우리가 가장 관심이 있는 석가모니의 탄생 이야기가 나옵니다. 종교의 전승을 공부하는 사람들에게 가장 유익한 것은 아주 오래된 경전에 나오는 불충분한 진술을 이러한 이야기와 비교해보는 것입니다. 그러면 독실한 제자들이 애정 어린 상상력을 발휘해서 단순하고 지루한 사실들을 어떻게 세부적으로 아름답게 꾸며냈는지 알 수 있습니다. 석가모니 탄생의 전조는 시에 사용된 어휘의 아름다움을 제외하고 보면, 밀턴의 찬미시 「그리스도 탄생의 아침에」에 등장하는 예수의 탄생과 상당히 비슷합니다. 옛날이야기에 새로운 내용이 덧붙여진 사례로는 석가모니가 어머니의 오른쪽 옆구리에서 태어났다는 이후의 전승을 들 수 있습니다. 이러한 특징은 『보요경』普曜經이나 성 제롬*뿐 아니라 이 장면을 조각으로 묘사한 많은 작품에도 등장합니다.

---

* 성직자로 라틴어 이름은 에우세비우스 소프로니우스 히에로니무스. 제1차 니케아공의회 이후 초대교회 신학자이자 서방 교회의 4대 교부 중 한 사람으로서 성서를 라틴어로 번역한 것으로 잘 알려져 있다. 로마 가톨릭의 성인이며 교회박사 가운데 한 사람이다.

석가모니의 가르침

◆

석가모니의 가르침은 정말로 그의 생, 바로 그 자신입니다. 도공의 집에서 덕망 있는 바카리가 임종을 맞고 있었습니다. 세존(석가모니)이 그의 베게 맡으로 와서 다정하게 말을 건넵니다. "제가 오랫동안 세존께 가서 뵙고자 했는데, 제 몸에 갈 만한 힘이 없습니다." "안심하라, 바카리여! 썩어질 나의 육신을 본다고 무슨 이득이 있겠느냐? 바카리여, 법을 보는 자는 나를 보고, 나를 보는 자는 법을 보리라. 그러므로 그대는 나를 보려거든 법을 보아라." 여기서 석가모니는 예수가 도마에게 "나는 곧 길이다"라고 선언했을 때와 마찬가지로 스스로를 자신의 가르침과 동일시합니다. 석가모니가 스스로를 자신의 가르침과 일치시켰지만, 두 가지를 기억하는 것이 가장 중요합니다. 첫째, 석가모니는 자신의 가르침을 권위 때문에 받아들여서는 안 된다고 분명히 주장합니다. 둘째, 2천 5백 년 동안 석가모니의 가르침이 지상에서 강력한 권위를 유지할 수 있었던 것은 그 가르침에 깃든 탁월함(초월적인 계몽의 열매로 받아들이든 아니면 석가모니 자신의 인격의 결과로 받아들이든) 때문이었습니다.

그러면 첫 번째, 권위로서 석가모니의 지위에 대해 논해봅시다. 코살라국●을 여행하던 중 석가모니는 칼라마인들이 사는 케사푸타라는 마을에 머물렀습니다. 사람들은 석가모니에게 물었지요. "존자이시여, 사문과 바라문이 케사푸타에 옵니다. 그들도 자신들의 이론만을 드러내어 주장하고 다른 사람들의 이론은 비난하고 헐뜯으며 멸시하고 갈가리 찢어놓습니다. 존자이시여, 이들 존경하는 사문과 바라문 가운데 누가 진리를 말하고 누가 거짓을 말하는 것인가요?" 석가모니는 대답합니다. "전통이 그렇다고 해서, 소문이 그렇다고 해서, 성전에 쓰여 있다고 해서, 추측이 그렇다고 해서, 일반적 원칙에 의한 것이라 해서, 그럴싸

● 인도 갠지스 강 중부 유역에 위치했던 고대 왕국. 석가모니 시대 수도는 시라바스티였다. 기원전 5세기 전반에 마가다국에 병합되어 멸망했다.

한 추리에 의한 것이라 해서, 곰곰이 궁리해낸 견해라는 편견 때문에, 다른 사람의 그럴듯한 능력 때문에 그대로 따르지 말라. 스스로 이것들은 나쁜 것이고, 이것들은 비난받을 일이며, 이것들은 지혜로운 이에게 책망받을 일이고, 이것들이 행해져 그대로 가면 해롭고 괴롭게 된다는 것을 알았을 때, 그것들을 버리도록 하라." 그리고 다시 이렇게 말하지요. "진리에 대한 신념이 자기 자신을 제외한 어느 누구에게도 의존하지 않을 때, 그것이 올바른 믿음을 만드는 것이다." 현재를 사는 우리가 석가모니가 견지했던 입장의 의미를 올바르게 짐작하기란 어려운 일이지요. 석가모니는 이 땅에서 권위에 대한 존경이 거의 보편적이었던 시대를 살았습니다. 석가모니가 했듯이 관습적인 생각에서 벗어나기 위해서는 비상한 지성과 엄청난 용기가 있어야 한다는 뜻입니다.

두 번째로 석가모니 가르침의 본질적인 탁월함에 대해 이야기해보겠습니다. 불교 교의의 특징은 짧은 구절로 되어 있다는 것입니다. 그런 구절들은 경문에서 일상어로 나오기도 하고 독실한 불교도들이 명상, 즉 '수행'의 주제 가운데 하나로 삼기도 합니다. "법은 곧 세존의 가르침에서 나온 것이고 현세에 곧바로 인과응보로 나타나며, 법을 깨달으면 열반에 이를 수 있다. 지각이 있는 사람이라면 스스로 그 법을 알 수 있다." 사후에 무슨 일이 벌어질지 알 수 없음을 솔직하게 인정하면서, 석가모니는 우리가 지금 여기에 가지고 있는 고통의 문제에 전념했고 사람들을 정의와 자비, 욕망에서 벗어나는 길로 인도하여 고통에서 해방시키려 했습니다. 자칭 제자인 한 사람이 어느 날 석가모니에게 내세에 관한 교리 문제에 대답해달라고 요청했습니다. 석가모니는 이 문제를 지엽적인 문제로 받아넘기고 언급을 회피했습니다. 이것이야말로 고전 시대에 종교와 교리가 대비되는 가장 훌륭한 사례 가운데 하나입니다. 석가모니는 신성한 삶이란 어떤 물음에 대한 대답에 의존하지 않는다고 말합니다.

40년 전에 어느 의학자에게 당시의 의학 발전 가능성을 예측해달라는 요청을 했다면, 그는 말라리아 약으로 쓰이는 퀴닌과 같은 새로운 특효약이 발견되리라고 추측할 수 있었을 것입니다. 왜냐하면 당시에 의학이란 치료술이었고, 의학의 존재 이유는 병을 치료하는 것이었으니까요. 사실 우리는 어릴 때부터 예방이 최선의 치료법이란 말을 들었습니다. 그러면 예방이란 어떻게 해야 하는 것일까요? 당연히 병의 원인을 찾는 것이겠지요. 그리고 대체로 이것이 근대 의학의 가장 중요한 성과입니다. 이제 이것은 석가모니가 영혼의 세계에서 해결하고자 했던 바로 그 문제, 인간이 처해 있는 비극의 병인학입니다. 최초의 설법, 즉 녹야원鹿野園(사르나트Sarnath)에서 펼친 설법에서 석가모니가 공개적으로 선언했던 해법, 그 핵심은 수많은 중생에게 알려질 수밖에 없는 운명이었습니다.

석가모니가 주장하는 가장 중요한 핵심은 인간 고통의 원인입니다. 그리고 그는 그 원인을 (설사 아무리 고귀하더라도) 존재와 쾌락에 대한 갈망에서 찾았습니다. 이러한 갈망을 조절하려면 열반의 길에 들어야 합니다. 이는 현생에서 욕망과 악 그리고 미망의 불꽃에서 벗어나는 것이고, 더 나아가 윤회의 고리를 끊는 것입니다.

불교와 다른 종교

◆

열반과 같은 다면적인 주제에 대해 논의하거나 모든 욕망을 버리라는 석가모니의 처방을 평가하려 하지 않더라도, 오점 없는 석가모니의 삶처럼 그의 윤리적 가르침은 수 세기 동안 시련을 견디어왔고 앞으로도 견뎌낼 것이 분명합니다. 녹야원 설법에서 석가모니는 자기를 견책하는 삶과 편안하고 화려한 삶 사이에서 중용의 덕을 권하면서 팔정도八正道*, 즉 생각과 말, 행동에서 올바름을 추구하

● 1. 정견正見: 바르게 보기 2. 정사유正思惟·정사正思: 바르게 생각하기 3. 정어正語: 바르게 말하기 4. 정업正業: 바르게 행동하기 5. 정명正命: 바르게 생활하기 6. 정정진正精進·정근正勤: 바르게 정진하기 7. 정념正念: 바르게 깨어 있기 8. 정정正定: 바르게 삼매(집중)하기

는 삶을 제시합니다. 석가모니의 가르침과 예수의 가르침 사이의 고귀한 유사점이 수없이 지적되었습니다. 서로 차용했다고 추정할 만한 선험적인 근거는 전혀 없습니다. 삼각형의 내각의 합은 180도라는 사실을 아주 독창적으로 증명하려 해도, 증명 방식은 본질적으로 피타고라스의 증명과 일치하겠지요. 왜냐하면 수학의 진리란 지역이나 시대에 따라 달리지지 않으니까요. 선의 진리도 마찬가지입니다. 그래서 위대한 스승들의 가르침은 대부분 일치하게 마련인 것입니다.

한편 석가모니의 가르침은 기독교 복음서에서는 드러내놓고 거의 혹은 전혀 언급되지 않은 것들을 엄청나게 강조하고 있다는 점을 지적하는 것도 흥미롭습니다. 서두르지 마라, 걱정하지 마라, 단순하게 살아라. 나나 혹은 다른 사람의 권위 때문에 믿음을 받아들이지 마라. 지출이 수입을 초과하지 않도록 하라. 주인과 종의 관계. 친절함이란 의무뿐 아니라 동물에게 베푸는 호의. 석가모니는 이러한 주제들을 때로는 익살스럽게, 때로는 열정적으로, 그리고 항상 부드럽고 지혜로우며 설득력 있게 설법했습니다.

찰스 록웰 랜먼
Charles Rockwell Lanman(1850~1941)
산스크리트어 학자이며 1880년부터 하버드대학교 인도-이란어학과를 이끌었다. '하버드 오리엔탈 시리즈' 편집이 그의 가장 중요한 업적이며, 중요한 산스크리트어 문헌을 번역하기도 했다.

유교

◆

　유교는 불교, 도교와 함께 '삼교'三教 혹은 중국의 3대 종교 가운데 하나로 일컬어지지만, 대승 불교나 로마 가톨릭을 정의하듯 엄밀한 방식으로는 종교라 하기가 어렵습니다. 유교에는 교의나 성직자도 없고 공자가 당대에 이미 확립해놓은 것 이상의 예배 의식도 없습니다. '공묘'孔廟로 알려진 붉은 벽으로 된 사당에서 봄, 가을로 중국 전역에서 지방 관리들이 거행했던 제사는 성인에 대한 예배가 아니라 공자를 기리는 민간 의식으로 다른 종교의 신앙과도 상충되지 않습니다. 사실, 공자 사후 수 세기 동안 공자에 대한 존경은 종교적 숭배에 가까워졌습니다. 여인들이 자기 아이들이 잘되라고 공자에게 기도를 올리기 시작하자, 이러한 관행은 미신적이고 저속하다 하여 황제의 칙령에 의해 금지되었습니다(472). 유교에도 『성서』와 같은 책이 있다면, 그것은 이 현자의 이름과 연관된 아홉 권의 경전이 될 것입니다. 하지만 이 책들에는 신적인 계시나 책에서 말하고자 하는 것 이상의 감화를 담고 있지 않다고 할 수 있습니다. 유교를 정의하고자 하는 사람들에게 이 책들이 줄 수 있는 것은 각성된 삶과 사회적 이상이란 개념입니다. 여기서 사회적 이상은 자연숭배와 조상숭배가 혼합된 고대 민족종교에 대한 충성을 포함하는 개념입니다. 유교의 본질은 '바람직한' 삶의 유형, 공자에 대한 간접적인 숭배를 포함하는 엄격한 훈련이라고 말할 수도 있습니다. 로마인 사이에서 스토아학파가 일종의 원리의 문제로 기존의 숭배에 대한 집착을 포함했던 것처럼 말입니다.

공자의 가르침

◆

공자를 평가하려면 그가 처했던 역사적 배경을 살펴야 합니다. 이 현자의 관점이 퇴행적이고 보수적이라고 비판할 수도 있습니다. 그러나 '좋았던 옛 시절'로 되돌아가려는 욕망만으로 공자를 비난할 수는 없습니다. 공자는 처음으로 조상의 사당과 해마다 지내는 천지天地 제사 제도를 면밀하게 검토하면서 이렇게 주장했습니다. "투명한 거울은 형체를 살피는 수단이 되고, 지나간 것은 지금을 아는 수단이 된다." 게다가 지나간 과거는 공자의 시대부터 쇠퇴했던 치국책의 원형을 담고 있었습니다. 유능한 군주들이 황하 전역을 계속 지배했던 주 왕조는 기원전 6세기에 이르자 점점 쇠락하여 초기 권력의 자취만 남기게 됩니다. 왕은 그저 명목적인 지위로 전락했고 과거의 영토는 난폭한 가신들이 각자 이익을 다투면서 분열되었지요. 공자 시대의 중국은 루이 11세가 봉건귀족 세력을 무너뜨렸던 프랑스의 상황과 상당히 유사합니다. 공자의 배후에는 현명한 지도력으로 민족을 통합했던 유구한 전통이 있었으므로 공자가 과거를 회고했다고 해서 비난해서는 안 됩니다. 아리스토텔레스가 자신의 윤리학과 정치학에서 활발하게 전진하고 있는 마케도니아에 찬동하지 않고 과거 아테네의 정치 제도에 찬동했다고 해서 비난을 받을 수 없는 것과 마찬가지입니다.

오경五經에 속하는 첫 번째 부류의 유교 경전은 과거에 대한 이러한 평가의 산물입니다. 공자는 그중 네 권의 정평한 편찬자이고, 다섯 번째 책의 저자입니다. 『서경』은 기원전 2400년부터 기원전 800년이란 기간을 포괄하는 문헌들로 이루어져 있고, 『시경』은 기원전 18세기에서 기원전 6세기까지의 시 305편으로 이루어져 있지요. 『역경』은 고대의 점서이고, 『예기』는 의례를 편찬한 책이며 『춘추』는 공자의 고향 노나라(기원전 722~기원전 484)에 관한 역사 기록입니다. 경전의 두 번째 부류인 사서四書가 공자의 실질적인 가르침을 전하고 있는데, 거기에는 공자의 어록인 『논어』, 개인의 삶, 가족, 나라를 다스리는 글을 엮은 『대학』, 공자의 손자 자사가 행동의 준칙에 대해 쓴 『중용』, 공자의 위대한 제자 맹자가 쓴 『맹자』가 포함됩니다.

공자의 학설의 특징은 다음과 같이 요약될 수 있습니다.

(1) 효孝는 가장 중요한 사회적 덕목입니다. 효자라야 다섯 가지 관계(부자父子, 군신君臣, 부부夫婦, 장유長幼, 붕우朋友)에 순종할 수 있다는 것입니다. 이러한 신조는 가부장제 그리고 사회의 단위로서 개인보다는 가족을 중시하는 중국과 같은 사회 제도에서 자연스럽게 받아들여졌지요. 가족에 대한 헌신은 조상숭배 의식에서 종교적 의무로까지 고양됩니다. 여기서 공자는 죽은 영혼에 음식과 술을 바치는 국가의 관습을 한때는 인정했지만 더 이상 강조하지 않았습니다. 이러한 가족 제사가 도대체 어디까지 실질적 종교숭배로 설명될 수 있는지는 논쟁의 여지가 있습니다. 이런 제사를 프랑스인이 위령의 날에 무덤을 장식하는 관습과 비교하는 사람들도 있습니다. 하지만 제사는 대대로 가족의 단합과 영속성이란 생각을 심어주어 가족의 유대를 효과적으로 강화시킵니다.

(2) 사람과 사람 사이에 행위의 준칙은 '상호관계'입니다. "자기가 하고 싶지 않은 것을 다른 사람에게 베풀지 마라." 어진 마음(仁愛), 즉 자식과 형제에 대한 사랑의 확장은 다른 사람들에 대한 합당한 태도이지만, 무모할 정도로 밀어붙여

서는 안 됩니다. '원한을 덕으로 보답해야 한다'는 노자의 가르침에 대해서 묻자, 공자는 "그렇다면 무엇으로 선에 보답할 것인가? 곧음으로 원한을 갚고 덕으로 덕을 갚아야 한다"고 답합니다.

(3) 사회에서 도덕적으로 가장 중요한 힘을 발휘하는 것은 '군자'라는 모범입니다. 천성적으로 사람은 선하지만 사회가 정의롭지 못한 이유는 교육이 잘못되었고 본받을 만한 본보기가 나쁘기 때문입니다. 군자의 미덕은 일반 백성의 미덕을 일깨웁니다. 그러므로 공자에게 가르침의 책무는 군자의 품격을 밝히는 것이지요. 군자의 품격은 도덕 감각과 적절한 교양을 잘 수련하여 모든 상황에서 일을 올바르게 파악해서 실천하는 것이고, 진실한 균형감각을 지니고 덕 자체만을 위해 덕을 실천하는 것입니다. "군자는 자기에게서 구하고 소인은 남에게서 구한다."

(4) 영적인 세계에 대한 공자의 태도는 불가지론자에 가깝다고 할 수 있습니다. 이 현자는 죽음과 미래의 상태에 대해서는 언급을 하지 않았습니다. "삶도 모르는데 어찌 죽음을 알겠는가?" 공자는 관습적으로 '하늘'(天)을 언급하면서, 상제上帝라는 훨씬 인격적인 용어를 굳이 피하려 하지 않았을 수도 있고 인격적인 신앙을 암시하는 자신의 표현으로도 부족함이 없다고 생각했을지도 모릅니다. 존재의 본성과 세계의 운명에 대해 숙고하는 것은 그저 시간 낭비라고만 여겼습니다. 가족을 잃은 두 친구가 생은 꿈에 불과하고 죽음이야말로 깨어나는 것이라는 가르침에 스스로 위안을 삼았다는 말을 전해 듣고 공자는 "그들은 이 세상 밖에서 노니는 사람들이고 나는 이 세상 안에서 노니는 사람이다"라고 말했습니다.

요컨대 공자는 어떤 종교 체제를 만들어내지는 않았지만 종교의 윤리적 방향을 새롭게 강조했지요. 공자의 관심은 사회를 만들어가는 인간에게 있었습니다. 엄밀한 의미에서 공자가 수행한 종교의식은 신앙심의 발로라기보다는 '사회성'을 함양하는 데 효율적이라는 생각에서 나온 것입니다. 공자의 신앙은 올바른 사고 안에서 가능한 신앙입니다. 공자가 언급하지 않는 네 가지, 즉 괴력난신怪力 亂神(기괴한 것, 폭력적인 것, 배덕한 것, 신비한 것)은 이성만으로는 다루기 쉽지 않은 것들입니다.

유교적 영향력의 성장

유교는 아주 오랫동안 중국의 지적인 삶을 지배해왔기 때문에 서양의 학자들은 습관적으로 마치 유교와 중국의 국민성 사이에 이미 정해진 조화가 있었다는 식으로 언급해왔지요. 사실 유교는 강력한 비판과 만만치 않은 경쟁자들에 맞서 승리해야 했습니다. 공자 사후 2세기 동안은 서로 충돌하는 윤리론이 만연해 있었습니다. 양주*는 냉소적인 개인주의를 주장했습니다. 죽으면 모든 것이 끝나므로 저마다 스스로 생을 만들어가야 한다고 주장했습니다. 이런 주장에 대해 묵자**는 악정과 사회적 혼란의 치유책으로 겸애兼愛를 제시하면서 극단적인 이타주의로 반박합니다. 노자는 사람이 태어나면서부터 선하다는 유가의 생각에 의문을 제기했지요. 물이 동쪽으로만 흐르지 않고, 버드나무로 그릇을 만들 수 없듯이 사람의 본성이 선한 것만은 아니라는 것입니다. 이러한 모든 논쟁에 대항해서 공자의 가르침은 가장 위대한 제자 맹자가 방어해왔습니다. 하지만 유교는 훨씬 더 적극적으로 종교적 매력을 지닌 사유 체계를 만나야 했지요. 도교는 이미 당시에 소극적인 방식으로 천도天道에 도달하는 이론을 설파했고 중국이 낳은

● 중국 전국 시대 초기의 사상가. 자字는 자거子居. 위衛나라 사람이다. 양주는 하나의 생명이야말로 가장 귀중한 것이라고 보고 생활의 모든 것은 이 하나의 생명을 기르기 위하여 존재한다고 생각했다. 따라서 그 '나'를 소중하게 하는 바로 그것이 가장 중요하다고 말한다. 노자는 무아無我를 주장했지만 양주는 극단적으로 무엇이든 나를 위해서만 해야 한다는 위아설爲我說을 주장하였다. 묵자가 말하는 '겸애'와는 대조적이다.

●● 춘추전국 시대의 송나라 출신 사상가. 이름은 적翟. 초기 전국 시대의 제자백가 중 묵가의 대표적 인물. 주요 사상은 겸애이며 그의 사상을 담은 『묵자』가 전해진다. 유교, 도교와 대립하였다.

가장 빼어난 철학자 가운데 한 사람인 장자도 이 유파에 속해 있었습니다. 장자의 가르침은 신비로웠습니다. "천지와 내가 함께 살고, 만물과 더불어 나는 하나가 된다." 공자의 학설이 노장의 학설을 물리친 사건을 사마천은 정확하게 설명했습니다. "장자의 말은 마치 바닷물처럼 양양하고 스스로 자유분방하여 제멋대로였으므로 비록 왕공대인이라 할지라도 쓸 수가 없었다." 하지만 공자가 혼백에 대한 언급을 삼감으로써 불교가 시작될 만한 여지를 남겨주었고, 불교는 사후 세계를 아주 자세하게 설명했습니다. 이것이야말로 대중의 상상력이 열망하던 것이었습니다. 불교라는 염세주의적 철학은 중국인의 기질과는 잘 맞지 않았지만, 불교의 포교자들은 인과응보와 중생 구제라는 불교의 교리로 즉각적인 호응을 얻어냈습니다. 5세기부터 불교는 점차 유교와 마찰을 일으켰고 모진 박해에 굴하고 말았지요. 쇠락의 길을 걸으면서도 고대의 물활론적인 대중 종교의 관념과 관습에 상당히 많이 기여해왔습니다. 불교가 몰락해가던 와중에 유교가 승리를 얻어냈다고 해서 그저 공자와 맹자의 가르침을 다시 되풀이한 것은 아닙니다. 유교에서는 도교와 불교에서 제기한 우주론의 문제를 더 이상 무시할 수 없었습니다. 그래서 주돈이*가 개창한 성리학은 『역경』을 바탕으로 우주론을 정립했고 두 개의 원리로 세계를 설명했습니다. 이理와 기氣는 한편으로는 오행과 모든 감각 자료를 낳고 다른 한편으로는 지혜와 도덕적 이상을 낳습니다. 성리학의 역사에서 가장 위대한 이름은 주희**입니다. 경전에 붙인 주희의 주석은 현재 가장 권위가 있고 가정의례와 예법을 자세히 설명해 유교의 준칙을 일반인의 가정 안으로 끌어들였습니다.

1906년에 황제의 칙령으로 공자는 신격화되었습니다.*** 하지만 공화주의

● 북송대(960~1127)의 유교 사상가. 성리학의 기초를 닦았다. 존칭하여 주자周子라고도 한다. 송나라 시대 유학의 형이상학적 사유는 주돈이에 의해 주도되었다.
●● 중국 남송의 유학자로, 주자朱子라는 존칭으로도 불린다. 중국 복건성福建省 우계尤溪에서 출생했고 19세에 진사가 된 후 여러 관직을 지내면서 맹자·공자 등의 학문에 전념하였으며 주돈이·정호·정이 등의 사상을 이어받았다. 그는 유학을 집대성하였으며 오경의 진의를 밝히고 주자학을 창시하여 완성시켰다.
●●● 청 왕조 광서光緒 32년(1906)에 공자 제사가 국가대사로 승격된 일을 가리킨다. 이때 공묘도 확장 공사를 하게 된다.

가 발흥하면서 이런 식으로 현자를 성인화하는 관습이나 공자가 견지했던 보수의 전통 전체를 거부하는 경향이 나타났습니다. 현재의 시점에서 이러한 운동은 반동이라고 부를 수 있지만, 서구로부터 밀려오는 지적인 조류의 한가운데서 우리는 유교의 미래를 추측할 수 있을 뿐입니다. 중국과 일본의 문화에서 최상의 성과를 얻은 윤리 준칙은 형식을 변화시키면 생명력을 유지할 수 있을 거라 희망하는 사람들도 있을 수 있습니다. 서구의 비평가들은 공자가 마치 자국민의 광적인 존경을 받았다는 듯이 말합니다. 만일 그렇다면, 어느 누구도 합당하게 공자의 상상력에 사로잡히지 않았을 것입니다.

알프레드 드와이트 쉐필드
Alfred Dwight Sheffield(1871~1961)
북경에서 태어났고 1897년에 하버드대학교에서 문학 석사학위를 취득하고
하버드대학교와 여러 대학교에서 학생들을 가르쳤다.

파스칼

◆

 블레즈 파스칼이란 이름은 17세기 프랑스의 위대한 작가의 목록에 올려도, 근대 문학의 가장 위대한 작가에 포함시켜도 전혀 어색하지 않습니다. 그는 당대와 이후의 수없이 많은 종교인의 사상에 급진적인 영향을 주었지요. 그는 프랑스 문학의 전성기에 스타일의 대가 중 한 사람이었습니다. 그리고 과학자들은 파스칼을 수학자이자 물리학자로 과학자 중에서도 가장 중요한 인물이라고 생각했습니다.

파스칼과 얀센주의

◆

파스칼이란 이름은 얀센주의의 역사와 뗄 수 없는 관계를 맺고 있습니다. 그리고 비록 지적으로 성장하면서 다양한 모습을 보여주는 바람에 회의주의자라느니 신앙지상주의자라느니 온갖 욕설을 듣게 되었지만, 파스칼의 기질이나 육체적 조건은 금욕적이고 어두운 얀센주의적 아우구스티누스 이론을 반영합니다.

파스칼이란 아이는 처음부터 지나치게 지적이었습니다. 누이의 치우친 진술을 믿을 수 있다면, 샤토브리앙•이 '무시무시한 천재'라 불렀듯이 그는 직선과 원을 '막대'와 '동그라미'라고 부르면서 기하학을 독학해 유클리드의 문제들을 풀어냈지요. 파스칼의 지적인 능력은 일취월장했고 말년까지 되풀이되는 병마와 싸운 탓으로 수명이 무척 단축되었지만, 온갖 지식의 장을 섭렵했습니다. 물리학의 가설을 검증하고, 한 번도 파헤쳐지지 않았던 수학 영역을 설명했습니다. 파스칼은 신과 세계의 관계, 신과 창조된 인간의 관계라는 방대한 혼돈 속으로 자신의 사상을 투사했습니다.

파스칼은 곧바로 종교에 집착한 것은 아니어서 계속 주저하고 때로는 뒷걸음질 쳤습니다. 세상 물정을 훤히 꿰뚫었던 그는 뛰어난 학자들과 교류했고 예수회••에 맞서 과학 토론을 시작했으며 여러 사상가와 철학에 관해 논쟁을 벌였습니다. 하지만 우리가 그의 삶에서 정말로 알고 싶어 하는 것은 파스칼이 얀센주의의 교리로 개종하면서 시작됩니다.

• 프랑스의 작가이자 외교관. 프랑스 낭만주의의 초기 작가.
•• 가톨릭 남자 수도회. 1534년 성 이냐시오 데 로욜라와 그의 영신수련靈神修練으로 훈련받은 초대회원들로부터 유래하며 1540년에 로마 교황청의 정식 인가를 받았다. 1541년 4월 8일, 초대 총장으로 이냐시오가 선출되었으며 1556년 이냐시오가 죽을 때는 예수회원이 거의 1천여 명에 이르렀고 네 개 대륙에 걸쳐 사도들이 파견되었다. 제수이트 교단이라고도 한다.

벨기에의 이프르 출신 주교 코르넬리우스 얀센*은 성 아우구스티누스를 연구하고 이 위대한 교부의 교리를 해명하는 데 평생을 바쳤습니다. 성 아우구스티누스는 종교 사상에서 결정론, 예정설 그리고 인간은 부질없이 죗값을 치르기 위해 노력해야 한다는 원죄론을 포함해 종교적 운명론을 신봉하는 사람들의 정신적 시조입니다. 얀센의 이론은 엄격하고 굽힐 줄 모르는 원칙주의자이자 포르루아얄 수도회**의 정신적 지도자였던 친구 생 시랑 주교의 가르침을 통해 프랑스에 퍼져나갔지요. 당시 포르루아얄 수도회는 예수회의 강력하고 야심찬 규율을 처음부터 공격했던 아르노 가문*** 출신들에게 장악돼 있었습니다. 예수회는 원리나 성향 면에서도 얀센의 이론을 좋아할 수 없었습니다. 얀센의 이론에서 주장하는 자기 집중과 내성의 원리 등은 거의 모든 면에서 칼뱅주의****와 유사했습니다. 칼뱅주의는 왜, 무엇 때문에 인간이 이 땅에 존재하는가 하는 문제에 관해 인간에게 수많은 근심과 의심을 일깨웠지요. 이러한 교리는 온건한 예수회의 가르침과는 극단적으로 대립됩니다. 예수회에서는 사람들을 무서운 환상으로 위협해서 쫓아내지 않고 친근한 방식으로 새로운 개종자들을 확보하는 데 주력했으니까요. 이런 이유로 아르노 가문과 얀센주의자들은 포르루아얄 수도원에서 의기투합하였고 이 수도원은 종교 논쟁에서 폭풍의 중심이 되었던 것입니다.

● 얀센주의로 알려진 로마 가톨릭 교회의 개혁운동을 이끌었던 인물. 프로테스탄트에 반대하는 『성서』 해설서와 소책자들을 썼다. 대표 저서로 1640년 그의 친구들이 대신 출간한 『아우구스티누스』가 있다. 이 책은 1642년 교황 우르바누스 8세에게 이단 선고를 받았지만 얀센주의 운동에서 결정적으로 중요한 비중을 차지했다. 얀센은 은총을 중시하고 인간의 자유의지를 부정하는 신의 예정을 믿었다.
●● 시토 수도회의 유명한 대수녀원. 17세기 프랑스의 문예활동과 얀센주의의 중심지였다.
●●● 아르노 가문은 16세기 오베르뉴에서 파리로 이주해 왔으며, 특히 얀센주의와 밀접한 관련을 맺은 것으로 유명하다. 이 가문의 창시자인 앙투안 아르노는 유명한 변호사였고 1594년 한 재판에서 예수회 교단에 맞서 파리대학교의 변론을 맡았다. 이 재판을 계기로 예수회 교단은 아르노가에 원한을 품게 되었다.
●●●● 하나님의 절대적 주권을 강조하는 개신교의 사상 및 신학 사조로서 종교개혁을 통해 체계화되어 당시 개신교 주류 신학으로 자리 잡았다.

『시골 친구에게 보내는 편지』

◆

논쟁 중에, 파스칼은 아르노 가문에 초빙되어 얀센주의 조직을 도와달라는 부탁을 받았습니다. 파스칼은 자신이 쓴 『시골 친구에게 보내는 편지』라는 책으로 얀센주의를 옹호했습니다. 서한은 루이 데 몽탈이란 사람이 시골에 사는 친구에게 파리에서 벌어지고 있는 종교 사태의 상황을 전달하는 내용이 대부분입니다. 풍자 비판의 걸작으로 여겨지는 이 편지를 통해 파스칼은 예수회에 이루 말할 수 없는 상처를 입혔습니다. 때로는 기술적으로 불공정해 보이지만, 결국 논쟁적인 작가들이 저마다 사용하는 방법으로 파스칼은 예수회 저자들의 학설을 공격했습니다. 예수회 저자들은 종교적 교리(은총의 문제)나 도덕적 결의법決疑法 (양심의 문제와 정의를 명백하게 위반한 행위를 변호해야 하는 문제가 딜레마에 빠졌을 때 이를 해결하는 학문) 에 관한 글을 썼습니다. 17세기에 맹위를 떨친 길고도 격렬한 논쟁에서 『시골 친구에게 보내는 편지』의 출간은 하나의 사건이었지만, 예수회에서는 얀센주의자들을 이단으로 낙인찍는 데 성공했고 가까스로 포르루아얄 수도원을 정리할 수 있었습니다. 하지만 옳든 그르든(그리고 반대자들은 화해할 수 없겠지만), 파스칼은 적어도 프랑스에서 예수회에 결코 온전히 회복할 수 없는 매서운 일격을 가한 셈이었지요.

『팡세』

그렇지만 『시골 친구에게 보내는 편지』는 『팡세』와 비교해보면 어떤 의미에서 단명한 문헌이었지요. 『팡세』를 통해 우리는 파스칼이 가지고 있던 종교관의 총체와 실체를 알 수 있고 더 나아가 프랑스 문학 양식의 걸작 가운데 하나를 맛볼 수 있습니다. 파스칼은 기독교를 옹호할 요량으로 종교에 관한 작품을 오랫동안 계획했습니다. 이 작업은 산발적이고 단편적인 메모 수준에 머물러 있어서 전체 작업의 뚜렷한 계획을 추론하기가 어렵습니다. 그러나 살펴볼 수 있는 것만으로도 깊이 사색할 가치가 있습니다.

기질적으로 파스칼은 염세주의자였고 그래서 얀센주의자들의 아우구스티누스적인 결정론과 인간의 죄와 은총의 필요성에 대한 생각에 훨씬 쉽게 동조했던 것입니다. 그는 미지의 것과 사후 세계의 문제를 다룰 때 무능한 인간 이성을 더 이상 신뢰하지 않았습니다. 파스칼은 몽테뉴가 던지는 농담조의 회의론에 신물이 났습니다. 그런 회의론으로는 결론이 확실하지도 않은 데다 논리적으로 답을 내기도 매우 어렵다는 것을 깨달았지요. 이러한 깨달음을 통해 그는 막다른 골목에서 빠져나오는 유일한 출구가 있을 거라고 생각하게 됩니다. 그것은 바로 이성이 내린 모든 결론과 도움을 거부하고 신의 품 안에 스스로를 맹목적으로 던지는 것, 그러니까 신앙과 자신에게 내려진 은총의 영향을 받아들이는 상징적 행위였습니다. 이런 이유 때문에 파스칼에게는 회의주의자·신비주의자·신앙지상주의자라는 다양한 명칭이 붙었던 것이고, 더 나아가 그의 종교적 감정을 병적 환각이라거나 다른 세계를 깊이 들여다보는 또 다른 통찰력이라고도 표현했던 것입니다.

『팡세』라는 조각글의 밑에 깔려 있는 사상은 인간의 절망, 자기 자신의 나약함과 무능함입니다. 하지만 이러한 절망에 맞서 싸우는 인간 자신의 본성 안에는 뭔가가 있습니다. 이 모든 것이 겉으로 드러나는 것처럼 그렇게 나쁘지만은 않다는 확신이 우리에게는 있습니다. 기독교라는 종교의 진리를 받아들이면 우리의 고난에는 원인이 있고 인간의 원초적이고 근원적인 죄를 사할 수도 있다는 위안을 얻게 됩니다. 적어도 우리의 조건을 이해할 수 있습니다. 그렇게 되면 어떤 의미에서 인간으로부터 시작해서 기독교와 신 자체까지도 증명하게 될 것입니다.

『팡세』의 상태가 단편적이다 보니 독자들은 이런 논증의 정황을 이해하기가 어렵습니다. 독자들은 단편적인 생각들을 있는 그대로 받아들이는 편이 이롭다는 걸 알게 될 것이고 상상력과 진정한 시어를 통해 온전한 만족을 얻게 될 것입니다. 언어에는 서정적인 영감이 스며들어 있고 시인은 시공간적으로 방대한 심연을, 무한히 광대하고 무한히 작은 것을 들여다보는 사상가입니다. 그는 이런 것들을 관조함으로써 공포스럽지만 자신을 확신하는 감정으로 되돌아옵니다. 비록 인간은 잔인한 외적 자연의 희생물에 불과하고 세찬 바람 앞에 꺾이는 연약한 갈대에 불과하지만, 이 모든 것 위로 인간을 끌어올려주는 단 한 가지는 인간은 생각하는 갈대라는 자각입니다. 이 저작은 신에 대한 막연한 사랑으로 가득합니다. 결국 파스칼은 수학적인 두뇌를 지녔지만, 기하학적 증명이 아니라 감정을 장악하는 방법을 통해서 이성을 확신하게 되었던 것입니다. 파스칼은 자신의 철학적 맞수 데카르트가 위대한 이성주의자였던 것처럼 프랑스 고전주의 시대의 직관주의자였습니다.

파스칼이 프랑스 사상에 끼친 영향은 엄청납니다. 당대에 그는 장 루이 발자크●처럼 스스로 라틴주의자라고 의식하는 사람들이 어색하게 꾸며대는 수사로부터 프랑스의 산문과 내용을 해방시키는 데 일조했습니다. 또한 그는 당대의 식자층이 스토아적 자기절제라는 희생 없이도 고상함이라는 새로운 감정을 얻게 하는 데 도움을 주었지요. 그는 민족주의라는 옹졸한 사고에 빠져 있던 작가들에게 이 작은 지구를 포용하는 끝없이 광대한 시각을 제공했습니다. 그는 당시의 프랑스 산문을 더욱 명징하게 만들어 영혼의 거울이 되도록 했습니다. 그리고 그는 이 모든 것들을, 우리가 산만한 단편으로만 접할 수 있는 작품을 통해, 덧없이 짧고 육체적인 고통을 겪었던 비극적 삶을 통해, 초인적인 정신적 고통과 지적인 활력을 통해, 수 세기 동안 한 명이 나올까 말까 하는 천재의 삶을 통해 이루어냈던 것입니다.

● 프랑스의 작가로 아카데미 프랑세즈의 창립 회원 가운데 한 사람.

찰스 헨리 콘래드 라이트

Charles Henry Conrad Wright(1869~1957)

하버드대학교 불문학 담당 교수였다. 주요 저서로 『프랑스 문학사』, 『프랑스 제3공화국의 역사』 등이 있다.

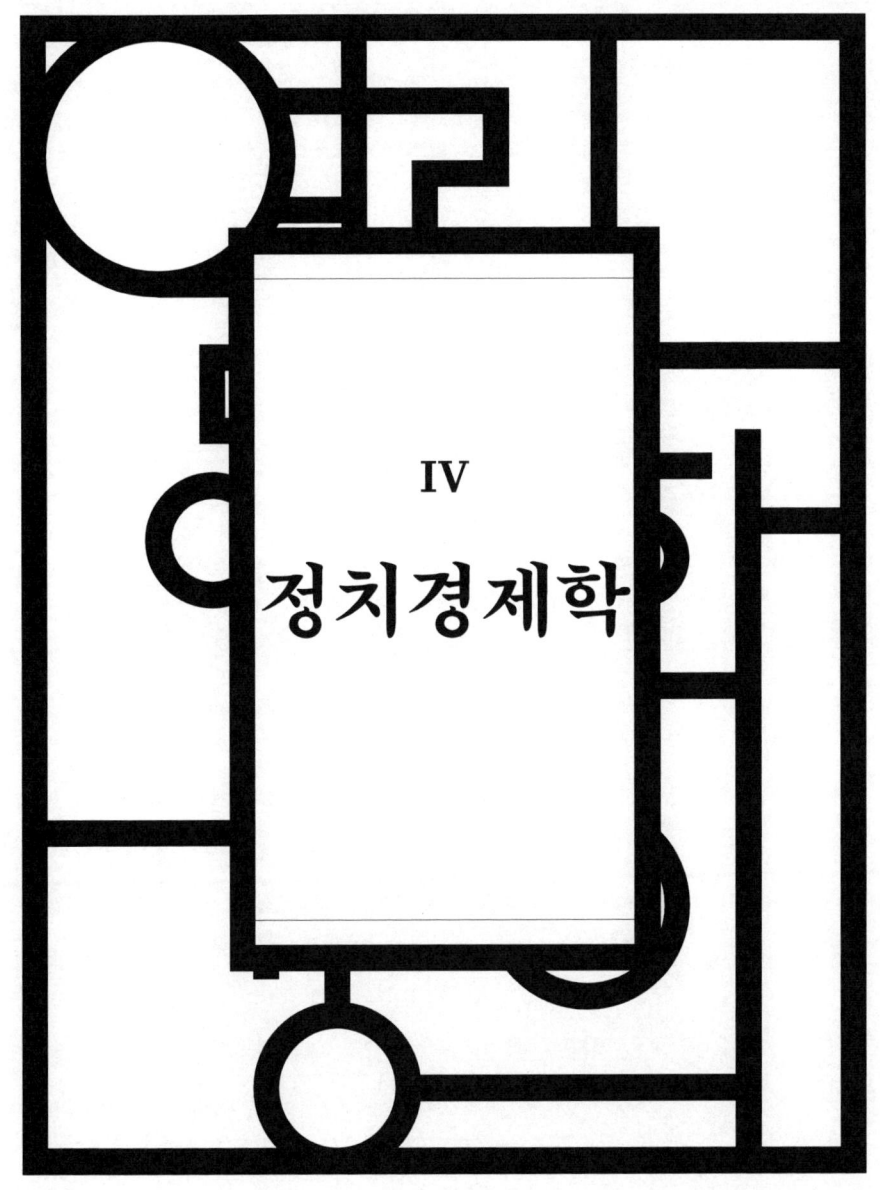

IV
정치경제학

들어가는 말
◇
인간과 자연, 인간과 인간, 같은 인간이 가진 서로 다른 이해관계 사이의 투쟁

◆

경제학이란 용어는 원래 그리스인이 사용했던 말인데, 가정 관리술, 즉 가정을 지혜롭게 관리하는 원리를 의미했습니다. 이 주제를 다룬 크세노폰의 글은 단출한 농촌 가정을 관리하는 방법을 기술하고 있어서 수입과 지출, 사업과 가정생활의 문제를 칼로 무 자르듯이 구분하고 있지 않습니다. 근대에 들어와, 특히 도시 생활이 시작되면서 수입의 원천이 되는 사업과 수입이 지출되는 가정이 아주 분명하게 나뉘면서 과거처럼 하나가 아닌 두 분야가 생기게 된 것이지요. 그중 한 분야를 우리는 경영경제학이나 경영관리 혹은 경영학이라고 부릅니다. 또 다른 분야는 가정경제학이나 가정경제 분석학, 가정관리, 가정학이라고 명명합니다. 이 두 분야가 너무 분명하게 나뉘어 있어서 상관이 없어 보이는 이유는 우리가 자급자족하는 농촌 가정의 단순한 조건으로부터 멀리 떨어져 있고 경제와 삶이 철저하게 분리된 탓입니다.

● 고대 그리스의 직업 군인이자 저술가이며, 소크라테스와 동시대를 살았고 그를 찬양하였다. 기원전 4세기 무렵의 역사와 소크라테스의 말, 고대 그리스의 생활사에 대한 기록을 남긴 것으로 유명하다.

크세노폰은 아테네의 세입에 대해서도 글을 썼습니다. 이 글이 공공 재정 일반을 다루고 있다고는 할 수 없지만, 적어도 이 글을 통해 크세노폰이 공적 살림살이라고 부르기도 애매한 이 분야에 어느 정도 관심을 가지고 있었다고 짐작할 수는 있습니다. 기업체처럼 모든 정부는 정부의 관리를 받는 사람들과는 달리 나름의 책임이 있지요. 도시나 국가든 혹은 더 작은 통치 단위이든, 정부는 개인의 살림살이처럼 세입과 지출이란 문제를 해결해야 합니다. 시간이 지나면서, 학자들은 경제학이란 용어를 사적 경제에 속하는 문제보다는 공공 재정이라는 문제에 주로 적용했습니다. 군주제에서는 세입이 왕의 가족에게 제공되어 왕의 가족을 부양하기 위해 지출되기 때문에 어쩌면 사적 경제의 성격에 아주 가까울 수도 있고 주 세입원 역시 왕의 사유지였습니다. 한편 공공경제학에서는 주 수입원이 조세이며 왕은 다른 공직자처럼 금전적 지원을 받게 되어 있는 공직자로 여겨질 뿐입니다.

공공경제학의 초기 개념

◆

중세와 근대 초기에, 경제학의 주된 관심사는 사적 영역에서 공적 영역으로 이동했고 이후로도 공적 세입과 지출의 문제, 그러니까 이제는 공공 재정이라고 불러야 하는 문제에 집중되어 있었습니다. 이 분야의 중요한 담당자는 왕족의 살림살이와 왕의 건축 사업, 군사 정책을 위해 세입을 끌어올려야 하는 임무를 담당한 재정 관리였지요. 왕이 거두어들이는 세입의 양은 민중이 가진 부에 의해 엄밀하게 제한된다는 점이 곧 명확해졌습니다. 더 많은 세입을 충당하려면, 민중이 더 부유해져서 더 무거운 세금을 감당할 수 있어야 하지요. 이때 이후로 연구자들이 국가의 번영이란 문제에 점점 더 관심을 기울이면서, 결국 공적 세입과 지출의 문제는 주 관심사에서 완전히 뒤로 밀리게 됩니다. 즉 근대적인 정책에서는 세금과 여러 형태의 공적 세입을 더 많이 거두어들일 목적으로 국가를 번영시키려 하지 않습니다. 그 대신, 저마다의 이익을 위해 보편적 번영을 도모하고 어디까지나 보편적 복지를 증진시키는 데 필요한 한에서만 정부의 세입을 올리지요.

중상주의자와 중농주의자

◆

학자들이 보편적 경제 번영에 관심의 초점을 맞추기 시작했을 때조차, 번영의 문제를 바라보는 폭넓은 견해를 발전시키는 데는 어느 정도 시간이 필요했습니다. 중상주의자들은 교역, 특히 외국과의 교역을 번영과 동일시할 정도로 강조했습니다. 예컨대 이 학자들은 값싼 노동력을 가진 나라가 국제 교역에서 경쟁국과 경쟁할 수 있다는 점에서, 값싼 노동력의 풍부한 공급이 국제 교역의 발전을 이끈 한 가지 요인이었다고 지적해왔습니다. 이런 발상은 값싼 노동력을 공급할 수 있는 노동자들을 번영시키려는 의도에서 나온 게 아니었지요. 실제로 중농주의자들은 생산비에 덧붙는 잉여를 산출하는 산업으로서 농업이 지닌 중요성을 강조했습니다.

이들 두 학파 모두 공공의 번영이 곧 개인의 번영이라고 가정하는 실수를 저질렀습니다. 사적인 기업 행위에서는 사들인 것보다 더 많이 팔거나 지출한 돈보다 더 많은 돈을 거둬들이면 번창합니다. 중상주의자들은 국가도 대체로 똑같다고 가정했습니다. 누군가에게 이윤으로 남는 것은 다른 누군가에게는 비용이 될 수도 있다는 사실을 간과한 채 말이지요. 또한 사적 기업 행위에서는 비용보다 생산이 더 클 때 수지가 맞는다고 할 수 있지요. 농업에서는 토지 소작료라는 것이 있는데, 이것은 엄밀하게 말하면 비용이 아니라 소유자에게 돌아가는 잉여 수입입니다. 이러한 잉여 수입은 생산 비용에 덧붙여지는 생산물의 잉여 가치입니다. 당시의 수공업은 소작료가 거의 나오지 않았기 때문에 나라 전체에 수익이 나는 산업이 아니라고 중농주의자들은 생각했습니다. 따라서 가장 큰 번영을 가져다주는 것은 주로 잉여, 즉 소작료가 발생하는 농업이라고 생각했던 것입니다. 중상주의자들처럼 이들도 이러한 잉여가 적어도 부분적으로는 농장 노동자들의 빈곤에서 생긴 것일 수 있다는 사실을 간과하고 있었습니다. 효율성을 따졌을 때, 농부들이 더 싼값에 노동하고 곡물 생산 비용이 더 낮아질수록 토지 소작료는 높아집니다.

애덤 스미스의 획기적인 저작『국부론』이 세상에 나오고 나서야 학자들은 국가의 부라는 문제를 폭넓게 바라보기 시작했습니다. 당시에는 생산과 교환에 관심의 초점을 맞춘 학자들은 많았지만 분배 문제에 관심을 기울이는 사람들은 거의 없었습니다.

재산의 의미

경제학은 확실히 국가의 번영이란 문제에 관심을 기울여야 하기 때문에, 경제학 관련 문헌을 공부하기에 앞서 이 분과에서 가장 중요한 개념을 명확하게 이해하는 일이 중요합니다. 가장 중요한 개념은 재산인데, 이 말은 두 가지로 구분되지만 밀접하게 연관된 의미를 지닌 용어입니다. 첫째, 이 말은 그 의미가 영국인이 사용하는 복지라는 용어와 크게 다르지 않으면서 그 말에서 유래된 행복한 상태를 지칭합니다. 두 번째이자 훨씬 통상적인 의미에서, 재산이란 어떤 물품의 범주에 붙이는 집합적인 명칭입니다. 물품이란 욕망을 충족시켜주는 수단이지만 모든 물품이 재산이 되지는 않지요. 아주 특수하고 실용적인 의미에서 욕망의 충족을 좌우하는 소수의 물품만이 재산입니다. 사람들은 공기, 햇빛 그리고 재산이 안 되는 수많은 사물을 욕망합니다. 하지만 만일 사람들이 어떤 사물을 욕망할 뿐 아니라 가지고 있는 것 이상으로, 혹은 한 번에 가질 수 있는 것 이상으로 욕망한다면 그런 사물은 재산이 됩니다. 사람들이 만족을 느끼는 상태는 정확하게 그 사물이 많고 적음에 따라 영향을 받습니다. 많으면 많을수록 만족은 더 커지고 적으면 적을수록 만족은 더 적어집니다. 우리는 공기 없이는 절대로 살 수 없지만, 통상적으로 공기를 더 가지려고 욕망하지는 않습니다. 모두에게 돌아가고도 모든 사람을 만족시키기에 충분하니까요. 공기의 양이 좀 적어지더라도 우리는 차이를 느낄 수 없습니다. 그런데 만일 어떤 시간과 장소에서 특수한 상황이 벌어져 모든 사람에게 돌아갈 만큼의 공기가 부족해진다면, 사람들은 가지고 있는 것보다 더 많이 욕망할 테고 그러면 공기도 재산이 되겠지요.

또한 직접적이고 실용적인 의미에서 재산은 잠정적으로 복지나 행복을 좌우하는 물품의 이름으로 정의될 수도 있습니다. 우리의 복지가 특정 종류의 사물을 더 갖게 되면 증가하고 덜 갖게 되면 줄어들 경우, 그러한 사물은 재산이 됩니다. 그런 사물은 의식적이고 적극적으로 인간이 욕망하는 대상이 되어 인간이 의식적이고 적극적으로 얻으려 노력하는 대상이 됩니다. 먹을 것이 풍성해지면 복지가 증진되고 빈약해지면 복지도 줄어듭니다. 식량은 재산이라고 말할 수 있으니까요. 폭넓게 말하면, 어떤 시간과 장소에서 이러한 공식을 적용할 수 있는 모든 것은 곧 재산이 됩니다. 이 공식이 적용될 수 없는 것은 그 어떤 것도 재산이 될 수 없습니다.

이렇게 말하려면 한 가지 조건이 필요한데, 즉 인간은 복지나 행복을 좌우하는 것이 무엇인지 모를 수도 있다는 것입니다. 사람들은 자신들의 행복을 좌우한다고 생각하는 것을 재산으로 간주할 것입니다. 다시 말해, 사람들이 어떤 사물을 욕망하고, 현재 가지고 있는 것 이상으로 욕망한다면, 이는 바로 자신들의 복지나 만족의 상태가 어떤 사물을 더 많이 가질수록 증가한다는 징표입니다. 사람들이 더 많이 원하고 그 사물을 만들거나 구매해서라도 손에 넣으려 애쓴다는 사실은 그 사물을 재산이나 행복의 수단으로 간주한다는 뜻입니다. 그래서 심심찮게도, 어떤 연구자는 재산이라는 범주에 무용할 뿐 아니라 유해하고 부도덕한 물건, 가령 아편과 담배, 알코올과 같은 나쁜 욕구를 충족시켜주는 수단도 억지로 포함시키곤 하지요. 이러한 조건을 충분히 축적하면, 어쩌면 사람들은 재산이란 말과 행복을 분리시키는 쪽을 택해서 그 말을 욕망을 충족시키는 데 희소성이 있는 수단으로 정의할 것입니다.

　이러한 정의들은 유통되는 어떤 것, 즉 교환 가치나 교환 능력을 지닌 모든 상품에 붙는 집합적인 명칭이 재산이라는 또 다른 정의와 완벽하게 일치한다는 사실이 밝혀질 것입니다. 욕망의 대상이 되면서 희소성이 있는 사물만이 교환 가치를 갖게 되기 때문이지요. 사실 그것들은 희소성이 있으면서도 누구나 더 갖고 싶어 하기 때문에 사고팔리면서 평가받게 됩니다.

경제=절약의 의미

◆

　재산 개념에 빠지지 않고 따라오는 희소성 개념은 경제학이란 학문의 또 다른 근본 개념인 경제의 의미를 제시합니다. 소량만으로 큰 효과를 내거나 욕망 중에서도 더 중요한 욕망을 선택하여 만족시킬 수 있도록, 중요도가 떨어지는 욕망을 희생하면서 목적에 수단을 맞추는 것입니다. 이러한 선택을 우리가 강요받는 것은 희소성 때문입니다. 희소성이 없다면 이런 선택을 할 필요가 없지요. 모든 것이 차고 넘치면 아무런 희생도 없이 욕망을 만족시킬 수 있습니다. 희소성이 있는 사물을 활용해야 하기 때문에 절약해야 하는 것입니다. 최대의 만족이나 행복을 위해서라면 희소하기 때문에 절약해야 하는 사물은 재산의 또 다른 명칭인 경제재經濟財●와 같습니다. 이것들은 각각의 유용성에 따라 값이 매겨지고 평가되고 서로 비교되어, 제한적으로 공급되더라도 인간의 욕망을 최대한 충족시킬 수 있고 작은 욕망보다는 큰 욕망을 만족시킬 수 있어야 합니다.

희소한 재화를 절약한다는 것은 생산과 교환과 같은 두드러진 사실과 분리해서 생각할 수 없습니다. 우리가 절약해야 하는 사물은 뭔가 다른 이유에서가 아니라 아주 직접적이고 실질적인 의미에서 존중되고 평가됩니다. 우리가 어떤 사물을 욕망하고 우리가 가진 것보다 더 많이 욕망한다면, 우리는 구매를 하든 생산을 하든 더 많이 얻으려 노력할 것이고 더 나아가 더 많이 갖고 싶다고 더 강렬하게 욕망할수록 정해진 단위보다 더 많이 쳐주거나 더 많이 생산하려고 열심히 노력할 것입니다. 이러한 평가 과정을 통해 그러한 사물은 희소성에 비례해서, 아니 오히려 더 많이 갖고 싶다는 우리의 욕망에 비례해서 교환 능력을 갖게 됩니다. 또한 사회 생산력의 방향을 결정할 것입니다. 특정 개인 스스로가 더 많이 갖고자 욕망하든 안 하든, 공동체 어딘가에 더 많이 갖고자 하는 욕망이 있다면, 마찬가지로 그 사물은 교환 과정에서 높은 지위나 가치를 갖게 되고 그러한 가치는 개인이 그 사물 자체를 욕망하기만 해도 그 사물을 생산하도록 효과적으로 유도할 것입니다.

가변비례의 법칙

● 인간의 욕망을 충족시키면서 동시에 존재량이 한정되어 있어 점유나 매매의 대상이 되는 재화를 의미. 무한히 존재하는 물이나 공기 등은 인간의 경제 행위에서 대상이 되지 않아 자유재自由財라고 한다.

◆

한편, 생산 과정에는 새로운 경제 활동이 요구됩니다. 생산 수단은 어떤 의미에서는 희소하고 어떤 의미에서는 풍부하기 때문입니다. 결국 모든 산업에서는 재료가 한 장소에서 다른 곳으로 이동합니다. 영사기나 기계장치로서의 눈으로 볼 수 있는 것들은 이것이 다지요. 하지만 정신은 재료의 이동 과정 뒤에 숨어 있는 계획과 목적, 법칙을 봅니다. 과학적 관찰을 통해 얻어낸 위대한 법칙 가운데 하나는 이 모든 재료가 정확한 비율로 결합되기 위해서 이동한다는 것입니다. 물론 이 모든 이면에는 목적이 있지만, 관찰된 사실에 따르면 모든 산업의 목적은 재료가 정확한 비율로 결합됨으로써 수행된다는 것이지요. 눈에 보이는 이 모든 재료의 이동은 비례성의 법칙에 지배를 받지요. 생산자의 기술이란 첫째, 재료를 결합시킬 때 정확한 비율을 아는 능력이고, 둘째는 이 모두를 종합하는 능력으로 이루어집니다.

비례의 법칙은 화학 실험에서 사막의 관개 사업에 이르기까지, 스튜디오에서 이루어지는 화가의 작업으로부터 들에서 이루어지는 농부의 작업에 이르기까지 모든 곳에 적용됩니다. 화학자는 화학 원소가 정확한 수학적 비율로 결합되어야만 하는 상황에서 정확한 비율의 법칙에 따라서 작업합니다. 반면에 대부분의 생산 작업은 가변비례의 법칙에 따라 이루어집니다. 예컨대 어떤 땅에 물을 끌어들였을 때, 곡식 재배에 사용할 수 있는 물의 양은 가변적입니다. 다시 말해, 물의 양이 정확하게 공급돼야지 안 그러면 아무런 수확도 없다거나, 어느 쪽으로든 미세한 변화가 생기면 작물을 완전히 망칠 수도 있다고는 말할 수 없는 것이지요. 꽤 넓은 수량의 범위 안에서 작물은 성장할 수 있고, 이러한 범위 안에서도 공급되는 물의 양에 따라 정확하진 않아도 수확량은 다소 다를 수 있습니다.

가변비례의 법칙이 유지되는 곳에서는 어디든지, 즉 정비례의 법칙이 유지되지 않는 곳에서는 생산에 필수적인 요인 가운데 어느 하나라도 변화하면 생산량이 변화할 수 있습니다. 하지만 생산량이 단 하나의 요인이 변화할 때마다 정확한 비율로 변화하는 것은 아닙니다. 땅에다 물의 양을 10분의 1을 추가한다고 해서 작황이 정확하게 10분의 1이 늘어나는 경우는 거의 없습니다. 증산에 영향을 미치는 요소인 비료나 수확의 규모를 결정하는 요소인 경작 노동에 대해서도 똑같이 말할 수 있습니다. 더욱이 이 모든 것은 어떤 생산 시설, 그러니까 공장과 그것에 결합되는 생산 요인에 대해서도 적용될 수 있지요.

어떤 생산 시설에서, 그것이 상점, 농장, 공장이든 아니면 운송 체계든, 생산 요소를 결합하는 작업에는 화학 원소를 결합하는 화학자의 작업에 비견되는 일정 정도의 지식과 주의가 필요합니다. 앞에서 언급했듯이, 화학자는 정비례 법칙 때문에 수학적으로 엄밀하고 정확한 공식에 따라야 하지만 말입니다.

가변비례의 법칙은 간결하게 설명하기 어렵지만 다음의 공식을 이용하면 이 법칙의 의미와 중요성에 대해 상당히 정확한 개념을 얻을 수 있습니다. 세 개의 요소 x, y, z가 희망 생산량 p를 얻는 데 필수적이라고 가정해봅시다.

가령 10x+20y+30z에서 100p를 생산할 수 있는데, 11x+20y+30z에서 가능한 생산량이 (1) 110p 이상, (2) 110p, (3) 110p 이하 100p 이상, (4) 100p, (5) 100p 이하라고 가정해보지요.

실험을 통해서 한 단위의 x를 추가해보니 (1) 110p 이상 혹은 (2) 110p가 나온다고 밝혀졌다면, 이것은 다른 요인들 y와 z에 대한 x의 비율이 너무 낮다는 뜻입니다. x의 단위를 추가하면 생산량이 이처럼 크게 증가하므로, y와 z를 증가시키는 것과 비교해서 x를 증가시키고 싶어 할 것이 분명한데, 이 조합에서 x가 너무 줄어들면, y와 z가 너무 늘어나야 하기 때문이지요. 하지만 만일 한 단위의 x를 추가했는데 (4) 100p가 (즉 증가분이 전혀 없는 것으로) 나왔거나 (5) 100p 이하가 (즉 이전에 생산된 것보다 적은 것으로) 나왔다면 다른 요인들에 대한 x의 비율이 확실히 너무 높은 것입니다. 결과적으로, y와 z에 비해 x를 증가시킬 필요가 없어지는데, 이 조합에서 x가 너무 많이 증가하면 y와 z가 너무 적어지기 때문입니다. 그러나 만일 x를 증가시키니까 그에 상응해서 다섯 단위의 생산이 증가했다면 이 요소들은 적절한 비례에 가까워지는 셈이 되지요. 한 단위씩 x를 증가시키는 것이 더 좋은지 여부는 x의 비용과 증가된 생산의 가치에 달려 있을 것입니다. x를 증가시켜서 다섯 단위의 생산을 증가시켰다고 가정해봅시다(105p). 한 단위의 x는 다섯 단위의 p보다 비용이 적게 든다면, x요소를 10에서 11로 증가시키는 게 이익입니다. 그렇지 않으면 이익이 없겠지요.

물론 이 공식과 공식에서 따라 나오는 모든 것이 y나 z에 대해서도 되풀이될 수 있어서, x와 마찬가지로 y나 z도 가변요소로 간주될 수 있습니다. x, y, z는 산업계 전반에서 노동과 토지, 자본을 나타낼 수 있고 어떤 산업에서는 다른 노동단위를 나타낼 수 있으며, 토양에서는 질소, 칼륨 그리고 인을 나타낼 수도 있습니다. 생산량을 얻기 위해 결합되는 곳에서는 어디에서든 어떤 요소로도 나타날 수 있습니다. 본질적으로 기억해야 할 것은 어떤 조합에서든 가장 희소한 요소가 제한 요소이고, 생산량은 다른 요소보다 희소 요인에 의해 더 직접적으로 변동한다는 것입니다. 생산에서의 변화는 풍부한 요소보다 희소한 요소의 변화에 민감하게 따라가므로, 희소 요소가 가장 높은 생산성을 갖는다고 말한다 해도 틀리지 않습니다. 이 용어들을 정확하게 사용하든 그렇지 않든, 희소 요소가 가장 높게 평가되고, 가장 높은 가격에 팔릴 것이며, 가장 신중하게 절약해서 사용된다는 점은 의심의 여지가 없습니다. 이 공식과 그에 따르는 논점을 이해하면 수요 공급 법칙의 근거가 되는 생산성의 의미를 구체적으로 파악하는 데 도움이 됩니다.

인간과 인간 사이의 이윤 투쟁

◆

유용성과 희소성만이 어떤 사물에 가치를 부여하는 요소입니다. 유용성이 직접적이든 간접적이든 필요를 충족시켜주는 능력으로 이루어지고, 즉 그것이 소비 품목인지 혹은 생산 요소인지가 이제는 매우 분명해집니다. 희소성이란 요소 때문에 경제의 필요성이 생긴다는 것도 분명합니다. 도덕적·사회적 문제 대부분이 생겨나는 이윤 투쟁의 원천이 이처럼 분명하지는 않지만, 다음과 같은 생각들은 이 문제를 진실하게 밝혀줄 것입니다. 희소성이란 사실상 자연이 자연스럽게 채워주지 못하는 욕구를 인간이 가지고 있다는 뜻입니다. 한편 이것은 인간과 자연 사이의 조화가 부족하다는 뜻이고, 그래서 산업화된 생산의 목적은 조화를 회복하는 것이지요.

희소성이라는 형태로 나타나는 인간과 자연의 불화 때문에 인간과 인간 사이에서도 불화가 발생합니다. 희소성이 있는 곳에서는 두 사람이 똑같은 것을 원하게 됩니다. 그리고 두 사람이 똑같은 것을 원하는 곳에서는 이익이나 이해관계를 둘러싼 대립이 발생하지요. 사람과 사람 사이에 대립이 발생하면 옳은 문제든 틀린 문제든, 정의로운 문제든 정의롭지 않은 문제든, 해결을 해야 합니다. 그리고 이런 문제들은 다른 조건하에서는 발생할 수 없습니다. 다시 말해, 이익 내지 이해관계의 대립은 도덕 문제를 발생시키기 때문에 사회학과 도덕철학에서도 가장 근본적인 사실로 다루고 있습니다.

그렇다고 해서 인간과 자연 사이에서처럼, 인간과 인간 사이에 조화로운 면도 많다는 사실을 간과하지는 맙시다. 모든 인간의 이해관계가 조화를 이루지만 그로 인해 아무런 문제도 생기지 않아서 걱정할 필요가 없는 경우도 많을 수 있습니다. 이미 지적했듯이, 인간과 자연이 완벽한 조화를 이루는 경우는 많습니다. 예컨대 자연이 우리의 욕구를 모두 충족시킬 만큼 아주 충분하게 제공하는 것도 있고, 이런 경우에는 아무런 문제도 생기지 않습니다. 이런 비경제재에 대해서 우리는 습관적으로 무관심하거나 냉담합니다. 인간과 자연 사이의 관계가 완벽한데, 우리가 왜 걱정을 하겠습니까? 그러나 산업계 전체는 관계가 불완전한 곳에서 관계를 증진시키려고 힘을 쏟고 있습니다. 사람과 사람 사이의 관계도 마찬가지로, 관계가 완벽하다면, 즉 이해관계가 하나같이 조화를 이룬다면 우리가 왜 걱정을 해야 할까요? 사실은 그렇지 않지요. 관계가 불완전하니까, 이해관계가 충돌하고 문제가 끊임없이 발생하니까, 우리가 원하든 원치 않든 관심을 기울일 수밖에 없는 것입니다. 사실 우리는 다양한 방법으로 관심을 기울입니다. 수없이 논쟁을 벌인 후 우리는 도덕철학의 체계와 정의론을 만들어냅니다. 논쟁의 와중에서 우리는 법정을 세워 이 이론 가운데 일부를 실제로 분쟁을 해결하는 데 적용합니다. 우리는 모두 사람들이 원하는 만큼 물건이 충분하지 않다는 희소성이라는 최초의 사실로부터 발생하여 다양하게 충돌하는 이해관계를 적절하게 조정하는 방안을 끊임없이 이야기하고 토론합니다.

 이 모든 불화 이면에는 인간들의 이해관계가 저 깊은 밑바닥에서 조화를 이루고 있다는 심오한 믿음이 있습니다. 하지만 인간과 자연 사이의 조화처럼 이러한 믿음에는 확실한 증거가 없습니다. 그것은 철학적 추측이나 신념에 의존합니다. 무정부 상태, 즉 자기 좋을 대로 하거나 그럴 수가 없어도 그렇게 하려는 상태보다는, 모든 분쟁을 정확하고 현명하게 조정하는 공정한 정부가 존재하는 편이 대부분의 사람들(가장 강한 사람들에게도)에게 길게 봤을 때 더 이익이 된다는 것은 의심의 여지 없이 옳은 말이지요. 이런 논리는 약자는 물론 강자도 마찬가지로 공정한 정부를 유지하는 데 관심이 있다는 점에서 이해관계의 조화를 의미하는 것처럼 해석될 여지가 있습니다. 이러한 주장은 매우 역설적입니다만, 말 그대로 풀이했을 때, 이해관계란 너무 대립적이어서 그것을 제지하는 정부가 없으면 충돌이 다양하게 격화되면서 사회적 에너지가 낭비되어 결국 모든 사람이 고통을 받을 수 있습니다. 이 주장은 정부의 필요성을 역설하기에는 더할 나위없는 논리지요. 하지만 인간의 이해관계가 보편적으로 조화를 이뤄야 한다는 입장에서는 가장 빈약한 논리입니다.

 그래서 근본적으로 우리가 떠맡을 실질적인 문제는 단 두 가지입니다. 하나는 산업의 문제이고, 다른 하나는 도덕의 문제입니다. 하나는 인간과 자연 사이의 관계 증진과 관련이 있고, 다른 하나는 인간과 인간 사이의 관계 증진과 관련됩니다. 하지만 이 두 가지 근본 문제는 뗄 수 없이 너무 뒤엉켜 있는 데다 무한히 변화하는 요소를 다뤄야 하기에 2차, 3차로 발생하는 문제가 훨씬 더 많습니다.

인간과 자연의 투쟁

◆

그런데 인간과 인간 사이의 투쟁에서 벗어난 자연과의 투쟁은 어디에서 발생할까요? 이런 투쟁에는 어찌 됐든 인간도 책임이 있을까요, 아니면 전적으로 거칠고 야박한 자연 때문일까요? 물론 자연이 베푸는 넉넉함은 환경에 따라 다릅니다. 하지만 어떤 환경에서든 두 가지 조건이 있는데, 하나는 인간 욕망의 무한한 확장이고 다른 하나는 개체수의 증가입니다. 인간은 어느 정도 그 두 조건에 책임이 있고 둘 중 어느 하나 때문에 경제적 희소성이 발생합니다.

그 유명한 인간 욕구의 팽창력은 계속 인간의 욕구를 채워주는 자연의 힘을 넘어서면서, 모든 시대와 장소에서 도덕론자들의 관심을 끌어왔습니다. "재산이 더하면 먹는 자도 더하나니 그 소유주가 눈으로 보는 외에 무엇이 유익하랴."(『성서』「전도서」5장 11절) 이것이 「전도서」의 저자가 바라보는 관점입니다. 이와 같은 삶의 방식은 분명히 자연과의 조화로부터 떨어져나간 인간에게 스토아 철학자들의 원리, 즉 "자연에 따라서 살라"는 원리를 강조했던 것입니다. 자연에 따라서 살라는 것은 무엇보다도 너무 강제하지 않고도 자연이 줄 수 있는 만큼의 한계 내에서 욕망을 조절하라는 의미입니다. 인생에서 가장 좋은 것은 아무런 희생도 없는 것이고, 가장 덧없는 쾌락은 가장 사치스러운 것임을 이해하면 스토아 철학에서도 경제적 지혜를 상당히 찾아볼 수 있습니다. 열반을 추구하는 경건한 부처의 후예들은 진정한 핵심, 즉 자연이 만족시킬 수 있는 힘 이상으로 욕망이 팽창되면 인간은 어쩔 수 없이 자연과의 조화에서 벗어나 영혼을 파괴하는 투쟁에 빠져든다는 점을 간과한 채, 욕망 자체를 악의 근원으로 보아 모든 욕망을 끊어버리고 해탈을 추구합니다.

인간과 자연의 투쟁이 악의 근원이란 견해로부터 사회적 행동과 관련해서 상당히 다른 두 가지 실천적인 결론이 나옵니다. 만일 자연은 은혜를 베푸는데 인간이 잘못을 저지른다고 가정하면, 욕망은 억제되어 자연과 조화를 이루어야 한다는 결론에 도달하는데, 이는 본질적이지는 않지만 스토아주의와 상당히 가깝습니다. 하지만 반대로 인간의 본성이 건전하다고 가정하면 유일한 실질적 결론은 외부의 자연을 인간의 욕망과 조화를 이루도록 조절해서 인간이 더 많은 만족을 얻도록 해야 한다는 것입니다. 이런 결론은 부와 사치를 게걸스럽게 추구했던 근대적 산업정신의 이론입니다.

개인의 욕망이 전혀 확장되지 않더라도, 어떤 지역에서 개체수가 계속 증가하면 조만간 희소성이 생겨서 자연과의 투쟁이, 그리고 급기야 인간 상호간의 투쟁이 발생한다는 점은 아주 명백합니다. 시간이 허락하는 한 인구수는 정상적으로 무한히 증가할 수 있다는 점을, 이 주제에 대해 최소한의 관심이라도 있는 사람이라면 반드시 인정해야 합니다. 경제적 활동을 하지 않는 동식물의 경우에, 개체수를 결정하는 것은 번식력의 한계가 아니라 생활 수단의 한계입니다. 경제적 동물인 인간의 경우에도 번식력이 부족해서 개체수가 제한되지는 않지요. 인간에게도 생활 수단의 문제, 오직 일정한 기준에 따른 생활수준이 문제가 됩니다. 경제적 통찰력을 부여받았기 때문에 인간은 적당하다고 여겨지는 생활수준을 유지할 수 있는 지점을 넘어서까지 개체수를 늘리지 않습니다. 그러나 한 가지 지적해두어야 할 것은 인간은 어떤 기준을 가지고 있든, 그 기준을 유지하기 힘들 정도로 아이를 낳고 가정을 꾸리려는 본능이 아주 강력하다는 점입니다. 인간의 생활수준이 높은 데서 시작하든 낮은 데서 시작하든, 개체수는 가장 낮은 생활수준까지 내려갈 수밖에 없을 정도로 위험한 지점까지 계속 증가할 것입니다. 다시 말해, 우리가 이 정도는 누려야 한다고 생각하는 정도로 좋은 삶을 꾸려 가기가 항상 어려울 것이라는 얘기지요. 따라서 충족되지 못한 욕망은, 경제적 희소성과 같은 의미입니다만, 피할 수 없습니다. 이것은 빠져 나올 수 없는 조건입니다. 이 원인은 사회 조직의 형태보다 더 깊은 곳에 있습니다. 그것은 인간과 자연의 관계에서 발생합니다.

이해관계를 둘러싼 내적인 투쟁

◆

이런 문제들을 고려하다 보면, 세 번째 유형의 투쟁, 즉 (어쩌면 두 번째라고 해야 할지도 모르겠지만) 개인끼리의 이해관계를 둘러싼 투쟁이 모습을 드러냅니다. 만일 아이를 낳고 가정을 꾸리려는 본능이 자유롭게 만족되면, 아무리 소박하더라도 개체수가 불가피하게 증가하기 때문에 다른 욕망을 충족시킬 수단이 희박해집니다. 이런 일들이 눈에 띄게 많아지면, 그러한 본능은 오직 부분적으로 충족될 수밖에 없습니다. 둘 중에서 하나를 선택해야 하는 상황이 오면 어느 한쪽의 욕망은 채워지지 않은 채로 남습니다. 그래서 우리는 두 방향으로 이끌릴 수밖에 없고 이 상황에서도 빠져나올 수가 없습니다. 하지만 이것은 개인을 분열시키는 내적인 투쟁의 양상을 보여주는 단 하나의 사례에 불과합니다. 희소성이란 사실은 한 가지 욕망이 충족되면 다른 욕망은 반드시 포기해야 한다는 뜻입니다. 사치품을 사면 필수품을 살 수 없습니다. 옷을 사면 음식을 못 삽니다. 이 음식을 사면 저 음식을 살 수 없습니다. 이런 상황 때문에 경제(관념)가 필요한 것입니다. 경제란 다른 욕망이 충족되지 않을 수밖에 없다는 것을 알고 그 대가로 어떤 욕망을 만족시킬지를 선택하는 것이니까요. 경제란 항상 그리고 어디서에서든 삼중의 투쟁을 의미합니다. 인간과 자연 사이의 투쟁, 인간과 인간 사이의 투쟁 그리고 같은 인간이 가지고 있는 서로 다른 이해관계 사이의 투쟁.

악의 문제

◆

이 문제는 악이란 문제의 이중성을 보여줍니다. 넓은 의미에서 악이란 부조화를 의미하지요. 어떤 부조화라도 누군가에게는 고통의 원천이니까요. 인간과 자연 사이에 발생하는 부조화의 형태는 본질적으로 도덕적 특성이 전혀 없습니다. 춥거나 배고픈 것, 누군가에게 쓰러진 나무, 들짐승에게 잡아먹히거나 미생물에 의해 훼손당하는 것은 악입니다. 하지만 이런 종류의 악에 대해, 만일 다른 사람들의 잘못이 아니라면, 우리는 어떤 도덕적 의미를 부여하지 않습니다. 어떤 사람이 다른 사람에게 강도짓을 하거나 사기를 치거나 부주의해서든 고의로든 상해를 가하는 것 역시 악입니다 그리고 실제로 사람과 사람 사이의 관계에서 발생하는 이런 종류의 악에 대해 우리는 도덕적 의미를 부여합니다. 하지만 이미 지적했듯이, 두 번째 유형의 악(도덕적 악)은 비도덕적 악이라고 부를 수 있는 첫 번째 유형의 악에서 발생합니다. 따라서 도덕적 악의 근원을 진실하게 설명하려면 반드시 인간과 자연 사이의 불화에서 출발해야 합니다.

아주 바람직한 환경에서, 모든 욕망이 자유롭고 완전하게 만족될 수 있고 아무것도 희소하지 않아서 절약할 필요도 없는 곳에서 제한된 수의 개인이 살아간다고 상상해봅시다. 이처럼 자연과의 조화가 거의 완벽한 상황에서라면, 개인이 자기 내적으로 이해관계를 놓고 투쟁할 필요가 없습니다. 하나의 욕망을 충족한다고 해서 다른 욕망을 희생할 필요가 없으니까요. 개인 사이에서도 이해관계 때문에 분쟁이 발생할 수 없습니다. 어느 한 개인의 욕망이 충족되었다고 다른 사람의 욕망이 방해받는 일은 결코 없을 테니까요. 자기 개인 안에서든 아니면 다른 개인들 사이에서든 이해관계 때문에 투쟁이 발생하지 않으면, 도덕적 문제가 발생할 수 없지요. 이곳이 곧 천국일 테니까요. 하지만 욕망이 확대되거나 새로운 욕망이 분출한다고 가정해봅시다. 아니면 기본적인 욕구 충족이 해결되면 개체수가 자연이 대비해놓은 것을 초과해서 증가할 수밖에 없다는 점을 상기해봅시다. 천국은 사라질 것입니다. 노동과 피로가 필연적으로 발생할 뿐 아니라 이해가 충돌하고 도덕적 문제가 발생하겠지요. 그러면 인간은 땅의 생산성을 증가시키는 문제는 물론이고 충돌하는 이해관계를 조정하는 문제를 해결하기 위해 직접 머리를 짜낼 수밖에 없습니다. 정의와 평등의 문제가 사람들의 머리를 복잡하게 만들기 시작합니다.

이런 사례에서 원죄나 유전적 폐해라는 징후를 찾기란 어렵습니다. 개체수를 증가시키는 행위는 정의의 문제로 처벌을 받는 사악한 행위가 아니므로 도덕적 죄책감에서 자유롭습니다. 하지만 이러한 행위는 반드시 기존의 조화를 파괴하고 인간의 이해관계를 충돌시키는 결과를 초래합니다. 이러한 사례가 인간 본성의 '타락'이나 변화를 암시하거나 함축하지는 않지만 똑같은 인간의 속성 때문에 각기 다른 사회적 결과를 낳을 수 있는 조건이 변화합니다. 게다가 이러한 사례는 역사적 성격에 따라서 타당성이 좌우되지도 않지요. 즉 인간과 자연 사이의 조화가 처음에 이 사례에서 가정했던 정도로 거의 완벽한 적이 있었다는 것을 굳이 밝힐 필요도 없습니다. 투쟁의 근본적인 근거가 인간과 인간을 둘러싼 물질세계의 본성에 내재되어 있었다는 것을 보여주기만 하면 이러한 사례로도 충분히 밝혀질 것입니다.

원죄론은 이미 유명한 이야기 속에 구현되어 있습니다. 그래서 심오한, 어쩌면 가장 경건한 학자들이 이해했던 것 이상으로 심오한 의미를 부여하기 위해서 역사적 근거를 찾을 필요도 없었지요. 옛날에 한 남자와 한 여자가 살던 정원이 있었고 모든 욕망은 땅에서 자연스럽게 열리는 열매로 충당되었지요. 생존경쟁도, 이해의 충돌도 없었습니다. 요컨대 그 정원은 천국이었지요. 그러다가 어떤 욕망을 충족시키다 보니 개체수가 증가했고 개체수가 증가하다 보니 희소성이 발생해서 결국 천국은 끝이 났지요. 그때 이래로 남자는 땀을 흘려야 밥을 먹을 수 있게 되었습니다. 생존경쟁이 시작된 것입니다. 남자는 자신의 욕망을 충족시키는 수단을 놓고 자연이나 인간 경쟁자들에 맞서 경쟁해야 했고 모든 형태의 탐욕이 잠재적으로 존재하게 되었습니다. 남자는 이와 같은 고유한 적대관계에 눈을 뜹니다. 즉 남자는 선과 악, 이익과 불이익을 분별하게 되면서 목적에 수단을 맞추고 쾌락과 고통을 선택하는 경제적 존재가 되었습니다. 요컨대 산업 문명과 사회적 진화 과정에서 처음으로 어렴풋이 생존경쟁이 시작되었습니다. 인류는 절대로 빠져나올 수 없는 힘의 그물망에 갇히게 됩니다. 인류는 아무도 목적지를 알 수 없는, 어쩔 수 없이 밖으로만 떠밀려가는 조류 속에서 표류하게 된 것입니다.

제도의 기원

◆

이처럼 이해가 충돌하고 희소성이 발생하면서 재산, 가족, 국가라는 제도는 모두 동일한 기원을 갖게 되지요. 예컨대 모든 사람들에게 충분하게 존재하는 뭔가를 자기 재산이라고 주장할 사람은 아무도 없습니다. 하지만 모두에게 돌아갈 만큼 충분하지 않았을 때, 조금이라도 뭔가를 얻게 되면 누군가에게는 포상이 되고, 사회가 직접 책임지고 누군가에게 돌아가야 할지를 결정하지 않으면 광범위한 쟁탈전이 벌어집니다. 물론 소유가 곧 재산은 아닙니다. 하지만 사회가 뭔가에 대한 누군가의 권리를 인정해주고 그 권리에 따라 그 사람을 책임지고 보호해주면 그것은 재산이 됩니다. 이런 권리들을 인정해주고 거기에 어떤 보호 수단을 부여할 수 있을 정도로 사회가 충분하게 조직되는 곳에서는 어디든 국가가 존재하게 됩니다. 혈연관계와 친족 관계가 선천적 경쟁 관계를 극복하고 이해관계를 통합할 정도로 강고한 작은 집단이 존재하는 곳이라면 어디든 가족이 있게 됩니다. 집단 내의 경제적 이해관계가 일치되면 세계의 나머지로부터, 즉 이해관계를 둘러싼 선천적인 경쟁 관계가 존속하는 다른 유사한 집단으로부터 자기 집단을 충분히 분리해낼 수 있습니다. 부인과 자식들이 그 자체로 재산이라는 야만인의 관념은 말할 것도 없고 심지어 더 높은 형태의 사회에서도, 자연스러운 애정의 유대를 통해, 재산상의 이익을 공유함으로써 끈끈하게 결합되는 사람들을 보호하려는 바람이 있었습니다. 이러한 바람은 가족 집단이라는 법적 정의에 기초를 제공합니다.

경제학의 근본적인 지위

◆

재산권과 밀접하게 연관된 것은 계약권, 양도권, 유산권 같은 권리 그리고 법률가들이 전담하는 많은 권리입니다. 법률학, 윤리학, 정치학 같은 학문이나 어떤 사회과학에서 경제적 희소성이란 원초적인 사실과, 그 결과로 일어나는 사람들 사이의 이해 충돌로부터 발생하지 않은 문제를 찾아내기란 어려울 것입니다. 이러한 문제는 모든 사회과학, 즉 사람과 사람 사이의 관계와 연관되어 있는 모든 과학의 밑바탕에 깔린 통일성을 드러냅니다. 그리고 그러한 통합의 원리는 경제 원리임을 분명하게 보여줍니다. 심지어 소위 군집 본능도 바로 희소성 때문에 생겨난 생존경쟁의 산물일지 모릅니다. 이러한 본능이 발전하는 과정에서 집단 행동의 이점이 선택적으로 작용했을 것입니다. 엄청나게 많은 다른 문제들처럼 이 문제는 실증적인 지식의 분야를 넘어서 있습니다. 이로 인해 경제학이 반드시 다른 여타의 학문을 종속시키는 '주류 과학'이 되는 것은 아닙니다. 만일 주류 과학이란 것이 있다면, 경제학이 다른 과학들 중에서 그 자리를 처음으로 차지할 권리가 있다는 뜻입니다. 경제적 문제는 여타의 사회적이고 도덕적인 문제가 불거져 나오는 근본적인 문제입니다.

경제적 경쟁

◆

인간과 인간 사이의 투쟁을 도덕적 준칙이나 법적 절차를 통해 사회가 통제하지 않으면 짐승들 사이의 생존경쟁과 다를 바가 전혀 없습니다. 하지만 인간 사회에서는 어떤 방식으로든 투쟁이 조절됩니다. 사실 사회를 조직하는 단 하나의 목적이 존재한다면, 그것은 투쟁을 조절해서 생산적인 방향으로 돌리는 것입니다. 이기적인 개인은 그와 같은 방식의 생산에는 전혀 관심이 없지요. 개인의 관심사는 희소한 사물을 획득하는 것입니다. 가장 쉬운 획득 수단이 생산이라면, 개인은 생산을 합니다. 뭔가 더 쉬운 방법이 있다면, 개인은 그 방식을 좇겠지요. 법과 정부의 존재 이유는 생산 혹은 자유롭고 자발적인 물물교환 이외의 다른 방식으로 획득하는 것을 어렵고 위험하게 만드는 것입니다. 국가가 이러한 노력을 성공적으로 수행해서 강제로라도 개인들이 생산이란 방식을 통해서 재화를 획득하는 한, 국가는 정당한 존재 이유를 갖습니다.

생존경쟁이 생산적인 방향으로 바뀌고, 물건을 생산하거나 생산자에게 교환을 대가로 등가의 뭔가를 제공해야만 가지고 싶은 물건을 획득할 수 있음을 모든 개인이 깨닫게 되면, 무자비한 생존경쟁은 경제적 경쟁으로 바뀝니다. 완벽한 경제적 경쟁이란 생산적이거나 유용한 노력을 통해서 획득하는 것, 그러니까 애덤 스미스의 말대로 "자기 자신의 이익을 도모하려고 노력함으로써 공공의 이익을 도모하는 것"이 가장 이롭다는 점을 개인들이 자각하는 체계일 뿐입니다.

사회에서 개인의 가치가 소비를 초과하는 개인의 생산으로 평가되고, 산업에서 개인의 지위가 개인의 취득에서 소비를 뺀 축적률로 결정된다면, 우리는 취득과 생산을 똑같이 중요하게 봐야 합니다. 이는 다음과 같은 공식으로 표현될 수 있습니다.

개인의 가치 = 생산 - 소비.
개인의 경쟁력 = 취득 - 소비.
취득 = 생산이라고 하면, 개인의 가치 = 개인의 경쟁력.
국가의 목적은 취득 = 생산입니다.

토머스 닉슨 카버
Thomas Nixon Carver(1865~1961)

아이오와웨슬리언대학교와 서던캘리포니아대학교에서 학부를 마쳤고 존스홉킨스대학교에서 공부한 후, 코넬대학교에서 박사학위를 받았다. 오벌린대학에서 경제학과 사회학 담당 교수로 임용되었고 뒤에 하버드대학교 정치경제학과 교수가 되었다.

르네상스 시대의 정부론

◆

　정치사회적 주제를 다룬 책들 가운데, 공적 문제를 다루는 사상의 발전과 정책 결정에 심오하고도 지속적인 영향력을 발휘해온 저작은 아주 소수에 불과합니다. 아리스토텔레스의 『정치학』과 애덤 스미스의 『국부론』은 아주 빼어난 부류에 속하는 저명한 저작입니다. 이런 저작들이 성립될 무렵에 상당히 많은 정치적 저술들이 잠재적인 영향을 주었습니다만 역사적 의미 말고는 별다른 의미가 없지요.

　이런 저작들로는 마르틴 루터의 『독일 귀족에게 드리는 서한』, 『기독교의 자유에 관하여』, 장 자크 루소의 『사회계약론』 등이 있습니다. 마키아벨리의 『군주론』과 토머스 모어의 『유토피아』는 이러한 범주 어디에도 정확하게 맞아떨어지지 않습니다. 이 저작들은 위대하고 풍성한 지식의 진보가 이루어진 출발점도 아니었고 어떤 국가의 입법이나 정책 결정에서 강력한 요인으로 작용한 적도 없습니다. 두 작품 모두 저술된 시대의 매우 중요하고 독특한 산물입니다. 루터의 글과 비교해도, 당대의 사상을 형성하는 데 끼친 영향력은 훨씬 미미했지만 그 당시 사상의 전형으로서 상당한 역사적 의미가 있습니다. 게다가, 마키아벨리와 모어의 독특한 결론이 실제로 채택된 적은 없지만, 그들은 자신들의 저작을 통해 확연히 다른 두 가지 입장을 예시했는데, 그 두 입장 가운데 하나는 정치·사회 문제를 다루는 저자들의 방법론과 결론에 변함없이 등장합니다.

마키아벨리와 모어의 저작에 드러난 르네상스 정신

◆

『군주론』(1512)과 『유토피아』(1516)는 둘 다 16세기 초반에 저술되었습니다. 당시는 역사에서 르네상스 시대를 형성한 다양한 영향력이 교육과 예술, 도덕에서, 그리고 실질적으로는 인간의 모든 활동과 열망의 영역에서 가장 완전하게 구현된 시절이었지요. 거의 모든 방향에서, 인간의 정신은 중세의 전통적 한계로부터 스스로를 해방시켰고, 특히 그중에서도 정치적·사회적 합의는 고대의 개념에 얽매이지 않아 혁명적 결론을 이끌어낼 수도 있는 철학적 분석과 연구를 따르게 되었습니다. 당시의 정치 저술가들 가운데 마키아벨리와 모어는 르네상스 정신의 역할을 빼어나게 제시했습니다. 마키아벨리는 정부 기구와 정책을 가지고 실제로 분석해보았습니다. 모어는 정치 제도뿐 아니라 사회 제도를 가지고 이상적인 희망 사항을 실험해보았지요. 두 사람 모두 사회 체제에서 한 순간도, 그리고 영원히 완벽한 것은 아무것도 없다는 데서 의견이 일치합니다. 제도와 관습은 결과에 따라 판단되고 더 좋은 방향으로 개선되면서 모두가 바뀔 수도 있지요. 이것은 명백히 근대적 관점이며 본질적으로 르네상스의 관점이기도 합니다. 근대사는 르네상스와 함께 시작합니다.

방법상의 차이

◆

정밀과학에서 급속한 진보가 두드러지는 오늘날과 같은 시대에, 사실 검증은 정치·사회 문제를 조사할 때 하나의 접근 방식으로 적합해 보입니다. 『유토피아』에서 예시된 이상理想 검증으로부터 '유토피아적'이란 형용사가 나왔는데, 이 말은 비현실적인, 환영 같은, 심지어 공상적이라는 뜻을 담고 있습니다. 하지만 마키아벨리가 예시한 사실 검증을 통해서도 '마키아벨리적'이란 형용사가 등장했는데, 이 말뜻은 더욱 악의적입니다. 사실 검증이 진정한 검증이 되려면, 중요한 사실이 모두 고려되어야 하고, 이상 역시 사회 제도를 발전시키고 유지하는 데 매우 중요한 사실이 됩니다. 마키아벨리의 방법론은 전반적으로 과학적인 성격을 지녔지만 사실에 부합되지 않는 가정에 근거해서 인간을 낮게 평가했기 때문에 상당 부분 근본적으로 부정확하고 비과학적인 분석이 되고 말았습니다.

마키아벨리의 한계

◆

마키아벨리가 중시하는 사실의 영역에서도 그의 분석은 설득력이 떨어졌습니다. 그가 저술을 하던 당시에, 그리고 실제로는 1세기도 훨씬 전에, 이탈리아는 수많은 정치적 독립체로 찢겨 있었고 그중 대부분은 오늘날 중앙아메리카의 나라들처럼 정치가 만성적으로 불안정 상태였습니다. 이탈리아의 통치자들은 국내외의 적들로부터 안전을 보장받지 못했습니다. 마키아벨리는 분석 작업을 하면서 적재적소에 비교 방식을 상당히 많이 사용했습니다. 하지만 공권력이 굳건한 기반을 가질 수 없었던 상황에서 사적 통치를 보장하고 유지하는 수단에만 주로 관심을 가졌기 때문에 그의 결론은 좀처럼 보편타당성을 갖기가 어려웠습니다. 그의 이론은 당시에 한창 발전하고 있던 북부 알프스처럼 통치 왕조가 강력하게 권력을 잡고 더 넓어진 영토를 통치하는 중앙집권화된 정부에는 적용될 수 없었습니다. 더욱 분명한 것은 마키아벨리의 분석이 근대 정부에서 발생한 문제들을 해결하는 데 실질적인 의미가 거의 없다는 점이지요. 마키아벨리가 설명했던 상황과 악정을 펼치는 지방자치 단체에서 경쟁하는 우두머리들 사이에서 벌어지는 낮은 수준의 정치적 권력 투쟁 사이에는 일정한 유사성이 있을지도 모릅니다. 하지만 이런 민주 정부의 병폐를 바로잡기 위해 『군주론』을 뒤진다 해도 그것은 헛수고일 것입니다.

국제정치의 영역에서는 마키아벨리의 분석이 당시의 관행과 어느 정도 맞아떨어졌습니다. 국가 사이에서는 상대적으로 윤리적 속박이 느슨했지요. 중요한 사실은, 주로 외교를 담당하던 정치인들만큼 마키아벨리의 애독자가 된 이들은 없었다는 점입니다.

여러 한계에도 불구하고, 『군주론』에서 마키아벨리가 정치 문제를 분석하는 건전한 방법의 발전을 위해 큰 걸음을 앞으로 내디뎠다는 사실만큼은 여전히 인정해야 합니다. 그러나 그의 사례들은 그 당시에도 그렇고, 계속 이어지는 2세기 동안 정부에 관해 글을 쓰는 학자들에게는 대체로 받아들여지지 않았습니다. 정부라는 현실보다는 왕권신수설과 자연권, 자연법 이론에 얽힌 문제들이 출판업자들의 관심을 끌었습니다. 19세기에 다른 지식의 영역처럼 이 분야에도 훨씬 정밀한 방법론이 채택되었습니다. 하지만 이렇게 바람직한 변화가 있었던 중에도, 마키아벨리의 작업으로부터 받은 영향은 거의 혹은 전혀 없다고 할 수 있습니다.

정치 비평의 형태로서 가상의 국가

◆

플라톤의 『국가』를 제외하면, 『유토피아』는 가상 사회라는 장치를 분석 수단(실제로는 사회정치적 상황에 대한 비난)으로 활용한 가장 좋은 사례입니다. 중세 시기 동안, 전 유럽에서는 이상과 현실 사이의 불일치가 너무 커서 이런 성격의 저술이 나올 수 없었습니다. 하지만 신세계의 발견으로 유럽 세계와 전혀 교류가 없었던 사회들을 알게 되었습니다. 그러면서 유럽식 제도가 궁극적이라는 가정은 적어도 반성적 정신을 지닌 사람들에게는 다소 약화되었습니다. 『유토피아』를 신세계 어디쯤에 자리매김함으로써, 모어는 당시의 독자들에게 이 저작의 상상적 효과를 높여야 했지요. 처음에 제시된 환상적 느낌은 마지막까지 잘 유지됩니다. 가상 사회를 창조한 사람 중 그 어느 누구도 모어처럼 자신이 계획한 사회적 진보가 실현 가능하리라고 독자들에게 성공적으로 호소한 적은 없습니다.

후세의 유토피아 작가들은 공통적으로 너무 조바심을 내며 사회상을 만들다 보니 경제학자와 사회학자, 국정 전문가의 비판을 받을 수밖에 없었습니다. 이렇게 하다 보니 진정한 목적의식도 잃게 되고, 이런 식으로 사회를 구상해도 별다른 효과가 없었습니다. 신중한 연구자들이 애써 만든 대로 사회가 갑자기 달라질 수 없다는 것은 분명합니다. 사회의 진화 과정을 먼 미래까지 정확하게 예견할 수는 없습니다.

『유토피아』 같은 책은 현존하는 사회 체제에 대한 완전한 만족감, 그러니까 인간의 진보에 유용하지도 않고 도움도 안 되는 마음 상태를 누그러뜨리는 효과적인 수단이지요.

이렇게 묘사된 가상 사회가 과학적으로 가능한 것은 아닙니다. 가상 사회는 있는 그대로 사물을 풍자하고 비판하는 매개체일 뿐이지요. 다시 말해, 이상 국가는 문학적으로 봐야지 과학 논문으로 읽어서는 안 됩니다. 이상 국가는 문학적 속성을 통해 효과적으로 다루어질 수 있는 것입니다. 모어의 『유토피아』는 이러한 검증을 영광스럽게 감당하고 있습니다.

『유토피아』와 근대의 조건
◆

모어 시대의 사회 상황과 정치를 잘 알고 있는 사람들은 이 책에 많은 의미와 관심을 보입니다. 하지만 사회나 심지어 인간의 본성까지, 이런 것들은 한 시대에서 다른 시대로 아주 천천히 변화합니다. 그렇기 때문에 이 사회의 상당 부분은 현재의 상황에만 친숙한 독자들이 보기에도 자극적인 암시로 가득할 수밖에 없습니다. 일반적으로 말해서, 우리 자신의 사회는 모어 시대의 사회보다도 『유토피아』에서 묘사된 사회와 더 멀어져버렸습니다.

어떤 점에서, 농업 활동에 비해 제조나 상업 활동의 중요성이 상대적으로 더 커진 우리 사회는 유토피아의 조건에서 더 멀어지고 있습니다. 사람들은 어떤 방향으로든 모두가 동의하는 변화가 이루어지기만 하면 유토피아라는 이상과 반대가 되더라도 더 바람직하다고 여깁니다.

『유토피아』에 나오는 정부는 분명히 귀족 정부였습니다. 근대 이상주의자들에게, 상상할 수 있는 최상의 사회는 형식적으로나 실천적으로 확실히 민주적인 사회일 것입니다. 비록 개량된 형태이긴 하지만, 노예제는 유토피아적 정치 체제의 본질적인 토대였습니다. (예외적으로 인도적 정신과 강력한 상상력을 부여할 때도 있지만) 자기 자신이 처한 환경의 맹목적인 영향력에서 벗어나면서 겪는 어려움이야말로 가장 좋은 증거가 될 수 있습니다. 이런 이유로 길고 긴 사회의 진화 과정에서, 지금 예견할 수 있는 것보다 더 높은 수준으로 사회가 발전할 수 있다고 과감하게 희망해볼 수도 있습니다.

올리버 스프레이그
Oliver Sprague(1873~1953)

경제학자. 하버드대학교에서 교육을 받았고 하버드대학교에서 은행금융학 담당 교수를 역임했다.

애덤 스미스와 『국부론』

1752년부터 1764년까지 『국부론』의 저자는 글래스고대학교 도덕철학과 학과장으로 재직했고, 따라서 이 저작은 대학 수업에서 진행했던 강의의 자연스러운 부산물이었습니다. 그리스 철학으로부터 물려받은 영속적인 전통에 따라서, 스미스는 도덕철학의 영역이 개인적이든 사회적이든 인간 행위의 전 범위만큼이나 넓다고 생각했습니다. 스미스는 말합니다. "인간의 행복과 완전함을 구성한다는 점에서 개인뿐 아니라 가족, 국가, 위대한 인간 사회의 구성원까지도 고대 도덕철학의 연구대상이었다"라고 말이지요. 스미스 자신의 강의도 실제로 이런 구도에 따른 것이었습니다.

스미스 철학의 기초 이론
◆

하지만 스미스의 손을 거치면서, 많은 전통적인 주제가 새롭게 다루어지고 발전되었습니다. 1759년에 스미스는 철학자로서 국제적 명성을 가져다준 윤리학 논저 『도덕감정론』을 출간했습니다. 이 저작을 통해 도덕적 판단은 결국 인간 행위의 동기와 공정한 공감의 표출이라는 이론을 제시했습니다. 스미스는 공감에서 정의감을 끌어냈고, 정의감이야말로 '사회 구조의 주요한 기둥'이라고 생각했습니다. 이 책의 밑바탕에 깔린 생각은 자비로운 자연의 질서라는 18세기의 통속적 이론입니다. 이 이론에 따르면 자비로운 창조주는 우주에 질서를 부여해서 인간이 최대한 행복해질 수 있도록 만들었다고 주장합니다. 문제를 이런 관점에서 바라보면, 정치학과 경제학을 포함해서 철학의 문제는 신이 피조물에게 행복을 보장하는 자연법칙을 발견하는 것입니다. 이러한 법칙 가운데 핵심은, 신이 모든 사람의 행복을 주로 다른 사람이 아니라 각자 스스로의 부양 능력에 맡겼고 사물에 질서를 부여함으로써 정의가 설정하는 한계 내에서 자신의 행복을 추구하면 대체로 전체의 안녕에도 기여하도록 만들었다는 것입니다. 스미스는 자신의 천부적 자유권 이론의 논거를 이해관계의 천부적 조화라는 이론에 두었지요. 이 이론에 따르면 '정의의 법칙을 침해하지 않는 한' 모든 사람은 누구나 자신의 방식으로 자신의 행복을 추구하는 천부적 자유를 추구할 수 있습니다.

출판된 적은 없지만 스미스는 자신의 강의에서 자연스럽게 윤리학의 뒤를 이어 법률학과 정부에 관한 논문을 구상했습니다. 1776년에 출간된 『국부론』은 스미스의 강의에서 정부라는 주제 다음에 나온 정치경제학을 다룹니다.

부와 정치경제학의 개념

◆

『국부론』에는 원리에 대한 확고한 이해력을 바탕으로 독서와 개인적 관찰로 얻은 경제생활에 관련된 사실적 지식이 눈부시게 결합되어 있습니다. 스미스의 이론은 경제생활에 관련된 사실이 뒷받침해주고 있으므로 수많은 경제학 논문에서는 볼 수 없는 사실적 분위기가 이 저작 안에 살아 숨 쉽니다. 그는 개념정의를 광범위하게 다루지 않습니다. 부를 정의하지 않고 그는 직접적으로 국부의 원인으로 넘어가, 서문의 마지막 문장에 삽입구로 '실질적인 부'는 '그 사회의 토지와 노동의 연간 생산량'이라고 주장합니다. 여기에서도 한 사회의 연간 수입을 그 사회의 실질적인 부로 간주한다는 것을 암시할 뿐이지요. 반면에 앞선 세대의 경제학자 대부분은 부를 한 사회가 소유한 내구재의 비축분으로 생각했습니다. 스미스는 정치경제학을 정의하지 않고 글을 시작하는데 그러한 정의에 가장 가까운 접근 방식은 4장의 첫 번째 문장에서 찾을 수 있습니다. "정치인이나 입법가의 학문 분야로 여겨지는 정치경제학은 두 가지 상이한 목적을 제시한다. 첫째, 사람들에게 충분한 수입이나 생활 수단을 제공하는 것, 좀 더 엄밀하게는, 사람들이 스스로 그러한 수익과 생활 수단을 제공할 수 있게 하는 것. 둘째, 국가나 연방국가에 공공사업을 할 수 있도록 충분한 수입을 제공하는 것. 정치경제학에서는 국민과 독립국 모두를 부유하게 만들 것을 제안한다."

생산과 분배

◆

　말꼬리를 잡고 늘어지는 비평가들은 『국부론』의 구성이 체계적이지 않다고 주장하지만 사실 이 책의 구조는 스미스의 목적에 잘 부합합니다. 1장에서는 노동자와 사업가, 토지주인 사이에서 부가 생산되고 분배되는 과정을 논구합니다. 그리고 근대 산업 사회에서 생산성이 증가하는 이유는 노동분업 때문이라는 이론을 세웁니다. 이 주제는 경제학에서는 고전적 논의에 속합니다. 경제적 조건을 향상시키는 것은 정부의 활동이 아니라 이기심이라는 스미스의 핵심 이론의 실례를 여기에서 발견할 수 있는데 독자들은 이 부분을 잘 관찰해야 합니다. 노동분업은 교환을 전제로 하고, 그래서 스미스는 자연스럽게 관심을 돈과 가격으로 옮겨갑니다. 가격을 연구하다가 가격의 구성 요소, 즉 임금과 이윤, 지대를 연구합니다. 그러다가 스미스는 부의 분배라는 주제를 온전히 인식하게 됩니다. 스미스의 가치론은 후대 저자들의 손에서 고전적인 생산비 이론이 되고, 또 다른 방향으로 마르크스와 사회주의자들에게서는 노동(가치) 이론이 됩니다. 스미스의 임금 이론은 후대 학자들의 손에서 영국 고전학파의 임금기금설이 됩니다. 이윤 이론은 특히 다양한 자본의 운용에서 발생하는 이윤의 차이를 연구하는 후배들에게 많은 자료를 제공했지요. 스미스의 지대 이론, 즉 세 가지로 다르게 설명되는 스미스의 지대 이론●은 리카도가 재구성●●한 다음에야 경제학 원리에 추가됩니다.

자본의 본성과 사용

● 애덤 스미스는 처음에는 지대를 노동자의 소득을 초과하는 토지의 잉여산물로 다룬다. 그러다가 다시 그는 지대를 지주에 의해 착취되는 독점적 수입 형태라고 설명한다. 그리고 마지막으로 탄광의 지대를 다루면서는 지대가 토지의 비옥도와 위치에 따라 달라진다고 설명한다.

●● 리카도는 "토지에는 비옥도와 위치에 따라 지력에 차이가 있으며, 가장 척박한 땅에 비하여 비옥한 토지에서는 그 비옥도에 따라 생산비가 적게 드는 데서 오는 차액으로 지대가 발생한다"는 '차액지대설'을 주장했다.

◆

　2장에서는 노동자를 일하게 하고 산업을 움직이게 하는 힘, '자본'의 성격과 운용을 연구합니다. 스미스는 자본이 저축에서 발생하며, 자본의 기능은 생산적 노동을 유지시키는 것이고 자본은 고정될 수도 순환될 수도 있다고 주장합니다.

　비생산적 노동은 무용한 노동이 아니지요. 사실 매우 유용합니다. 비생산적 노동은 내구재 생산물을 생산하지는 못하고 그런 이유로 스미스는 그것이 생산적이지 않다고 생각했습니다. 절약이나 저축은 생산적 노동을 운용할 수 있도록 자본을 증가시킵니다. 한편 지출은 그렇게 운용될 수 있었던 자금을 소비하는 것입니다.

　상황을 더 개선하겠다는 열망에서 발생하는 사적인 절약은 자본의 증가와 국부 증가의 원인이 됩니다. 한편 정부가 할 수 있는 것이라곤 개인을 보호하고 개인에게 가장 이익이 될 만한 방식으로 행동할 자유를 보장하는 것뿐이지요. 결국 스미스는 각기 다르게 운용되는 자본을 고려하게 됩니다. 농업은 제조업보다 생산적 노동을 더 많이 고용하고, 이런 점에서 이 두 부문은 운송이나 교역보다 월등합니다. 국내 교역은 외국 교역보다 더 많은 고용을 발생시키고 외국 교역은 해운업보다 더 많은 고용을 발생시킵니다.

　이 모든 고용은 유용합니다. 자본이 부족한 나라가 이 모든 고용에 종사해서 가장 빨리 부를 증가시키려면 우선 자본을 농업에 운용하고 그다음에 제조업과 국내 교역에 투여하면서 자본이 이 과정에서 자연적으로 증가해서 이윤을 남길 수 있을 때까지 국제 교역과 해운업에 대한 투자를 삼가야 합니다. 정부가 손을 놓고만 있으면, 산업 발전은 개인의 이기심이 자유롭게 작동하면서 이런 과정을 따를 것입니다. 이 지점에서 스미스의 논증은 대단히 중요합니다. 교역의 자유라는 자신의 이론에 토대가 되기 때문이지요.

스미스의 교역론

◆

3장에서 유럽 국가들이 채택한 다양한 규제와 특혜 정책을 연구한 다음에, 4장에서 스미스는 소위 정치경제학에서 이야기하는 중상주의에 대한 유명한 반론을 제기합니다. 중상주의자들의 규제 정책은 공공의 부를 증진시키기보다는 사람들 서로에게 도움이 못 되는 경향이 있다고 밝힙니다. 그는 데이비드 흄만큼 교역균형론을 강하게 공격했지요. 어디에서든 그는 천부적 자유라는 체계를 지지했고 "번영은 정부에 의해 만들어지는 것이 아니라 자기 자신의 상황을 개선하려는 개인들의 자발적인 노력에서 나온다"고 주장했습니다. 중상주의자들의 논거를 다룬 다음에, 스미스는 토지의 순생산은 국부의 유일한 근거라고 주장했던 정치경제학의 '농업 체제'를 다룹니다. 이 학파의 경제학자들은 완전한 자유가 연간 생산량을 최대치로 끌어올릴 수 있는 유일한 정책이라고 주장했기 때문에, 스미스는 그들의 이론을 "정치경제학의 주제에 관해 이미 발표된 진실에 가장 가까운 근사치"라고 생각했습니다.

공공 재정

◆

5장에서는 공공 재정을 다룹니다. 국가의 지출을 다루는 이 장은 이 중요한 주제에 관한 최초의 철학적 연구입니다. 2절에서는 과세라는 주제를 다루면서 경제학 문헌에서 다른 어떤 구절보다도 더 자주 인용되었던 유명한 경구를 제시합니다. 스미스는 특히 과세 이론과 부의 생산·분배 이론을 서로 성공적으로 관련시킵니다. 물론 부의 생산과 분배 이론은 실천적인 면에서 이후에 채택된 많은 부분이 개선되어야 한다고 제안하기는 했습니다. 지나치게 낙관적이긴 하지만, 공공 부채를 다룬 장에서는 18세기 동안에 영국과 다른 나라들이 추진했던 무분별한 재정 정책을 신랄하게 비판합니다. 공공 부채의 본질적인 특성을 다룬 이론에서 스미스의 관점은 정확했습니다.

『국부론』은 곧바로 성공을 거두었고 저자가 살아 있는 동안 5쇄를 찍었으며 프랑스어, 독일어, 이탈리아어, 스페인어, 덴마크어로 번역되었습니다. 미국에서 이 책은 혁명이 끝나기 전에 정치인들이 인용하기 시작했고 미국판은 1789년 필라델피아에서 출간되었지요. 알렉산더 해밀턴*이 관여한 정부 문서를 살펴보면, 이 문서가 스미스의 걸작에 빚지고 있다는 증거가 명확하게 드러납니다. 곧이어 이 책은 입법에 영향을 주고 산업과 상업 부분에서 불필요한 규제를 철폐하는 데 크게 기여했습니다. 경제학의 고전으로서 이 책의 위상은 확고하며 시간이 지나더라도 그 명성은 전혀 훼손되지 않을 것입니다.

찰스 제시 불록
Charles Jesse Bullock(1869~1941)
하버드대학교 경제학과 교수를 역임했다.

• 미국의 법률가이자 정치인, 재정가, 정치사상가. 미국에서 '건국의 아버지' 중 한 명으로 꼽히며, 미국 헌법의 제정에 공헌했다. 그는 초대 워싱턴 정부 시절 재무부 장관을 지내기도 했다.

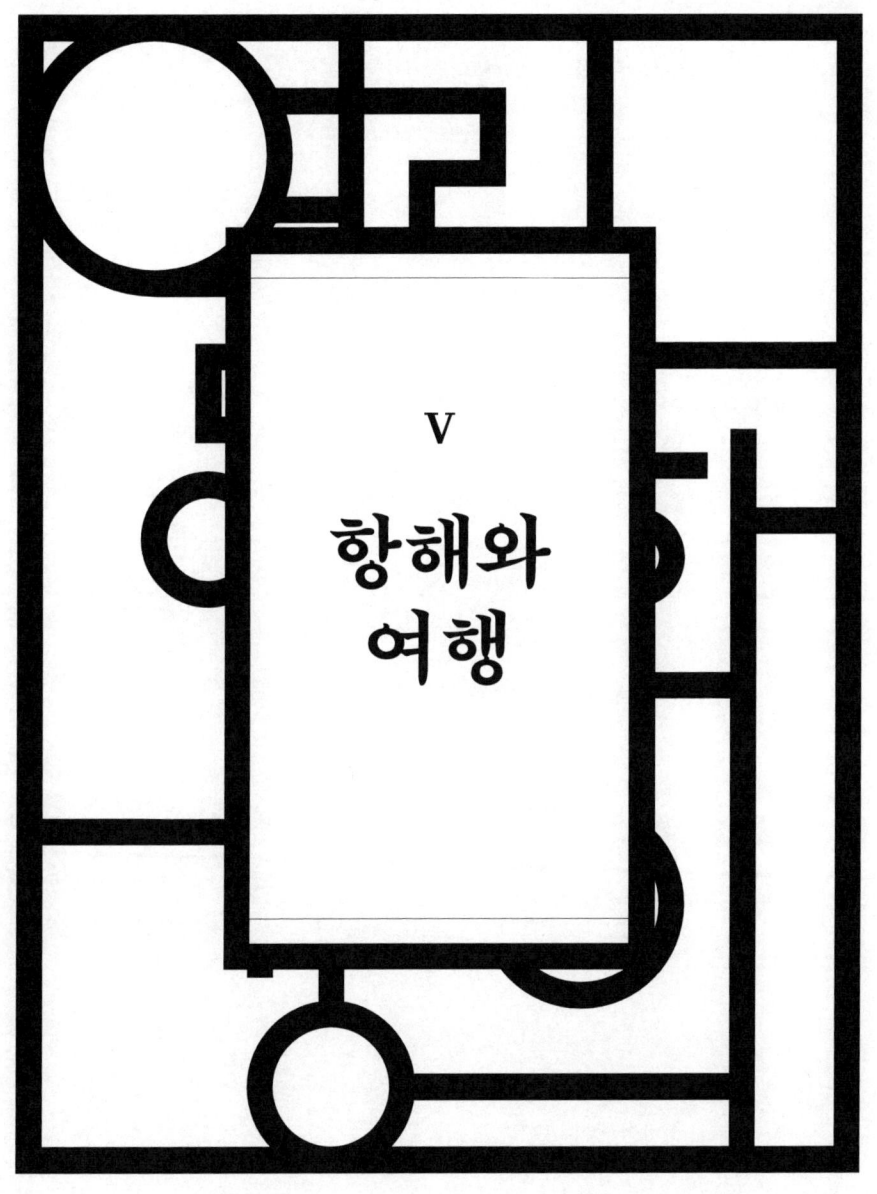

V

항해와
여행

들어가는 말

그곳으로 죽을 때까지 가겠노라!

찬미하기 위하여, 그리고 보기 위하여
이 세상을 더 넓게 바라보기 위하여

이런 친숙한 구절에 배어 있는 정신이야말로 아주 이른 시절부터 인간의 역사에서 강력한 요인으로 작용했을지도 모릅니다. 원숭이와 유인원조차도 호기심이 눈에 띄게 발전했습니다. 그러니 인간의 유형이 완전하게 발전하기 전이라도 우리 선조들은 항상 자주 가는 곳 너머를 탐험하고 싶어 했으리라고 짐작해볼 수 있습니다. 그렇기는 하지만 인류가 최초로 지구 표면 위로 퍼져나간 것은 어느 정도 목적을 가지고 탐험과 여행을 하면서 시작된 것이 틀림없습니다. 인구가 증가하자 식량 공급과 사냥 장소가 줄었습니다. 팽창과 이주의 필요성이 인식되면서, 여러 곳의 영토 중에서 상대적으로 이용할 만한 가치가 있는 곳을 조사했을 것입니다. 그래서 가장 상황이 좋은 곳으로 이동이 이루어졌습니다. 물론 그렇다고 해서 실제로 전쟁이나 정복의 압력 때문에 이동했던 것만은 아닙니다. 이와 같은 초기 이동은 대부분 자발적으로 이루어질 수밖에 없었습니다. 그러므로 가장 최초로 여행한 사람들은 원시인 정찰병과 탐험가였고 여행의 역사는 인류의 역사만큼이나 오래되었습니다.

역사 이전 시기의 여행

◆

또한 이러한 최초의 여행은 가장 진정한 의미에서 탐험이었습니다. 이 여행자들은 전혀 알려지지 않아서 인간의 발이 이전에 단 한 번도 디뎌보지 못했던 지역을 최초로 관통한 사람들이니까요. 하지만 세상의 더 많은 부분으로 퍼져나갔어도 여행의 욕구는 결코 끝나지 않았습니다. 가장 좋은 사냥터나 낚시터를 찾거나, 농업이 발전하면서 알맞고 비옥한 토양을 찾아 나서면서 집중적인 탐험은 세대를 거쳐 지속되었지요. 인간의 문명이 발전한 오랜 기간 동안 인구 이동이 끊임없이 계속되면서 같은 지역을 이 사람 저 사람이 반복해서 탐험했습니다. 이처럼 수많은 여행과 여행가에 대한 분명한 흔적은 거의 남아 있지 않습니다. 다만 역사 시대가 시작되면서 여행을 기록하는 일이 가능해졌습니다.

역사 이전 시기의 여행에 대한 보고를 찾아볼 수는 없지만, 오늘날의 미개인과 야만인을 관찰하면 그 특징을 추측해볼 수 있습니다. 정주민은 좁은 범위 안에서 살다가 생을 마쳐도 불만이 없습니다. 이 사람들은 평생 한 사람의 여행 범위가 몇 마일을 넘지 않고 장사를 하거나 정복을 당하면서도 자신의 좁은 영역 밖으로 나오지 않습니다. 한편, 여행 정신이 강한 사람도 있습니다. 이 사람들은 방랑하는 기질을 타고나서 절대로 멈추는 법이 없습니다. 식량을 구하거나 장사를 하고, 정복을 하러 돌아다닙니다. 이런 부족에서 한 사람의 여행 반경은, 에스키모를 예로 들어보면 1천 마일이나 됩니다. 하지만 전체적으로 보면 이렇게 광대한 방랑을 하는 사람들은 야만인 중에서도 극히 드물었지요. 그래서 전설적인 폴리네시아 여행자들의 용기와 기술을 찬미하는 것은 당연합니다. 이들은 작은 카누를 타고 자신들이 살던 햇볕이 잘 드는 바다 너머 남쪽으로 새로운 땅을 찾다가 마침내 남극의 안개와 유빙에 도달했으니까요.

진정한 탐험가의 동기

◆

기록되지 않은 초기 여행의 시기를 뒤로하고 역사 시대로 눈을 돌려보면, 두 가지 사실을 주목해볼 수 있습니다. 첫째, 여행의 규모가 계속 증가했고 둘째, 사람들을 여행으로 이끈 동기가 다양해지면서 여러 부류의 여행자가 생겨났다는 것입니다.

자연스럽게 처음으로 진짜 탐험가들이 나왔습니다. 이들에게 여행이란 수단이 아니라 그 자체가 목적이었습니다. 어떤 사람들에게는 종교, 장사, 과학이 목적일 수 있기 때문에, 아름다움과 고난 그리고 위험이 가득한 '긴 여정'은 한낱 부수적인 일에 불과하지요. 그러나 진짜 탐험가들에게는 그렇지 않습니다. 타고난 호기심, 새로운 땅과 새로운 사람들을 만나고자 하는 강렬한 욕망에 휘몰리고, 치유할 수 없는 들뜬 정신에 이끌려 온갖 위험을 무릅쓰고 갖가지 어려움을 극복하며 지구의 가장 먼 구석을 관통하면서도, 세상으로 돌아올 확실한 방법에 대해서는 별 관심이 없습니다. 이 사람에게 여행하는 삶, 난관 극복, 위험의 전율은 그 자체로도 가치가 있어서 값을 매길 수조차 없습니다. 탐험가에게 보상은 뭔가를 획득하는 것이 아니라 추구하는 데 있습니다. 실제로 이들에게는 다른 동기가 개입

될 여지가 거의 없습니다. 가장 위대한 여행자들이 자신들은 뭔가 다른 것들을 쫓는다고 아무리 자신들을 속여도 소용없습니다. 그들 스스로 믿는 것처럼, 더 높은 소명이야말로 그들의 가장 큰 동기입니다.

정복의 동기
◆

항상 유효했던 또 하나의 동력은 전쟁 혹은 정복의 욕망입니다. 탐험가에게는 소유물을 늘리는 것이 아니라 경험을 풍부하게 하는 것이 목적입니다. 탐험가는 자유롭게 여행할 수만 있다면 이 세상을 누가 소유하든 관심이 없습니다. 하지만 정복자는 소유를 필요로 하고 소유와 복수에 대한 욕망 때문에 야만인이나 문명인 할 것 없이 멀리 떨어져 있는 지역과 사람들에게 가는 것입니다. 미워하는 수족에게 일격을 가하기 위해서 서쪽으로 1천 마일이나 떨어진 허드슨 강에서 미시시피 강까지 때로는 홀로, 때로는 다른 부족들과 함께 원정을 떠났던 이로쿼이족부터 극동에서 중세 유럽으로 수천 명을 쏟아 부었던 아틸라*와 여러 유목민 부족의 우두머리들까지, 구세계의 대부분을 정복한 알렉산드로스로부터 신세계의 대부분을 정복했던 코르테스**와 피사로***에 이르기까지, 다양한 수준에서 그리고 각기 다른 시대에 전쟁 덕분에 정복자는 여행자가 되었습니다. 이와 같이 여행을 부추긴 것은 그 나라의 아름다움이 아니라 부(富)였습니다. 사람들의 관심이 많이 집중된 것은 다른 분야보다도 개척이었습니다.

종교적 동기

---

* 5세기 전반에 동양에서 유럽에 침입한 흉노족의 왕.
** 멕시코 지역의 아즈텍 문명을 정복한 스페인의 정복자.
*** 스페인의 정복자로 잉카 제국을 정복하였으며, 현재 페루의 수도인 리마의 건설자이다.

◆

　아주 강력한 여행의 또 다른 동기는 종교였습니다. 이러한 영향 때문에 역사상 가장 위대한 여행가가 순례자와 선교사에서 나왔던 것입니다. 신앙의 성지를 방문하고자 하는 욕망 때문에 순례자들은 엄청나게 멀고 고된 여정을 수시로 감행했습니다. 홀로 혹은 무리를 지어서 순례자들은 수천 수백 마일을 횡단합니다. 이들의 눈은 항상 멀리 떨어진 목적지에 고정되어 있고 앞으로 벌어질 일들을 미리 상상하는 데 너무 열중한 나머지 실상을 제대로 알아보지도 못했습니다. 이들 이전 세대들이 걸었던 똑같은 길을 오르락내리락 걸으면서 고난과 위험은 전통이 되고 순례자들은 서로의 발자국을 양처럼 쫓아갑니다. 그들은 이렇게 여행을 해왔고 수천 년 후에도 여전히 이 길을 갈 것입니다. 고대에 중국과 아시아의 여타 지역으로부터 인도의 성지까지, 중세 시대에 유럽의 궁벽한 지역에서 예루살렘까지, 이슬람 세계의 구석구석에서 오늘날의 메카까지 말이지요. 각자 그리고 모두가 구원을 찾아 헤매었기에 이 사람들이 받을 수 있는 보상은 정신적인 것이 전부였습니다. 그러므로 우리는 그 사람들이 거쳐 간 세계를 마음에 새기지 않는다고 해서 비난할 수는 없습니다.

　어떻게 보면, 순례 여행은 이미 알려진 길을 통해 여행자들을 신앙의 위대한 중심으로 끌어들인다는 점에서 구심적이라고 말할 수 있습니다. 반면에 선교 여행은 여행해보지 못한 길을 통해 중심으로부터 미지의 장소로 퍼져나간다는 점에서 원심적입니다. 그런 의미에서는 순례자보다 선교사가 탐험가지요. 자기 신앙을 인도에서 동아시아와 동남아시아 대부분의 지역으로 전파한 초기 불교 승려든, 가는 곳마다 교리를 설파한 기독교도든, 한 손에는 칼을, 다른 손에는 『코란』을 들고 스페인과 오리엔트의 향료 제도*까지 진출한 마호메트의 사나운 추종자든, 이들은 하나같이 열망의 불꽃에 이끌려 멀리까지 신실하게 여행했던 것입니다. 이들은 자신들이 기대한 것을 미리 알 수 없었습니다. 가는 대로 그들 앞

● 인도네시아에 속하며 뉴기니 섬과 셀레베스 섬의 중간 지점에 위치한 군도群島. 정향유丁香油의 산출로 유명하여 향료 제도라 불렸다.

에 새로운 앞날이 열렸으니까요. 선교사들이 살아가며 여행한 이유는 자기 자신이 아니라 다른 사람을 위해서였습니다. 그리고 이들의 관심과 연민은 상당 부분 낯선 사람들의 영혼을 구원하면서 생겨났던 것입니다. 따라서 그들이 자신들이 본 것에 더 민감한 관심을 보이고 순례자들보다 더 많은 기록을 남겼다 해도 놀라운 일은 아닙니다.

상업적 동기

◆

정복이나 종교가 여행에 끼친 영향만큼이나 크고, 어쩌면 더 크고 더 광범위한 결과를 초래한 것은 교역과 상업적 동기였습니다. 아주 이른 시기부터 외래의 상품과 물건을 찾아다니고, 근대에 이르러 자국에서 제조한 제품을 수출할 새로운 시장을 개척하기 위해, 사람들은 지구 끝까지 헤매고 돌아다녔습니다. 13세기부터 18세기 말 근대 과학 탐험이 시작되는 시점까지 대부분의 대규모 여행과 탐험은 상업적 동기에서 시작됐다고 할 수 있습니다. 선교사들은 말할 것도 없고 상인 여행자들에게 중요한 것은 그 나라와 거기서 나오는 제품들, 거기에 사는 사람들과 그들의 욕구를 관찰하는 것이었지요. 상품들이 운송될 가장 편하고 안전한 길, 새로운 재료, 새로운 자원, 새로운 시장이야말로 성공의 발판입니다. 이러한 일을 수행할 때 가장 중요한 것은 사람들의 성향과 관습이지요. 새롭고 더 빠른 길을 알고 있으면 경쟁자들보다 유리해집니다. 여행의 역사에서 가장 위대한 50년이 가능했던 이유는 바로 인도 제국으로 가는 새로운 길을 탐색했기 때문입니다.

과학적 동기

순수 과학적 호기심이 여행의 중요한 요인이 된 것은 18세기 말이지만, 아주 이른 시기에 소수의 사람들에게 이것은 커다란 동기가 되었지요. 지식을 위해 지식을 추구하고, 아주 조금이라도 지식의 한계를 확장시키려는 욕망에 불을 지피는 것이 근대의 특성만은 아닙니다. 하지만 이런 특성이 상당한 정도로 중요한 요인이 되려면, 과학적 관심이 비상하게 확장되고 발전되어야 합니다. 하지만 각각은 서로의 진보에 기여했습니다. 과학 탐험으로 얻어진 지식이 불어나면서 오늘날의 과학 구조를 형성한 자료가 엄청나게 제공되었습니다. 과거에는 종교가 그랬듯이, 이제는 과학을 통해 사람들은 미지의 세계로 뛰어든 것입니다. 이제 사람들은 자기 자신이 아니라 이상을 위해 분투합니다.

우리가 살펴본 대로, 여행은 인류만큼이나 오래되었습니다. 여행자들에게 길을 떠나도록 만든 동기에 따라, 여행자의 종류도 가지가지입니다. 이렇게 많은 여행자의 기록은 관심이 사그라지지 않는 문헌으로 만들어집니다. 여행자들이 긁어모은 사실에 그들이 만든 지식이 추가되면, 우리는 그 문헌을 통해 여행자들의 특성을 분명하고 생생하게 그려볼 수 있습니다. 예컨대 위험에 닥쳤을 때 보여준 용기라든가 온갖 난관을 극복하면서 발휘되었던 인내심 등입니다. 그리고 가장 진실하고 드높은 영웅주의와 자기희생이 그들의 삶 속에서 거듭하여 증명되었지요. 이처럼 수많은 여행자 가운데 기록을 남긴 사람은 일부에 지나지 않습니다. 예상할 수 있듯이, 가장 초기의 기록이 남아 있을 확률은 훨씬 희박했습니다. 역사적 관점에서 보면, 이 기록들은 상당히 뚜렷한 몇 개의 그룹이나 시기로 나뉘는데, 그 각각은 시기는 물론이고 지배적인 동기도 상당히 다릅니다.

기록 여행의 첫 번째 시대

◆

첫 번째 기록 여행의 시대는 기원전 5세기경 헤로도토스*로부터 시작된다고 할 수 있습니다. 헤로도토스는 이집트, 바빌로니아, 페르시아를 여행하며 이 나라들에 대해 최초로 정확한 기록을 남겼으므로 가장 이른 시기의 과학적 여행가 중 한 사람으로 보아도 무방할 것입니다. 그는 넓은 지역을 여행하면서 자신이 방문한 나라의 실제 상황과 역사에 대한 정보를 부지런히 모은 것으로 보아 꼼꼼한 관찰자였던 모양입니다. 아프리카 서해안을 따라 기니 만까지 멀리 감행된 카르타고인 한노**의 대담한 탐험은 이 위대한 상인 민족의 상업이 성장하면서 계획된 것입니다. 이처럼 이른 시기에도 교역이 여행에서 얼마나 강력한 동기였는지를 알 수 있습니다. 이 원정에서 최초로 고릴라를 사냥고 힘이 엄청나게 세고 털이 덥수룩한 사람으로 묘사한 대목도 흥미롭습니다. 한노는 이들 중 몇 마리를 잡아서 산 채로 카르타고로 가져오려 했지만 너무 사나워서 죽일 수밖에 없었고, 결국 가죽만 가지고 되돌아왔지요. 한 세기 후, 정복욕 때문에 시작된 알렉산드로스의 원정은 한편으로는 현지를 답사한다는 명분에서 시작되었지만 결과적으로 인도에 대한 최초의 권위 있는 보고를 가지고 돌아왔고, 바다를 통해서도 인도에 도달할 수 있다는 가능성을 증명했습니다. 로마 제국의 흥기와 더불어 이 최초의 시기는 막을 내렸고 그때부터 4~5세기까지는 비교적 침묵의 시기여서 지중해 세계는 자신의 한계를 넘어 탐험하기보다는 이미 알려진 세계를 차지하는 데 전념했습니다.

두 번째 시대 —순례자와 선교사

---

* 고대 그리스의 역사가. 서양 문화에서 '역사학의 아버지'로 간주된다. 그는 체계적으로 사료를 수집하고 어느 정도 사료의 정확성을 검증하였으며 탄탄하고 생생한 줄거리에 따라 사료를 배치한 최초의 역사가로 알려져 있다. 알려진 저작으로는 『역사』가 있다.

** 카르타고의 한노 2세라고 알려져 있으며 기원전 500년경에 활동한 카르타고의 탐험가였다. 다른 카르타고인들과 구분하기 위해 '항해자 한노'라고 불리며, 후대의 더욱 유명한 인물인 한노 대왕과 구분된다.

4세기 무렵 시작된 기록 여행의 두 번째 시대는 7백~8백 년 동안 지속됩니다. 이 시기의 여행에서 가장 독특한 특징이라면 종교적 동기가 두드러지게 나타났다는 점입니다. 이 시기의 여행자들은 주로 순례자나 선교사 혹은 종교를 구호로 내걸고 사라센에게서 예루살렘을 빼앗기 위해 십자군으로 여행한 사람들이었으니까요. 이미 지적된 대로, 순례자는 여행을 하더라도 대체로 관찰력이 없고, 관심사는 자신의 목적과 길고도 위험한 여정에서 생겨나는 정신적 은혜에 집중되어 있어서 일상적인 사건에는 심드렁했습니다. 상당수의 순례자들은 비천한 사람들이고 문맹에다가 교육을 받지 못해서 자신들이 목격한 것을 기록으로 남길 수 없었습니다. 물론 예외는 있어서, 유럽 전 지역에서 팔레스타인까지 여행한 사람들 중에는 박식한 사람뿐 아니라 상류계층 사람도 많았습니다. 반드시 짚고 넘어가야 할 대목은 순례자가 모두 남자는 아니었다는 것입니다. 초기는 물론 후기에도 많은 여성이 고된 여행을 감내했지요. 예컨대 아키텐●의 실비아는 분명 상류계급의 여성으로 380년경에 예루살렘과 흔히 찾아가는 성지는 물론이거니와 아라비아와 메소포타미아의 일부 지역을 방문했고 자신이 여행한 시절에 대해 짧지만 흥미로운 보고를 남겼습니다. 그녀는 최초의 위대한 여성 여행가 가운데 한 사람일 것입니다. 7세기와 8세기에 순례 여행의 규모가 증가했던 것 같습니다. 적어도 여행에 대한 기록은 훨씬 풍부해졌습니다. 켄트 출신의 상류계급 남성인 윌리볼드가 남긴 보고에서는, 영국 여행에 관한 최초의 이야기를 엿볼 수 있습니다. 이 순례자는 팔레스타인에서 돌아오는 여정에서 벌어진 재미난 사건을 전해줍니다. 그는 발삼을 가지고 영국으로 돌아가고 싶었는데 귀중품을 나라 밖으로 반출하지 못하도록 감시하는 세관원에게 빼앗길까봐 두려웠던 모양입니다. 그래서 그는 교묘하게 밀수 계획을 세웠지요. 발삼을 채워 넣을 호리병박의 주둥이에 정확하게 들어맞는 크기의 갈대를 가져다가, 한쪽 끝을 틀어막고 석유를 채워 넣었습니다. 그는 조심스럽게 갈대를 호리병박 안에다 밀어 넣고 호

● 프랑스 서남부, 중앙 고지대와 피레네 산맥 사이에 끼어 있는 삼각형의 저지대. 고대 로마의 속령이며 중세의 공국 公國.

리병박 주둥이로 흘러나올 수 있도록 끝을 자른 다음에 마개를 끼워 넣었습니다. 아크레에 도착했을 때 세관원이 윌리볼드의 짐을 뒤져서 나온 호리병박을 열어 보았지만 석유 냄새만 나자 아무런 의심도 받지 않고 통과했습니다. 이로부터 확실히 알 수 있듯이, 예나 지금이나 여행자들은 어느 정도 세관의 규제를 받았고 당시에도 지금처럼 이런저런 수단을 사용해서 법망을 잘 피할 수 있습니다.

유럽의 순례 여행 기록은 빈약할 뿐 아니라 너무 간결하고 세부사항도 부족해서 대체로 실망스러운데 중국은 상황이 좀 다릅니다. 순례자의 숫자는 훨씬 적지만 중국인이 남긴 기록의 가치는 훨씬 더 중요합니다. 두 사람의 중국인 순례자는 특히 중요한데, 그들의 이름은 법현法顯•과 현장玄奘••입니다. 석가모니의 삶과 죽음으로 신성시되었던 장소들을 방문하고 불경들을 살펴서 사본으로 만들기 위해 북중국에서 인도까지 여행을 했습니다. 이들은 여행기로도 매우 흥미로울 뿐 아니라 당시 인도의 상황과 인도인의 삶에 관해 실질적으로 유일한 정보까지 제공해 중요한 가치를 지닌 기록을 우리에게 전해주었습니다. 두 순례자는 투르키스탄을 경유하거나 파미르 고원을 가로질러 여행했고 법현은 15년 동안의 여행을 마치고 바다를 통해서 실론(지금의 스리랑카)에서 고향으로 귀환했지요. 두 승려는 자신들이 보고 들었던 모든 것을 아주 풍부하고도 자세하게 기록했고 당시의 유럽 여행자들보다 자신들이 목도한 풍광의 아름다움을 찬미했습니다. 지금처럼 당시에도 인종을 막론하고 모든 여행자가 수시로 향수병에 걸려 되돌아가고 싶어 했다는 것은 법현이 연관된 일화를 통해 알 수 있습니다. 당시에 그는 집을 떠나 낯선 땅에서 낯선 사람들과 거의 15년이나 살고 있었는데, 어느 날 실론으로 오던 중, 어떤 상인의 손에서 흰색 비단으로 만들어진 자그마한 중국 부채를 보았습니다. 그것을 본 순간 고향 생각이 너무 간절했던 나머지 그는 더

• 중국 동진의 승려. 당시의 중국에는 불교 문헌이 별로 없었으므로 399년에 서역을 통하여 인도로 건너가 범어를 배우고, 그곳에서 불전과 불적을 살펴본 뒤 불교 서적을 구하여 413년에 귀국하였다.

•• 중국 당나라의 고승으로 흔히 '현장삼장'玄奘三藏이라 한다. 그를 삼장법사라고도 하는데, 삼장三藏이란 명칭은 경장經藏, 율장律藏, 논장論藏에 능해서 얻은 것이다. 629년부터 645년까지 천축을 다녀와 여행 중에 습득한 불경으로 번역 사업을 했으며 이 여행을 모티프로 하여 『서유기』라는 소설이 탄생했다.

이상 유랑 생활을 할 수 없다고 말하고 곧장 귀향길에 올랐지요. 가는 길에 온갖 위험을 극복하고 결국 고향에 도착했습니다.

당시 유럽 순례 여행의 특징은 기록물이 빈약했다는 점입니다. 선교하고자 하는 열망에 이끌린 사람들의 경우에는 정도가 더 심하지요. 이 시기에 가장 두드러졌던 것으로 보이는 선교 사업의 두 방향은 남쪽으로는 아비시니아, 동쪽으로는 중국과 인도였습니다. 아비시니아에 관한 기록은 약간이나마 남아 있지만 중국과 인도의 경우에는 사실상 전무합니다. 하지만 인도와 중앙아시아, 중국 전역에서 왕성했던 선교활동은 다양한 자료를 통해 알 수 있습니다. 7세기와 9세기 사이에 창립된 네스토리우스파의 포교활동이 왕성했던 것으로 알려져 있는데 그들은 대단한 여행가들이었습니다. 그들은 중국의 많은 지역과 널리 인도 해안을 따라 돌아다녔는데도 남긴 기록은 전혀 없습니다. 사실상 알로펜Alopen(阿羅本)과 길화佶和 두 사람이 중국의 역사서에 기록되어 있지만, 그들의 이름은 다른 지역에서는 알려지지 않았습니다. 당시에 또 다른 선교 여행자들을 이 지역의 반대편, 그러니까 아일랜드에서 찾아볼 수 있었다는 점은 매우 흥미롭습니다. 8세기에 페로스 제도와 아이슬란드 북쪽을 탐험한 기록이 있긴 하지만 쓸 만한 정보는 거의 없습니다.

이슬람교의 포교

◆

이 시기에 또 하나의 아주 중요한 여행자 집단은 아랍인이었습니다. 7세기

● 당나라 때 처음 중국에 도착한 페르시아 출신의 네스토리우스파 선교사. 기록에 따르면 635년에 장안(지금의 서안)에 도착했다고 한다.

에 이슬람교가 흥성하면서 한편으로는 종교적 열망에서, 다른 한편으로는 정복욕 때문에 아랍인에게 강력한 여행의 동기가 생겼습니다. 헤지라 이전에 한동안 아라비아의 상인들과 여러 부류의 사람들이 실론, 인도 그리고 아프리카 해안을 방문했습니다. 하지만 이슬람교가 급속도로 전파되면서 이슬람 교역도 크게 신장되었지요. 그러면서 신앙의 군대는 유례가 없을 정도로 빠르게 중앙아시아, 중국, 동아프리카 해안은 물론이고 서유럽에서도 마호메트의 기치를 올렸습니다. 신앙의 정복자들은 손수 여행 기록을 거의 남기지 않았지만, 뒤를 따랐던 상인이나 여행자는 기록을 남겼습니다. 정복의 동기가 종교적 동기와 결합되었기 때문에 많은 사람들이 여행을 하도록 떠밀렸고 앞 사람들이 길을 닦아놓지 않으면 여행할 수 없는 다수의 사람들을 위해 길을 준비한 경우가 있습니다. 초기 아랍 여행가 가운데 가장 잘 알려진 사람은 솔레이만과 마수디•일 것입니다. 솔레이만은 상인이었고 장사를 하느라 중국 해안까지 머나먼 여행을 했던 인물입니다. 마수디는 극동은 물론 아프리카 해안까지 방문하고 보고를 남긴 지리학자 겸 여행가였지요. 두 사람 모두, 특히 마수디는 상당한 양의 여행 기록을 남겨 당시의 생활상을 흥미롭게 엿볼 수 있도록 해주었습니다. 수많은 무명의 여행가들도 여러 가지 방식으로 흥미로운 자료를 남겼습니다. 그 가운데 일부는 지금은 거의 산실되었지만 우리에게 『아라비안나이트』로 알려진 이야기를 통해서 뱃사람 신드바드의 모험이 만들어지기도 했습니다. 잘 알려진 모험담에서 언급된 수많은 장소를 상당 부분 정확하게 확인할 수 있습니다. 이 위대한 뱃사람이 방문했던 지역 중에는 인도, 실론, 마다가스카르, 중국 등이 있었지요. 그가 장뇌를 수집하는 이야기는 인도 군도에서 이루어졌던 실제 과정을 묘사하고 있습니다. 헤밍웨이의 『노인과 바다』에서도 수마트라의 오랑우탄과 인접 지역이 언급됩니다. 아랍인 자신이 위대한 여행가가 되었을 뿐 아니라 15세기와 16세기에 여행이 발전할 수 있도록 많은 수단을 제공하기도 했습니다. 중국인과 접촉하면

• 아랍의 역사가이자 여행가. '아랍의 헤로도토스'로 알려져 있다. 아랍인으로는 처음으로 역사와 지리학을 결합시켜 세계사를 다룬 『황금초원과 보석광산』이라는 대작을 썼다.

서 아랍인은 컴퍼스 사용법을 알게 되었고, 이것이 지중해의 항해사들에게 전달됩니다. 결국 장거리 바다 항해에 나설 수 있는 도구 중 한 가지가 유럽 항해사들의 손에 들어가면서 신세계의 발견이 이루어집니다.

바이킹과 십자군
◆

종교와 종교적 동기가 직간접적으로 이 시기 여행의 지배적인 특징이기는 하지만, 이것들만이 유일한 동기는 아닙니다. 지중해 연안의 나라들에서는 개척 정신이 거의 잠을 자고 있었다면, 북유럽의 나라들에서는 아주 활발했지요. 처음에는 프랑스와 스페인의 부유한 해안선을 따라서 남쪽으로 해적질을 시작했던 '피오르드의 사내들' 바이킹은 이후에는 관심을 서쪽으로 돌려서 진정한 발견의 정신을 가지고 미지의 대서양으로 돌진했습니다. 그들은 처음에 아이슬란드에 도착했고 그다음에는 그린란드 그리고 11세기에 마침내 아메리카 북부 해안에 도달했습니다. 이 항해에 관한 많은 기록이 전설로 보존되어 있습니다. 붉은 에릭*의 전설에서는 미약하지만 신세계에 대한 최초의 보고를 찾아볼 수 있습니다.

북유럽에서 노르웨이인의 활약을 세심하게 따라가다 보면 새로운 시대가 시작됩니다. 저 멀리 남쪽 나라들 사이에서도 여행에 대한 관심이 다시 크게 일어납니다. 이러한 관심은 한편으로는 십자군의 투지로 변형되었던 이전 시기의 종교 여행과 연결됩니다. 그리고 다른 한편으로는 저 멀리 중국에서 발생한 정치적 사건, 또 한편으로는 교역의 거대하고도 급속한 발전 탓이었습니다. 십자군은 주로 신앙의 성지에서 이슬람 정복자를 몰아내려고 했던 군인 순례자로 볼 수 있

● 노르웨이 출신으로 붉은 머리카락 때문에 붙은 별명. 그린란드에 최초로 노르드인 식민지를 개척했음.

습니다. 이전 시기의 평화를 지향하는 순례자처럼, 거대한 의지를 불태우며 그들의 눈과 생각은 오로지 자신들이 세운 목표에만 고정되어 있었습니다. 그들이 상당한 기록을 남겼지만, 여행자로서의 중요성은 다른 여행자들보다는 훨씬 떨어집니다.

몽골 제국의 팽창

◆

13세기에 발생한 사건 중에서 가장 중요한 한 가지, 어쩌면 가장 중요한 것은 동아시아의 칭기즈칸 치하에서 갑작스럽게 흥기한 거대한 몽골 제국이었습니다. 일단 동쪽을 확보한 몽골족은 관심을 서쪽으로 돌려 중앙아시아를 휩쓸고 유럽을 침공했습니다. 비록 그들은 1241년 레그니챠(폴란드 서남부의 도시)의 전투에서 패퇴했지만, 유럽의 앞날이 걱정되었던 교황은 칸의 수도로 외교 사절단을 보냈습니다. 이 사절단에서 가장 중요한 인물은 프란체스코파 수도사 플라노 카르피니*였습니다. 그는 임무수행 목적으로 2년을 거주한 뒤 자신이 목격했던 나라와 사람들에 대한 생생한 보고서를 들고 귀환했습니다. 뤼브뤼키**처럼 외교관이자 선교사였던 사람들도 뒤를 이었고 결과적으로 유럽은 처음으로 동방(Cathay) 왕국의 위대함과 부유함을 깨닫기 시작했지요. 상인들과 무역업자들도 발 빠르게 대응했고 당시 베네치아가 오리엔트 무역에 두각을 나타냈듯이, 상인들이 교황의 사절들 덕택에 알려진 이 풍요로운 시장으로 가는 길을 활용하려 한 것도 이상한 일은 아니었습니다. 마르코 폴로가 세기말에 자신의 유명한 여행을 떠날 때도 바로 이런 상황이었습니다.

집을 떠나 20년 동안, 마르코 폴로는 중앙아시아의 대부분 지역과 중국, 티베트를 여행했고 당시에 쿠빌라이 칸의 치하에서 가장 거대한 세계를 이루었던 몽골 제국의 임명직 관리로서 중국 해안으로부터 자바와 인도까지 항해했습니다. 마침내 유럽으로 돌아오자마자, 마르코 폴로는 투옥되었고 그가 구술한 것을 받아 적은 동료 죄수 덕분에 그의 놀라운 이야기가 이 세상에 살아남을 수 있었습니다. 마르코 폴로의 이야기는 대부분 놀라울 만큼 정확했지만, 당시의 다른 여행자들이나 상인들만큼은 아니었습니다. 온갖 기적적인 일들을 상당히 믿을 만하게 전했고, 잘 알려져 있지만 완전히 꾸며낸 『존 맨더빌 경●●●의 여행』은 이러한 이야기를 바탕으로 했습니다. 당시에 가장 인기 있었던 이 책은 고향을 단한 번도 떠나본 적이 없는 리에주 지역의 괴짜 의사가 쓴 것으로 보입니다. 따라서 날조된 여행기를 전적으로 근대의 산물로 볼 수는 없습니다. 마르코 폴로와 다른 유럽 여행가들이 이룬 성과가 매우 위대했기 때문에 그들이 남긴 기록은 15세기까지도 이 분야에서 활발한 활동을 보여준 아랍인의 기록에 필적하거나 심지어 능가했습니다. 아랍 여행가 중 가장 위대한 인물은 탕헤르의 의사 이븐 바투타●였습니다. 25년 동안 그는 오리엔트의 모든 지역과 인도 군도는 물론이고 남부 러시아의 스텝, 저 멀리 적도 근방의 동아프리카 해안과 사하라를 가로질러 팀북투●●와 니제르●●●의 계곡까지 방문하면서 쉼 없이 여행했습니다.

● 이탈리아 페루차 출신의 프란키스쿠스 수도회 수도사. 로마 교황인 인노켄티우스 4세는 몽골에 사절을 파견하여, 몽골군의 유럽 침입을 저지하고 기독교로의 개종을 꾀할 목적으로 몽골의 내정을 살피도록 했다. 그 사절로 케룬의 프란체스코 수도회 관구장인 카르피니가 임명되었다.
●● 프랑스 프란시스코회 수도사. 플랑드르 출생. 루이 9세와 함께 팔레스타인 체재 중 몽골 제국령의 기독교 사정, 특히 바투의 아들 사르타크가 기독교도라는 소문을 듣고 포교를 위해 몽골 제국으로 갔다. 사르타크 영내의 포교가 허용되지 않아 다시 몽골 본토의 몽케 칸 궁정으로 가 1253년 말부터 약 반년간 체재한 뒤, 귀로에 올라 1255년 트리폴리에 도착하였다. 루이 9세에게 바친 복명서인 『여행기』는 몽골 제국 영내의 사정을 아는 데 귀중한 자료이다.
●●● 1356년경에 활동한 영국의 작가. 전 세계 여행가들의 이야기를 수집한 『존 맨더빌 경의 여행』을 썼는데, 이 책은 여행가들이 직접 쓴 글을 발췌해서 마치 자신이 직접 경험한 것처럼 윤색해서 내용을 덧붙였다.

인도로 가는 길

◆

15세기에 인도와의 교역이 엄청나게 증가하면서 갑작스럽게 여행에 동기가 부여됩니다. 컴퍼스의 도입으로 바다 여행이 크게 고무되었고 당시의 정치적 상황 때문에 오리엔트로 통하는 육로가 폐쇄되면서 유럽은 해상으로 새로운 길을 개척할 수밖에 없었습니다. 항해사 헨리 왕자의 영향으로, 여행자들과 탐험가들이 포르투갈을 시작으로 아프리카를 돌아 인도로 가는 길을 찾아 수없이 항해했습니다. 크리스토퍼 콜럼버스가 위대한 항해를 떠나기 6년 전에 그들은 항로를 서부 해안을 따라 남쪽으로 서서히 이동시켰습니다. 콜럼버스는 희망봉을 발견해 일주를 했고, 11년 후에는 희망봉을 돌아 인도로 향했던 바스쿠 다 가마가 뒤를 따랐습니다. 3년 후, 같은 목적지를 향했지만 배를 서쪽으로 너무 몰았던 카브랄****은 브라질 해안에 도착해 남부 신세계의 거대한 지역에 포르투갈령을 세웠습니다.

    포르투갈이 자국의 여행가들 덕분에 남부 아프리카의 대부분을 발견했다고 주장할 수 있다면 신세계 발견이라는 더 큰 영예는 스페인에 돌아갔습니다. 위대한 제노바 사람들의 발견은 뒤따라오는 많은 탐험가들에게는 도화선이었지요. 예컨대 처음에 스페인으로 항해하려다 베네수엘라를 발견하고 나중에는 포르투갈로 항해하려다 저 멀리 라플라타*까지 남아메리카 해안을 탐험했던 아메리고

● 중세 아랍의 여행가, 탐험가이자 『여행기』의 저자. 그의 『여행기』는 당대 거의 모든 이슬람 국가와 중국, 수마트라에 이르기까지 12만 킬로미터에 달하는 광범위한 여정을 묘사한 것으로 문화인류학적 가치가 크다. 한국에서는 정수일이 '이븐 바투타 여행기'라는 제목으로 옮긴 바 있다.
●● 아프리카 말리의 북부에 있는 지명.
●●● 아프리카 중서부의 공화국.
●●●● 포르투갈의 항해자. 바스쿠 다 가마에 이어 1500년에 왕명을 받고 인도로 항해하는 도중에 폭풍을 만나 브라질에 표착하였고 이곳을 포르투갈령으로 했다. 인도의 캘리컷에 도착한 후 이슬람계 상인과 사건을 날조하여 포격하고, 인도 서해안의 다른 항구를 경유하여 이듬해 1501년에 귀국했다. 13척 중에서 리스본에 귀환한 것은 5척이었다.

베스푸치**처럼 말이지요. 이 모든 여행가들의 목표는 인도 제도와 그곳에 이르는 무역로의 발견으로, 16세기 초반에 이르러야 스페인 왕의 명을 받고 항해를 하긴 했지만, 포르투갈 사람 마젤란이 마침내 목표를 달성합니다. 저 멀리 남쪽에서 그는 유럽과 군침 도는 오리엔트의 시장 사이에 놓였던 길을 통해서 항로를 발견했고, 최초로 태평양을 가로질러 1521년에 필리핀에 도달했지만 원주민과의 소규모 전투에서 전사하고 말지요. 그는 나머지 항해를 마무리할 때까지 살지는 못했지만, 그가 이끈 배 가운데 한 척이 최초에 승선했던 선원들과 함께 희망봉을 거쳐 스페인으로 돌아왔고, 이들이야말로 세계를 최초로 일주한 사람들이었습니다.

미국 탐험의 시대

16세기가 시작되고 처음 50년간은 새로운 땅을 탐험하고 정복하느라 너무 분주해서 전체 여행의 역사에서 가장 놀라운 시기로 간주되어야 마땅합니다. 바다를 통해 새로운 땅의 발견이 더 광범위하게 이루어졌을 뿐 아니라 북아메리카의 코로나도*나 남아메리카의 프란시스코 데 오레야나**와 같은 여행가들은 광대한 지역을 탐험하고 신대륙의 내부로 수천 마일을 여행했습니다. 오레야나는 남아메리카를 가로질러 아마존 강으로 내려간 최초의 여행가였습니다. 멕시코를 정복한 스페인 출신 정복자 에르난 코르테스와 잉카 제국을 정복하고 리마, 그러니까 오늘날의 페루를 세운 프란시스코 피사로는 각자 다소 다른 동기에 이끌리기는 했지만, 신세계에서 가장 광활하고 가장 개발된 두 나라를 정복하면서

● 아르헨티나 동부, 라플라타 강 어귀의 도시.
●● 이탈리아의 탐험가.

멀리 넓게 탐험했습니다.

　이 시기에 이탈리아, 포르투갈 그리고 스페인 출신 여행가들이 위대한 족적을 남기긴 했지만, 북유럽 국가들도 이 대열에 곧바로 합류했습니다. 영국, 프랑스, 네덜란드가 각자의 영역을 차지하기 시작했고 카보트•••, 카르티에••••, 허드슨••••• 같은 인물들이 이 분야에서 능력을 인정받았습니다. 월터 롤리••••••가 이끈 불운한 기아나 원정과 배로 지구를 일주했던 드레이크•••••••의 위대한 업적은 큰 관심을 끌었던 기록으로 남겨지면서 이 떠들썩한 시기에 영국인이 담당했던 역할을 증언해줍니다. 드레이크와 엘리자베스 시대의 해적은 주로 신세계에서 풍요롭게 교역하던 스페인을 공격하고 약탈하려는 욕망 때문에 움직였습니다. 반면에 롤리, 길버트와 그 밖의 사람들은 새롭게 발견된 땅에서 더 많은 정착지와 식민지를 찾았습니다. 동방으로 가는 더 빠른 교역 루트를 찾고자 하는 더 오래된 동기도 여전히 한몫을 했고 프로비셔•와 데이비스•• 그리고 여러 여행자는 언제나 찾기 힘든 북서 항로를 찾으려 했다는 것도 알 수 있지요.

　17세기가 시작되면서, 프랑스는 모든 위대한 여행가 중에서도 이름을 올릴 만한 인물들을 배출합니다. 샹플랭•••, 라살, 마르케트•••• 등은 평신도이거나

• 스페인의 탐험가. 보물도시를 찾기 위해 북아메리카 지역을 탐험했다. 탐험 목적을 이루지는 못했지만 그랜드캐니언과 같은 북아메리카 남서부의 주요 대지형들을 발견했다.

•• 스페인의 군인이며 아마존 강 최초의 탐험가.

••• 이탈리아 출신의 항해사, 탐험가.

•••• 프랑스의 항법사, 탐험가. 1530년대부터 국왕 프랑수아 1세로부터 아시아에 이르는 북서 항로의 개척과 금광 등의 자원이 있는 육지를 발견하라는 대서양 항해의 명령을 받았다. 1534년 뉴펀들랜드 섬 주변으로부터 세인트로렌스 만으로 들어가, 1535~1536년 현재의 퀘벡과 몬트리올 부근에 이르러 세인트로렌스 강을 탐험하였고 현지인과도 접촉하였다.

••••• 영국의 항해가이자 탐험가. 1609년 네덜란드 동인도 회사의 명령으로 서북 항로를 개척하는 임무를 띠고 북위 80도까지 갔다. 후에 동북 항로 개척을 계획하여 러시아의 노바야젬랴와 아메리카의 동해안에까지 도달하여 강을 발견하여 허드슨 강이라 부르게 되었고 그곳에서 뉴암스테르담의 기초를 구축했다.

•••••• 영국의 군인이자 탐험가. 담배를 영국에 보급한 것으로도 유명하다.

••••••• 영국 남잉글랜드 태생의 해적, 탐험가, 해군 제독. 영국인으로서는 최초로 세계일주를 달성했다.

성직자였으며 신 프랑스 탐험의 선구자들이었지요. 이들의 여행과 삶의 이야기는 모든 여행가가 자랑스러워할 만한 기록을 만들어냅니다.

    프랑스가 아메리카에 전념하는 동안, 네덜란드 역시 용감한 탐험가들을 오스트레일리아와 뉴질랜드로 보냈습니다. 오스트레일리아는 16세기 중반에 스페인 사람들이 처음으로 발견했지만, 네덜란드 사람들은 자신들보다 먼저 아프리카에서 포르투갈 사람들이 했던 것처럼 서부 해안을 따라 남쪽으로 밀고 내려가기 시작해서 오스트레일리아가 섬이라는 것을 밝혀냈지요. 뿐만 아니라 뉴질랜드를 최초로 발견한 아벨 타스만•••••의 원정에서 절정에 이르렀습니다.

과학 여행의 시기

    여행의 역사에서 마지막 위대한 시기는 1768년에 사실상 최초로 순수한 과학 원정을 영국에서 출범시킨 제임스 쿡• 선장의 항해와 함께 시작되었습니다. 항해의 주된 목적은 금성이 통과하는 남태평양에서 새롭게 발견된 소시에테 제

• 영국의 항해가. 캐나다 북동 해안의 초기 탐험자였다. 1576년 프로비셔는 배 3척을 이끌고 태평양으로 가는 북서항로를 찾기 위해 영국을 떠났다. 래브라도와 배핀 섬을 탐험한 이들은 영국으로 돌아가 금광이 있을 것이라고 보고했다. 1577~1578년 같은 지역에 대한 2차례의 원정으로 허드슨 만을 발견했지만 금을 찾지 못했고, 식민지를 건설하려던 그의 계획은 실패로 돌아갔다.
•• 영국의 탐험가. 엘리자베스 여왕 때에 그린란드 서쪽을 탐험하여 '데이비스 해협'을 발견하였다. 캐번디시의 세계 주항에 참가했으나 마젤란 해협 통과에 실패, 돌아오는 길에 포클랜드 제도를 발견하였다. 1604년 동인도 회사의 배를 타고 남태평양 방면을 항해하던 중, 믈라카 해협에서 일본 해적선을 만나 싸우다가 사망하였다.
••• 프랑스 출신 아메리카 대륙 탐험가. 퀘벡을 세웠다. 캐나다의 초대 프랑스 식민지 총독.
•••• 프랑스의 예수회 선교사로서 미시간에 유럽 최초의 정착지를 건립했고 루이 졸리에와 함께 유럽인으로는 최초로 미시시피 강 북쪽 지역을 둘러보고 지도를 만들었다.
••••• 네덜란드의 항해사, 탐험가, 상인.

도**에서 당시의 과학자들이 비상한 관심을 모았던 천문학 현상을 관찰하는 것이었습니다. 수집과 조사 임무를 맡았던 원정대의 구성원 중에는 과학자도 몇 사람 끼어 있었습니다. 이때부터 개별 여행가들과 대규모 원정대가 과학적 목적으로 세상을 찾아 헤매며 관찰하고 자료를 수집했습니다. 세상의 위대한 나라들은 차례대로 이러한 과업을 떠맡았고 오늘날까지도 과학 여행의 규모는 상당합니다. 다윈의 유명한 비글호 항해와 월리스***의 동인도 여행은 우리 시대의 과학 가운데 상당 부분을 근본적으로 바꾸었습니다. 게다가 순수하게 이상적인 목적을 지향했을 때 여행의 성과물이 얼마나 위대할 수 있는지를 보여주었지요. 과학이 발전하면서 여행에 주었던 영감의 핵심적인 부분으로서, 우리는 극지방에 대한 눈부신 탐사 기록을 가지고 있습니다. 여기서의 목적 역시 이상이었기 때문에, 그 대가로 실용적인 가치는 박탈되었고 교역과 상업적인 동기는 완전히 제외되었습니다. 하지만 세대를 거듭하면서 인간은 이 거대한 역경에 맞서 분투하면서, 이 마지막 남은 미지의 요새에 도달하기 위해 수많은 고통과 죽음에 직면해야 했습니다. 하지만 그곳에 비춘 빛은 이상적 과학이라는 차가운 불꽃, 희미하나마 지속적으로 타올랐던 불꽃만은 아니었습니다. 그곳을 비춘 빛은, 참으로 누군가는 해야 하는 일이었기에 진정한 탐험가들의 가슴에서 어느 누구보다도 강렬하게 타오르는 불꽃이었습니다.

태곳적부터 여행의 역사를 주마간산 식으로 살피다 보니, 결국 이 분야가 광대하고 흥미롭다는 점만을 제시할 수 있었습니다. 넓은 시각에서 관찰해보아야만 풍경을 더 넓게 바라볼 수 있습니다. 높은 산꼭대기만 힐끗 봤다고 해서 밑에

● 영국의 탐험가, 항해사, 지도제작자. 평민 출신으로 영국 해군의 대령(포스트 캡틴)이 되었으며, 태평양을 세 번 항해했고, 오스트레일리아 동해안에 도달하였으며, 하와이 제도를 발견하고, 자필 원고로 세계일주 항해 일지를 남겼다. 또한 뉴펀들랜드와 뉴질랜드의 해도를 제작했다.
●● 남태평양에 있는 프랑스령 제도로, 가장 큰 섬은 타히티이다.
●●● 영국의 박물학자. 찰스 다윈과는 독립적으로 자연선택을 통한 종種의 기원론을 발전시킨 것으로 유명하며 '적자생존'이라는 용어를 만들었다.

있는 계곡에는 관심이 없다는 말은 아닐 것입니다. 우리는 어쩔 수 없이 위대한 여행가, 위대한 여정만을 살펴보았지만 그렇다고 해서 훨씬 소박하고 협소한 지역을 답사한 여행자를 무시할 수는 없습니다. 이렇게 협소한 분야에서 소규모 여행을 한 훨씬 규모가 작은 여행자 가운데도 발군의 무리가 있습니다. 이들이 전해준 가장 엄선되고 정통한 지역 정보, 날카롭고 비판적인 관찰과 호의적인 서술들을 통해서도 우리는 큰 즐거움을 얻을 수 있습니다. 뿐만 아니라 더 철저하고 더 날카로운 눈으로 주변 나라나 사람들을 볼 수 있는 기회를 모두 활용하도록 자극할 수도 있을 것입니다.

여행의 방법

각기 다른 시기의 여행자가 남긴 기록을 읽다 보면 그들이 드러내는 특징과 방법이 저마다 달라서 깊은 감명을 받을 수밖에 없습니다. 흔히들 문명국의 고속도로를 따라가는 근대의 여행은 편안하고 신속하며 안전하다고 입을 모으지만, 오늘날의 조건과 이전에 형성된 조건들은 그래도 아직은 비교해볼 만합니다. 과거의 여행자는 주로 혼자 다녔고 남의 눈에 띄기를 꺼려했지만 지금보다도 고난과 고통, 위험에 빠지기가 훨씬 더 쉬웠습니다. 그들은 여행을 위해 특별한 준비라고 할 만한 일을 거의 하지 않았습니다. 특별한 여행 용품도 거의 지참하지 않았지요. 대체로 아주 천천히 여행하면서 자주 멈추거나 가는 도중에 오랫동안 머물 수밖에 없었습니다. 수상쩍거나 불친절한 사람들의 정보에 주로 의존했기 때문에 자주 길을 잃었고 정상적이고 직접적인 소통 수단이 부족하여 에둘러서 목적지까지 여행해야 했습니다.

오늘날 상황은 크게 바뀌었습니다. 고독한 여행자나 치밀하게 조직된 원정대 모두 고난과 위험을 상당 부분을 피해갑니다. 더 편안하고 안전하게 여행을 성공적으로 완수하게 해주는 영리하게 고안된 온갖 종류의 장비나 물자를 확보할 수 있습니다. 잘 다져진 길을 벗어난 여행이나 아무도 밟지 않은 지역으로의 탐험이 여전히 문명 지역의 여행이나 탐험과 비교됩니다. 그러나 오늘날 외딴 곳의 여행자나 탐험가는 적어도 더없이 귀중한 이점을 갖고 있어서 빠르고 쉽게 미지의 장소로 향하는 현실적인 줄발점에 설 수 있습니다.

여행의 즐거움과 이익

◆

여행의 이점이나 즐거움에 대해서는 더 이상 말할 필요도 없을 정도로 매우 분명합니다. 새로운 땅, 새로운 사람들, 새로운 경험, 이 모두를 통해서 여행자는 더 넓은 지식을 얻을 수 있는 기회를 얻습니다. 그래서 여행자는 거의 아무런 제한 없이 자신의 이야기를 덧붙일 수도 있습니다.

이 분야도 다른 분야와 마찬가지지만, "인도에서 돈을 벌어오려면 반드시 인도에서 돈을 벌어야 한다"는 말을 기억해야 합니다. 다시 말해, 여행자는 자신이 아는 만큼만 얻을 수 있습니다. 어떤 지식을 얻는 것보다 더 중요한 것은 여행이 사고의 습관과 다른 사람을 대하는 태도에 영향을 끼쳐야 한다는 것입니다. 관용이 더 넓어지고, 삶의 진실한 가치를 더 정당하게 평가하며, 인류는 하나라는 깨달음이 더 깊어집니다. 그리고 어마어마한 인류의 성취를 바라보며 놀라움은 커져갑니다. 이러한 것들은 제대로 된 여행을 통해 나올 수 있는 결과입니다.

이런 것들을 모두 떠나서, 바람직한 것은 여행 그 자체의 즐거움이지요. 이미 지적했듯이 이것이야말로 어떤 사람들에게는 가장 큰 동기이고, 또 어떤 사람들에게는 적어도 중요한 동기가 됩니다. 진짜 여행자에게는 여행 그 자체보다 더 격렬한 즐거움도 없고, 더 지속적인 즐거움도 없으며, 더 긴급한 요청도 없습니다. 피로, 고난, 고통을 견뎌내야 합니다. 하지만 여행자에게 이것은 곧 지나갈 것입니다. 여행자의 기억 속에는 과거의 경이로움과 아름다움만이 선명하게 남을 것입니다. 여행자에게 지난날 지켜보았던 일몰의 빛깔은 흐려지지 않고 화려하게 타오릅니다. 귓가를 스치는 지난날의 바람 소리는 여전히 음악처럼 들리고, 오래전에 지나친 꽃향기가 코끝에서 맴돕니다.

우리 모두가 여행자가 될 수는 없습니다. 안락의자에 앉아 여행하는 것으로 만족해야 하는 사람도 있습니다. 다른 사람의 여행기를 읽는 것만으로도 귀중한 즐거움을 느낄 수 있습니다. 이런 사람은 여행자의 기억이 무의식적으로 하는 역할을 의식적으로 할 수도 있고 경험의 덩어리에서 가장 좋은 것만을 골라서 간직할 수도 있습니다. 그래서 위대한 여행가의 삶과 행동에서 엿볼 수 있는 인내, 영웅심, 불굴의 참을성 등이 영감을 줄 수 있습니다.

이 세상의 경이로움과 아름다움에 대해 여행가가 남긴 기록을 통해 모든 시대에 미지의 곳으로 얼굴을 향하고 있던 사람들, 영혼을 율리시스에게 맡겨두었던 사람들을 이해하고 그들과 공감할 수 있습니다.

나의 목적지는 해가 지는 곳, 서녘의 별들이 목욕하는 곳.
그곳으로 죽을 때까지 가겠노라!

로널드 딕슨

Ronald B. Dixon(1875~1934)

미국의 문화인류학자. 하버드대학교 피보디 박물관에 세계에서 가장 장서가 많고 이용하기 편리한 인류학 도서관을 세웠다. 또한 하버드대학교를 주요 인류학자 훈련기관으로 발전시켰다. 캘리포니아 인디언을 대상으로 처음 현지조사를 실시했고 그 결과 민족지·민속학·언어학에 관한 여러 권의 저서를 출판했다. 시베리아, 몽골, 히말라야 산맥, 오세아니아에서도 현지연구를 실시했다.

헤로도토스

◆

　헤로도토스를 흔히 '역사의 아버지'라고 부릅니다. 이 말의 기원은 키케로까지 거슬러 올라갑니다. 헤로도토스는 대체로 그런 칭호를 받을 만한 자격이 있습니다. 그 까닭은 유럽 문학의 발전 과정에서 '역사'(historia)라는 말이 사용된 이후로 헤로도토스가 그 의미에 맞게 사용했고,* 근대적인 의미에 맞게 역사를 구성하여 그 의미를 예시한 최초의 작가이기 때문입니다. 그의 시대 이전에도 어떤 면에서 역사와 비슷한 문학, 소위 산문 작가의 저술이 있었습니다. 이러한 저술은 그리스 도시 국가의 창건이나 단일한 가계의 계보 혹은 멀리 떨어진 지역의 기적과 연관된 일화를 서사시와 매우 비슷한 방식으로 다루었습니다. 헤로도토스 자신도 이런 유형의 초기 저술에서 영향을 받았습니다. 그의 『역사』는 이야기로 채워져 있고 먼 지역의 지리와 이방인의 습성이나 관습에 상당한 관심을 보였습니다. 하지만 헤로도토스와 선조들을 구분짓고 그에게 문학사에서 독특한 지

---

* 헤로도토스가 사용한 그리스어 히스토리아historia는 원래 '연구, 탐구'를 뜻하는 말이다. 헤로도토스는 자신의 작업이 단순히 사실을 모아 엮어낸 보고서가 아니라는 의식이 있었다고 할 수 있다.

위를 부여하는 이유는 세계적으로 중요한 사건들을 포괄적인 계획을 가지고 서술했고 그 사건들에서 인과관계를 추적한 최초의 작가라는 사실 때문입니다.

『역사』의 주제
◆

헤로도토스가 쓴 『역사』의 주제는 페르시아인과 그리스인 사이의 투쟁입니다. 이것은 단일한 사건의 수준을 넘어 이후 유럽 역사를 결정지은 사건이었지요. 간혹 핵심을 벗어나기도 했지만 후세의 문법학자들이 나누어놓았던 9권 내내 중심 주제를 벗어나지는 않았습니다. 앞 권에서는 페르시아의 힘이 점점 강해져서, 리디아 제국, 바빌로니아, 이집트를 차례로 정복한 이야기, 스키타이와 리비아 원정을 추적합니다. 5권에서는 이오니아의 반란과 사르디스의 화재를 접하게 되는데, 이 사건들은 페르시아가 그리스를 공격하면서 발생합니다. 6권에서는 이오니아 도시들에 대한 징벌과 마라톤에서의 위대한 승리로 막을 내리는 최초의 침략을 서술합니다. 나머지 권들에서는 크세르크세스(BC 519경~BC 465)●의 대침공을 기록합니다.

헤로도토스는 주로 자신이 살았던 시대로부터 영감을 얻었습니다. 그는 기원전 5세기 초에 태어났고, 그래서 페르시아 전쟁에 참가했던 사람들의 다음 세대에 속해 있었습니다. 그는 마라톤과 살라미스에서 싸웠던 많은 사람들을 알아야 했고 이야기를 나누어야 했습니다. 그의 고향 카리아의 할리카르나소스는 페르시아에 복속되어 있었고 그래서 그는 페르시아의 힘을 일찍부터 깨닫고 두려워했습니다. 운명과 기질이 결합되면서 그는 여행가가 되었습니다. 그는 두 차례나 고향에서 추방되어 오랫동안 조국 없는 사람으로 살다가, 결국 남부 이탈리아

● 크세르크세스 1세 또는 크세르크세스 대왕은 페르시아 제국 아케메네스 왕조의 황제로 기원전 485년부터 기원전 465년까지 페르시아를 통치했다. 기원전 480년 크세르크세스는 친히 대군을 이끌고 그리스를 침공했다.

의 투리이란 고장에서 시민권을 얻게 됩니다. 이곳은 고대 도시 시바리스 지역에 기원전 443년에 아테네인이 건립했던 일종의 해외 식민지였습니다. 헤로도토스는 아테네에 한동안 머물면서 소포클레스와 유명한 작가, 예술가 집단과도 친분을 나누었습니다. 이들의 작품 때문에 '페리클레스 시대'는 그리스 문학과 예술에서 '위대한 시대'와 동의어가 되었습니다. 아테네, 올림피아, 코린트, 테베에서 헤로도토스가 낭독회를 열었다는 전승이 있습니다. 그는 그리스의 여러 지역에서 직접 체험한 지식을 풀어놓았습니다.

헤로도토스 여행의 범위와 목적

하지만 헤로도토스의 여정은 그리스나 인접 지역에만 국한되지 않습니다. 자신이 직접 진술한 내용에 따르면, 페르시아 제국을 통해서 바빌로니아, 심지어 멀리 떨어진 수사나 에크바타나(하마단의 옛 이름)까지 여행했다고 합니다. 그는 이집트를 방문했고 나일 강을 거슬러 올라가 엘레판티나 섬까지 도달했으며, 뱃길로 티레와 리비아까지 다녀왔고 흑해를 여행하면서 크리미아와 콜키스라는 곳을 방문했습니다.

게다가 헤로도토스는 소아시아 내륙을 통해 시리아 해안 아래로 내려가 이집트 국경까지 여행한 모양입니다.

이 여행의 목적을 살펴보면 흥미로운 문제가 떠오릅니다. 가장 단순하고도 자연스럽게 이러한 여행의 목적이 역사를 쓰기 위한 준비 작업에서 비롯되었다고 추측해보는 것입니다. 하지만 다른 가능성도 제기될 수 있습니다. 헤로도토스는 상인이었고 그의 여행은 주로 사업적인 업무였다고도 생각해볼 수 있습니다. 이런 주장에 맞서 『역사』에는 상업적 관점이 전혀 드러나지 않고 헤로도토스가 다른 계급을 말할 때처럼 별다른 관심 없이 상인을 이야기한다고 주장할 수도 있습니다. 또한 『역사』를 직접 살펴보지도 않고 이 여행이 다른 나라의 정보를 수집하기 위해 진행되었다는 주장이 되풀이됩니다. 이 주장을 고수하는 사람들은 이렇게 믿는 것입니다. '헤로도토스도 호메로스의 시를 낭송했던 음유시인처럼 전문적인 낭송가였다, 그런데 그는 주제를 선택할 때 영웅시대의 대사건들이 아니라 민 나라와 그곳에 사는 사람들의 이야기로 잡았을 뿐이나.' 헤로도토스가 그리스의 여러 곳에서 작품의 일부를 낭송했다는 전승도 있고 『역사』 자체에서도 다른 나라와 그곳 사람들의 삶의 모습이 상당 부분을 차지하고 있어서 이러한 믿음을 더욱 생생하게 만들었던 것입니다. 마지막으로 이 여행에 어느 정도 정치적 의미가 있었을 가능성도 있습니다. 헤로도토스가 방문했던 나라들 대부분은 기원전 5세기 그리스의 정치인, 특히 아테네 제국을 창건하고자 하는 계획을 가지고 있던 페리클레스에게는 작은 지식이라도 아주 요긴한 지역이었지요. 헤로도토스가 아테네 의회로부터 받았다고 전해지는 10탤런트라는 엄청난 금액은 단순히 낭송의 대가로 지불받을 수 있는 정도의 액수가 아니었습니다. 그래서 틀림없이 정치적 수고의 대가였다고 지적되는 것입니다. 이 주장들은 모두 저마다 흥미를 유발할 만큼 그럴 듯하지만 어느 것 하나도 입증된 것은 없습니다. 헤로도토스 자신은 인간의 행위가 잊히지 않도록, 그리스인과 야만인의 위대하고 경이로운 작품들이 이름을 잃지 않도록 하기 위해 『역사』를 저술했다고 말하고 있을 뿐입니다. 어느 경우든 간에, 그는 마침내 자신이 모은 자료를 일정한 형식에 집어넣었고 결국 최초의 역사가로서 자신의 명성을 입증했습니다.

헤로도토스의 진실성

◆

헤로도토스가 착수했던 작업이 그에게 적절했는가 하는 문제로도 격렬한 논쟁이 벌어졌습니다. 고대에도 『역사』는 신랄한 공격을 받았지요. 플루타르코스*는 「헤로도토스의 악의에 대하여」라는 글을 썼고, 문법학자 아엘리우스 하르포크라티온은 '헤로도토스 역사의 거짓말'이란 제목으로 책을 쓴 것으로 전해집니다. 근대에도 이 책에 가혹한 평가가 내려진 바 있습니다. 이 역사가를 극진히 찬미했던 사람들조차 책에는 심각한 오류가 수두룩하다고 인정할 수밖에 없었습니다. 대부분의 동시대인들과 마찬가지로, 헤로도토스도 모국어 말고는 다른 말을 몰랐습니다. 그래서 통역자나 그리스어를 할 줄 아는 원주민에게 의존할 수밖에 없었지요. 그 자신도 이 문제에 대해서는 아주 솔직했고 항상 정보의 출처를 밝혔습니다. "이 부분은 페르시아 사람이 말해준 내용이다", "이집트의 사제들은 내게 말해주었다" 같은 말이 계속 되풀이됩니다. 심지어 그리스의 문제에 관련해서도, 그는 문서로 남겨진 증거보다는 주로 구전에 더 의존했던 모양입니다. 그가 정보의 출처로 책이나 금석에 새겨진 글을 언급한 경우는 거의 없습니다. 그러나 헤로도토스가 잘 속고 비판의식이 없다고 몰아세우는 것은 공평하지 않습니다. 그는 자신이 기록한 정보의 진실성에 의문을 품었고 나일 강의 범람에 대해 논의를 할 때처럼 여러 견해를 비교 검토했으니까요. 하지만 동시대의 다른 사람들처럼, 그도 비판 능력을 개발할 수 없었고 그래서 그의 책에도 불합리한 점이 있습니다. 그는 집념 어린 이야기꾼이었고 그저 이야기하는 것이 좋아서 기록으로 남긴 것 같습니다. 람프시니토스(람세스 3세) 왕의 보물창고 이야기처럼, 그가 했던 이야기도 이제는 역사라기보다는 전설의 영역에 속합니다.

헤로도토스의 종교적 요인

◆

● 고대 그리스 카이로네이아 명문가 출신의 철학자, 정치가 겸 작가. 그는 중기 플라톤주의 철학자 중 한 명이었으며, 『영웅전』의 저자로 널리 알려져 있다.

『역사』에 불리하게 작용할 만한 헤로도토스의 또 다른 기질은 그의 강한 종교적 성향이었습니다. 여전히 그는 모든 인간사에 드러나는 신의 손길을 바라보는 신앙의 시대에 살고 있었고, 헤로도토스도 이러한 믿음에 깊이 젖어 있었습니다. 그런 이유로, 『역사』에서는 신탁과 징조에 상당한 관심을 기울였고 다른 나라들을 다루는 장에서는 여기저기서 야만인의 신과 그리스의 신을 서로 관련시키려 했던 것입니다. 그리스의 많은 신들이 이집트에서 기원한다고 지속적으로 입증하려 분투했던 2권이야말로 이러한 일반적인 경향을 보여주는 유일하면서도 가장 인상적인 사례입니다.

따라서 역사로 간주되었던 헤로도토스의 저작은 중대한 결함으로 상처를 입게 됩니다. 고대와 근대의 비평가들이 이런 결함을 지적하면서 서로 경쟁하는 것은 놀랍지도 않습니다. 이런 비평가들의 태도는 다음과 같이 표현됩니다.

> 이집트의 사제들은 그대를 속여 넘겼지.
> 아주 어려운 일도 아니었지.
> 하지만 그대가 우리를 속여 넘기도록 두지는 않겠소.
> 헤로도토스여! 헤로도토스여!

상당히 불리한 비판에도 불구하고, 헤로도토스의 편에 서서 나쁜 신앙일지라도 믿고자 하는 사람들이 소수 있습니다. 그의 저작에서 드러난 결점들은 그가 속한 민족과 시대의 결점이었습니다. 그것들만 걷어내면 장점도 많습니다. 어느 시대의 그리스인도 이처럼 공정한 정신으로 야만인의 나라들을 다룬 사람은 없었습니다. 그리스의 관습을 찬양했듯이, 이민족의 관습에서도 좋아 보이는 것들을 찬미할 준비가 되어 있었습니다. 헤로도토스는 이야기를 너무 좋아해서 훌륭한 역사가가 되었지만, 그래도 이야기꾼 중에서 최고였지요. 그의 문체는 투명하고, 간결하며 직설적이어서 어디서나 '기술을 감추는 기술'을 보여 줍니다. 이것은 놀라운 성과지요. 사람들은 이 저작을 유럽에서 기록된 최초의 문학적 산문이라고 생각합니다. 마지막으로, 어떤 시대의 저자도 작품에 자신의 흔적을 이처럼 성공적으로 남긴 사람은 거의 없습니다. 『역사』의 페이지를 넘기다 보면, 저자가 수놓은 장면이 우리 앞에 생생하게 떠오릅니다. 우리 눈에도 그의 모습이 선합니다. 서판과 철필을 손에 들고 페르시아 제국이나 이집트 사원 여기저기로 통역자나 사제를 쫓아다닙니다. 그리스처럼 일을 처리하는 방식과 다른 점들을 재빨리 찾아내기 위해 진지하게 듣고 질문합니다. 항상 정중하고 호의적으로 자신의 담화를 꾸며줄 이야깃거리를 찾아다닙니다. 이러한 가치 판단과는 별개로 사실의 기록으로서, 헤로도토스의 『역사』는 인류의 기록으로서, 최고의 발전을 구가하던 시대에 빼어난 민족을 대표하는 한 사람의 믿음과 인상의 기록으로서 강한 흥미를 불러일으킵니다.

조지 헨리 체이스
George Henry Chase(1874~1952)

하버드대학교 고전예술학 담당 교수였고 아르고스의 하라이움(고대 그리스 시대에 올림포스 신들의 여왕 헤라에게 바쳐졌던 사원)을 발굴했다. 주요 저서로 『조각의 역사』 등이 있다.

엘리자베스 시대의 모험가들

◆

　수많은 지적 탐구 정신이 표출되면서 유럽의 르네상스가 만들어졌습니다. 그중에서도 지리적 탐험을 향한 새로운 충동은 가장 눈에 띕니다. 1492년 콜럼버스가 신세계를 발견하면서 산뜻하게 출발했지요. 곧이어 스페인이 그 뒤를 이어 주로 중앙아메리카와 남아메리카에 대규모 식민지를 개척하고 영토를 합병했습니다. 스페인은 16세기에 유럽에서 가장 강력한 가톨릭 국가였습니다. 엘리자베스 여왕 치하의 영국은 확실하게 로마와 관계를 단절한 후, 아메리카의 부와 지배권을 경쟁 국가들과 나눠가지려는 정치적 야망에 선도적인 프로테스탄트 국가라는 지위 때문에 종교적 동기가 덧붙여집니다. 게다가 이 경쟁에는 엄청난 상업적 이권이 걸려 있었습니다. 위대한 여왕 치하에서 평화롭게 발전하고 있던 영국은 더 넓은 시장이 필요했습니다. 약탈과 식민지 정착 말고도, 엘리자베스 시대의 상인 모험가들은 해외에 거대한 상업 시장을 만들고 싶어 했습니다. 호기심, 신앙심, 교역 등의 중요한 동기 때문에 이 대담하고 노련한 뱃사람들은 지구 끝까지 위험한 항해를 했던 것입니다.

엘리자베스 영국의 팽창

◆

    이 원정에서 거쳤던 다양한 루트가 항상 현실화된 것은 아닙니다. 이 사람들이 돈을 벌고 모험을 하기 위해 찾아 나선 곳은 스페니시 메인*만이 아니었습니다. 영국 선원들은 1553년 중국으로 가는 북동 항로를 찾아 가다가 백해白海를 발견했고 차르의 궁중으로 가서 러시아 교역로를 개척하면서 한자 동맹**의 질투 때문에 이전에 막혔던 발틱 루트에 의존하지 않게 됩니다. 이들은 지중해로 진출해서 트리폴리와 모로코에 원정대를 보내고 그리스 군도와 교역을 합니다. 한편으로는 이집트, 레반트와의 통상을 증진시켰고, 아라비아와 페르시아를 통과해 육로로 인도까지 견본을 가져갔습니다. 또 한쪽에서는 페르시아 만 혹은 희망봉을 경유해서 똑같은 목표를 달성했지요. 이제 영국인은 포르투갈인과 경쟁하게 됩니다. 1600년에 동인도 회사를 세우면서 인도에서 대영 제국의 시대가 시작됩니다.

---

* 스페인 제국 시대에, 캐리비안 해와 멕시코 만을 둘러싸고 있는 아메리카 대륙의 본토를 스페니시 메인Spanish Main이라고 불렀다. 이 지역에는 오늘날의 플로리다, 텍사스의 멕시코 만 동부 해안, 멕시코, 중앙아메리카, 남아메리카 북부 해안이 포함되었다.

** 13~17세기에 독일 북쪽과 발트 해 연안에 있는 여러 도시 사이에서 이루어진 연맹. 주로 해상 교통의 안전을 보장하고, 공동 방호와 상권 확장 등을 목적으로 했다.

스페니시 메인

◆

동시대인의 상상력을 가장 자극한 개척이 발생한 곳이 바로 영국인이 스페인인과 충돌한 바로 이 지역입니다. 우리는 생생한 자료를 간직하고 있습니다. 프랜시스 드레이크의 세 항해, 험프리 길버트●의 『뉴펀들랜드 항해』, 월터 롤리의 『기아나 발견』은 탐험의 방식과 결과를 훌륭하게 기록한 대표적인 사례이지요. 이 책들은 과학적이고 종교적이지만 그보다도 훨씬 애국적이고 해적 같은 행위를 보여줍니다. 이것들만큼 사람을 매료하는 이야기는 없습니다. 그 안에는 끔찍한 역경에 용감하게 맞섰던 장면, 너그러우면서도 믿을 수 없고 온화하면서도 잔인한 바다와 육지에서 겪은 가장 무서운 곤경을 참아냈던 풍경들이 생생합니다. 서쪽으로 처녀 항해를 했을 당시만 해도 드레이크는 아직 젊었습니다. 1572년 그는 놈브레 데 디오스로 원정을 떠나 왕의 보물창고를 거의 채울 수 있었습니다. "그 빛을 통해 우리는 아래 공간에서 엄청나게 많은 은을 보았다. 우리가 계산한 바로는 길이가 70피트, 너비가 10피트, 높이가 12피트나 되는 은 덩어리가 쌓여 있었다. 벽에 쌓여 있던 은 덩어리 하나의 무게는 35파운드에서 40파운드 사이였다." 밝혀진 바에 따르면 무게는 모두 합해서 360톤이었지요. 영국인은 이 엄청난 보물에는 손도 대지 않고 부상당한 선장의 목숨을 구했습니다. 이렇게 자제했음에도 불구하고 영국인이 스페인인을 어떻게 괴롭혔는지는 이야기 마지막 부분에 요약된 진술을 통해 짐작할 수 있습니다. "이 당시에 카르타헤나, 놈브레 데 디오스 등지에는 2백 척이 넘는 소형 군함이 있었다. 그 지역에 우리가 거주하는 동안 대부분을 우리가 빼앗았다. 그것들이 우리와 맞서 싸우는 군함으로 보이지 않았거나 우리를 함정에 빠뜨리려고 군인들을 매복시켜놓지 않았더라면 불태워지거나 침몰되지도 않았을 것이다."

● 모험가이자 영국의 하원의원. 엘리자베스 여왕 치하에서 북아메리카와 아일랜드에서 식민지 개척에 앞장섰다.

지리학적 공헌

◆

이러한 모험가들의 이야기를 통해 아메리카와 그 지역의 원주민에 대한 초기 지식을 상당 부분 얻을 수 있습니다. 물론 이들이 제공한 정보를 항상 액면 그대로 받아들일 수는 없습니다. 과학적인 지리학 정보라기보다는 여행가의 이야기로 받아들이는 편이 훨씬 자연스럽습니다. 하지만 그것만으로도 가치가 있고 그 자체로도 당대의 격앙된 상상력을 보여주는 커다란 오락거리입니다. 존 호킨스●의 항해에 얽힌 일화를 통해 우리는 악어에 대해 알게 되었습니다. "악어는 먹이를 먹고 싶을 때, 자신의 본성 때문에 마치 기독교인처럼 눈물을 흘려서 먹잇감이 다가오게 한다. 그러고는 먹잇감을 낚아챈다. 여기에서 속담이 유래되었고 이것이 여인에게 적용되어서 여인이 울고 있을 때 '악어의 눈물'이라고 하게 된 것이다. 여기에 담긴 의미는 악어가 울면서 속이듯이 여자도 대부분 울면서 그렇게 한다는 것이다." 담배의 놀라운 특성도 같은 이야기에 나와 있습니다. "플로리다에 사는 사람들은 여행을 할 때 말린 풀과 식물줄기, 흙으로 빚은 컵을 가지고 다니다가, 그 끝에 말린 풀에 불을 붙이고 식물줄기를 통해 연기를 빨아들인다. 거기서 나오는 연기는 허기를 달래주어 고기를 먹거나 물도 전혀 마시지 않고도 4~5일을 견딘다. 이것을 프랑스 사람들은 이런 목적으로 사용했다. 프랑스 사람들은 담배가 위에서 분비액과 가래를 제거해준다고 믿고 있었다." 감자도 상당히 미화되었습니다. "감자야말로 먹을 수 있는 가장 섬세한 뿌리이다. 우리가 먹는 서양방풍나물이나 당근을 훨씬 능가한다. 감자는 크기가 주먹 두 개만 하고, 겉은 파인애플처럼 생겼지만, 오이의 껍질처럼 부드럽고 안은 먹어보면 사과 같지만 달콤한 사과를 설탕에 절인 것보다 훨씬 맛있다."

식물이나 동물에 관한 묘사들 외에도, 여행과 정복에서 얻어진 이야기는 비

● 영국의 조선업자, 해군 사무관, 상인, 항해사, 노예상인.

록 공상이 가미되기는 했지만, 만났던 원주민과 그들의 생활 습관에 관련된 재밌는 정보를 상당수 담고 있습니다. 특히 인디언이 금과 진주를 엄청나게 가지고 있다는 이야기에 독자들은 충격을 받습니다. 이러한 내용은 마치 기니아의 황제를 소개하면서 월터 롤리가 인용했던 엘도라도 이야기처럼 터무니없이 들립니다. 금과 은으로 된 부엌용품에 만족을 못했던 이 황제는 자신의 유원지를 보석으로 된 꽃과 나무로 상식했다고 사람들은 믿었다고 합니다.

탐험가의 품행

여러분은 믿고 싶지 않겠지만, 이 이야기들은 주로 영국인의 관점에서 나온 것들입니다. 종교적인 원한과 정치적이고 상업적인 경쟁 때문에 영국인은 스페인을 증오했지요. 그래서 스페인인이 원주민과 영국인 죄수들에게 잔인하게 굴었다는 이야기가 상당히 왜곡되었습니다. 영국 모험가들이 성인은 아니었으니까요. 그 사람들 가운데 상당수는 그저 해적에 불과했습니다. 또 상당수는 아프리카와 인도에서 노예무역으로 먹고살았지요. 당시에 그 사람들이 보여준 대담한 용기와 인내심, 서로에 대한 충성심과 여왕에 대한 충성심을 찬양하던 모습은 살아 있는 짐짝을 다룰 때 보여준 비인간적 대우와 사람으로서 흑인의 권리를 소홀히 했던 증거들 때문에 퇴색합니다. 그들은 아프리카의 노예들을 마치 가축이나 짐승가죽처럼 서인도로 운송하기로 계약을 맺었고 바다에서 위험에 처하면 이 불쌍한 사람들을 가장 먼저 버려 배를 가볍게 했지요.

하지만 금과 정복욕 때문에 생긴 이 끔찍한 상황 속에서도 적에게 관용을 베풀고 사람들에게 호의를 보이며 자신들이 이해한 만큼 게임의 법칙을 존중하고 따르려는 사람들도 있었기 때문에 상황은 한층 밝아졌습니다.

이야기의 양식

◆

이런 항해 작가들의 정신 덕분에 문학이 만들어졌지요. 선장과 조국에 대한 찬미, 적에 맞선 동료에 대한 격려, 돌아와서는 모험담을 늘어놓는 여행자에 대한 사랑, 이런 것들이 글을 쓰게 하는 주된 동기였습니다. 작가들은 양식이나 수사법을 염두에 두지 않고 이야기를 전달했습니다. 그래서 사실을 담담하게 전달하는 듯하지만 자신도 모르게 자신의 기질과 시대정신을 드러냅니다. 엄청난 열광과 무한한 야망의 시대였고 환상적인 상상력의 영향 아래서 시작되어 철저하게 비양심적이기는 했지만 절대적인 헌신과 굴복하지 않는 용기로 완성된 약속의 시대였습니다. 근대 세계는 해적들을 따라다녔던 수많은 악습의 유혹에서 대부분 벗어났지만, 탐험가들이 보여준 당당한 모습 때문에 우리의 피는 여전히 끓고 있습니다. 우리의 상상력은 이러한 영웅적인 심장 때문에 부풀어 오르지요.

"시간과 운명 때문에 약해져도 의지만큼은 강인하게 분투하고, 찾아내고 발견할지언정 포기하지는 않는다."

윌리엄 앨런 닐슨

발견의 시대

◆

　15세기가 저물면서 중세도 막을 내렸습니다. 봉건주의라는 거대한 중세 제도는 도처에서 기반을 잃고 있었습니다. 군주의 권력이 강화되고 상비군 제도가 출현하자 봉건 제도는 더 이상 필요가 없어졌기 때문입니다. 작은 나라들은 국가로 합병되었습니다. 카스티야와 아라곤은 스페인 왕국이 되었지요. 프랑스의 여러 주들은 부르봉 왕가 밑으로 합쳐졌습니다. 한편 영국은 내분을 해결하고 나서 튜더 왕조 아래 평화롭게 통합되었습니다. 이러한 합병과 통합 때문에 국민 의식이 생겨나고 지역적으로 팽창하려는 욕구가 터져나왔습니다. 게다가 지리학 연구가 부활하고 컴퍼스가 항해용으로 사용되면서 선원들은 더욱 대담하게 바다로 진출했습니다. 그래서 터키의 정복지에서는 지중해의 항구와 동방 사이의 옛 경로를 폐쇄합니다. 이제 대담하게 서쪽 대양으로 항해하는 시대가 무르익었습니다.

콜럼버스의 항해
◆

지구상의 새로운 반구를 발견하려는 최초의 성공적인 원정은 스페인 국왕의 명을 받은 제노바 출신 항해사의 지휘하에 이루어졌다고 보는 게 타당합니다. 제노바는 지중해 최초의 상업 도시 가운데 하나였지요. 스페인은 유럽의 군주국가 가운데 가장 강력하고 진취적이었습니다. 콜럼버스는 해상 기술을 가지고 있었고 제노바인 특유의 대담성에 국가의 재정적 지원이 더해지면서 서쪽의 발견으로부터 많은 것들을 얻을 수 있었습니다. 33일간의 인도 군도 항해, 원주민에게 받은 대접, 새로운 땅에 대한 황홀한 이야기는 세상의 모든 학생에게 알려집니다. 하지만 발견자 자신의 말로 직접 이야기를 들어보는 것만 하겠습니까? 신세계에 최초로 발을 들여놓았다는 명예를 드높인 사람들은 따로 있었다는 것도 사실입니다. 콜럼버스가 팔로스*에서 출항하기 거의 4세기 전에, 붉은 에릭 왕의 아들인 에릭슨의 지휘 아래 노르웨이 항해사들이 그린란드의 노르웨이 식민지를 출항하여 바인란드 해안에 도달했던 것으로 전해집니다. 바인란드가 래브라도인지 아니면 노바 스코샤인지, 아니면 뉴잉글랜드인지 역사가들은 하나로 의견을 모으지 못하고 있습니다. 현재 의견의 전체적인 취지는 에릭슨과 그의 추종자들은 만일 그렇게 멀리까지 진출했다 하더라도, 십중팔구 래브라도의 남부에 도달하지는 못했다는 것이지요. 하지만 어떤 경우든, 이런 식으로 노르웨이가 진출했다 해도 영구적인 식민지를 건설하지는 못했습니다. 새로운 국가를 식민지로 수립하는 일은 콜럼버스가 이끄는 길을 따라갔던 사람들의 몫이었지요.

콜럼버스가 히스파니올라 섬**의 부와 자원에 대한 새로운 소식을 가지고 돌아오자 이 소식은 모든 유럽의 상상력에 깊은 인상을 남겼습니다. 스페인 궁정

---

* 스페인 서남부의 소도시. 콜럼버스가 최초의 서방 항해로 출발한 항구. 예전에는 중요한 항구였으나, 현재는 폐쇄되었다.
** 서인도 제도에서 두 번째로 큰 섬으로 쿠바 섬 동쪽에 있다. 크리스토퍼 콜럼버스가 1492년과 1493년의 1·2차 항해에서 스페인의 첫 식민지를 건설한 곳이다.

은 발견의 열매를 온전히 독점할 수 있도록 콜럼버스를 더 멀리 보내 이익을 끝까지 거둬들이느라 바빴지요. 다른 나라의 항해사들도 신세계에서 떨어지는 떡고물을 얻어가려고 분발했습니다. 이들 중에 피렌체 출신의 선장 아메리고 베스푸치란 사람이 있었는데, 그는 1497년에 대서양을 횡단했고 돌아와서는 지리학적 정보를 제공했고 유럽의 지도 제작자들은 그의 이름을 따서 신대륙에 이름을 붙였습니다. 마찬가지로, 캐벗* 부자父子는 같은 해에 헨리 8세의 후원을 받고 브리스톨을 출항해서 래브라도 해안을 따라 탐험해서 이후에 영국이 북부 아메리카라는 광대한 지역의 소유권을 주장했습니다. 프랑스는 자크 카르티에에게 발견의 임무를 주어 파견했고 적당한 시기에 같은 방식으로 세인트로렌스 유역의 소유권을 주장했습니다.

아메리카에서의 새로운 국가 건설

◆

새로운 영토의 소유권을 확보하기 위해서 유럽의 국가들은 발견 이상의 일을 해야 했습니다. 정착지를 만들어 식민지를 건설해야 했던 것입니다. 이 분야에 선두 주자였던 스페인은 국가의 모든 에너지를 쏟아 부어 가장 방대한 전리품, 즉 서인도 제도, 중앙아메리카, 남아메리카 대륙의 서쪽 경사지를 일구어낸 것으로 보입니다. 인도 제도에는 노동력을 많이 들이지 않고도 작물을 수확할 수 있는 기름진 땅이 있었습니다. 본토에는 금은 원광이 엄청났습니다. 이웃한 반도의 후미에서 열심히 따라오고 있던 포르투갈은 더 멀리 남쪽으로 진출하여 귀금속으로 풍부한 배당을 약속했던 브라질 해안을 세습 재산으로 차지했습니다. 존 캐벗과 세바스티안 캐벗 부자가 대신해서 다소 뒤늦게 선두주자들을 따라잡았

* 북미 대륙을 발견한 이탈리아 탐험가.

던 영국은 스페인 소유지의 북부 지역(플로리다에서 펀디 만에 이르는 해안)으로 만족할 수밖에 없었습니다. 이 지역은 모험가들을 끌어들일 만큼 방대한 광물 자산이 없었습니다. 하지만 결국 이러한 선택은 모두에게 가장 현명한 일이었습니다. 이 분야에 마지막으로 뛰어든 프랑스는 북쪽으로 더 멀리 아카디아, 세인트로렌스와 오대호 지역까지 밀고 올라갔습니다. 유럽의 다른 나라들, 스웨덴과 네덜란드는 여전히 경쟁 중이었고, 스웨덴은 델라웨어에, 네덜란드는 허드슨이라는 새로운 지역에 그럭저럭 위태로운 발판을 마련했습니다. 하지만 두 나라 모두 적당한 시기에 퇴각했고 이 식민지들은 영국의 손에 넘어갔지요. 1세기 동안에 걸친 분쟁 이후 프랑스가 차지한 지역도 마찬가지였습니다.

버지니아와 뉴잉글랜드

◆

대서양의 해안선을 따라 영국이 소유권을 주장했던 지역에서, 곧이어 두 곳의 정착지가 만들어졌습니다. 1607년 초, 1백여 명의 정착민이 버지니아의 제임스타운에 앵글로색슨계 아메리카 식민지를 처음으로 세웠고, 개척자 공동체는 피할 수 없는 고난을 겪으며 독립적으로 정착지를 확보했습니다. 이들은 당시의 법률 용어로 쓰인 칙허장을 가지고 왔고 일정한 시간이 지나면서 지역자치정부 제도를 스스로 마련했지요. 이 지역의 자치구와 버지니아주 하원은 옛날 영국의 행정 제도를 축소해서 모방한 것입니다. 1607년 초까지 북쪽으로 더 진출해서 정착지를 건설하려는 시도는 퀘벡의 입구 근처에서 좌절되고 말았습니다. 1620년이 돼서야 메이플라워 호의 이주자들이 플리머스에 정박해 뉴잉글랜드의 기초를 쌓았습니다. 이주자들은 처음에는 영국을 떠나 네덜란드로 갔지만 낯선 환경의 소용돌이에 말려들 것을 깨닫고는 자신들만의 환경을 창조할 수 있는 새로운 땅을 찾아 출발하기로 결정했습니다. 상륙하기 전에 이주자들은 자신들의 '시민 정치체'가 수립되는 곳에서 구성원 사이에 정치적 협약을 맺어 새로운 공동체의 복지를 위한 법률을 제정하기로 협약을 맺었습니다. 이들은 정착지에서 초기에 엄청난 고난을 겪었고 인구는 좀처럼 늘어나지 않았습니다. 플리머스의 바위*에 상륙한 지 10년이 지났지만 인구는 모두 다 합해도 3백 명밖에 안 됐습니다. 최초의 경제·사회 제도는 공동체적이었지만 시간이 흐르면서 이 제도는 폐기되었고 지속적인 노력 덕분에 식민지는 번영의 길로 접어들었습니다.

하지만 뉴잉글랜드에서 더 중요한 정착지는 매사추세츠 만의 해안가에 존 윈스럽**과 추종자들이 만든 것이었습니다. 1630년, 윈스럽은 1천여 명의 정착민을 세일럼으로 이끌고 들어왔고 그 후 2년 동안, 보스턴을 포함해 여섯 개의 마을을 세웠습니다. 프리머스와 매사추세츠 만의 식민지는 만들어진 이후로 반세기가 넘도록 분리되어 있었습니다. 1690년에 이곳들은 매사추세츠주로 통합되었지요.

1630년에 이르러, 영국인은 대서양 해안 지방의 북쪽과 남쪽에 전초지를 확실하게 수립해놓았습니다. 이 사람들의 다음 계획은 남과 북 사이의 지역을 지배하는 것이었어요. 엄격한 종교적 요구 사항을 준수하지 않으려 했다는 이유로 밀려난 정착민은 매사추세츠를 나와서 남쪽 방향으로 로드아일랜드와 코네티컷 지역으로 이동했습니다. 윌리엄 펜***, 볼티모어**** 그리고 여러 사람들은 식민지 건설을 개인 기업으로 기획하기 위해서 준비했지요. 이들은 야심차게 영국 왕의 지원을 받아 펜실베이니아와 메릴랜드의 주춧돌을 놓았습니다. 델라웨어

● 필그림 파더즈Pilgrim Fathers의 상륙 지점에 있음.
●● 영국의 아메리카 식민지 개척자. 매사추세츠 만 식민지의 초대 총독.
●●● 본래 영국 국교회 가정에서 성장하였으나 22세가 되자 그리스도 친우회로 개종하였고, 올리버 크롬웰의 사망 후 왕정복고가 이루어진 잉글랜드에서 이단으로 몰려 1677년 2백여 명의 동지와 함께 북아메리카의 잉글랜드 식민지로 이주하였다. 펜은 아버지가 국왕 찰스 2세에게 준 빚 대신 식민지 남서부의 광대한 영토를 변제받았고, 이 지역이 현재의 펜실베이니아 주(이 명칭은 펜Penn과 숲을 뜻하는 라틴어 실바니아Sylvania로 이루어진 것이다)가 되었다. 펜은 이 지역에서 정부 형태의 조직을 처음으로 구성했으며, 여기서 제정된 법령들은 미국 독립전쟁 이후 미국 헌법의 기초가 되었다.

의 스웨덴인과 허드슨의 네덜란드인은 버티지 못해서 이들이 소유했던 땅들은 영국의 통제 아래 놓였습니다. 버지니아에서 매사추세츠까지 모든 지역을 소유하고 난 다음 영국의 과제는 훨씬 더 위협적인 프랑스를 요지에서 쫓아내는 것이었습니다.

내지 탐험과 교역

이와 같은 식민지 건설은 내지 탐험과 손을 잡았습니다. 17세기 동안에 프랑스의 항해사들이 오대호와 미시시피 강을 횡단했고 영국의 모피 교역자들은 뉴잉글랜드의 내륙 지방을 관통했습니다. 선교사들이 교역자들의 발자국을 따랐고 때가 되자 북아메리카의 주요한 두 식민지 개척 국가들은 각자 영향력이 미치는 범위를 확장하기 위한 수단으로 교역자와 선교사를 활용하고 있었습니다. 심지어 가장 초기의 정착지들이 엘레게니 산맥의 서쪽에 만들어지기도 전에 최초의 소규모 접전이 발생해서 이 지역을 소유하려고 오랫동안 투쟁하게 됩니다. 숫자와 자원이 부족했음에도 프랑스의 식민주의자들이 가장 대담했고 탐험가이자 쿠뢰르 드 부아●●●●로서 가장 진취적이었으며 남쪽의 이웃들보다 끈질겼습니다. 이런 이유 때문에 영국 개척자들이 안전을 확보하고 영토를 확장하는 데 어려움을 겪었던 것입니다. 하지만 결국에는 단순한 수적인 우세가 판세를 결정지었고 한동안 영국이 대서양에서부터 미시시피 강에 이르기까지 모든 지역의 주

●●●● 영국의 정치가이자 식민지 개척자. 엘리자베스 여왕 시대에 미국의 버지니아를 방문하고 돌아온 그는 찰스 1세에 의하여 '볼티모어 경'으로 서임을 받고 포토맥 강으로부터 북위 40도에 이르는 거대한 땅을 받았다. 국왕은 이 땅을 왕비 마리Marie의 이름을 따서 '메릴랜드'라 불렀다.
●●●●● 프랑스어로 '숲 속을 달리는 자'란 뜻으로 프랑스계 캐나다인 나무꾼이나 여행자, 모피 상인들을 지칭하는 말. 이들은 주로 17세기 후반에서 18세기 초까지 활동했고 북아메리카 내륙 지방 등을 여행하며 모피 무역을 했다.

인이 되었습니다.

윌리엄 베넷 먼로
William Bennett Munro(1875~1957)
캐나다 출신의 사회학자이자 우생학자로 하버드대학교에서 사회학을 가르쳤다.

다윈의 비글호 항해

◆

『비글호 항해기』란 책이 출간되지 않았더라도, 일급 자연학자로서 찰스 다윈의 명성은 충분히 확인되었을 것입니다. 그토록 다사다난했던 세계일주가 끝나기도 전에 이 젊은 자연학자가 영국의 친구에게 보낸 편지를 보고 지리학자 애덤 세드윅*은 찰스 다윈의 아버지 로버트 워링 다윈 박사에게 아들이 당대 최고의 과학자들과 어깨를 나란히 하게 되리라고 예언했습니다. 나중에 증명되었듯이, 찰스 다윈은 당대는 물론이거니와 모든 역사를 통틀어 빼어난 과학자 가운데 한 사람이 되었지요. 다윈이 그러한 기초를 닦을 수 있었던 것은 비글호 항해에서 성실하게 연구한 덕분입니다.

  다윈은 학교와 대학의 관습적인 훈련 과정에는 거의 관심을 보이지 않았지요. 아이 때부터 그는 자연물을 수집하면서 강한 흥미를 느꼈습니다. 광물, 식물,

---

● 근대 지질학의 창시자 가운데 한 사람. 영국 요크셔에서 태어나 케임브리지대학교에서 공부했다. 그는 다윈의 은사였지만, 자연선택에 의한 진화론을 노골적으로 반대했다.

곤충, 새 등은 그의 정신을 자극하고 활발하게 움직이게 한 재료였습니다. 하지만 목사가 되려고 공부하던 케임브리지대학교 시절이 돼서야 비로소 존 헨슬로* 교수의 격려를 받고 이러한 취미를 진지한 소명으로 바꾸게 됩니다.

항해의 계기
◆

    1831년경 영국 해군은 10문의 총을 장착한 쌍돛대 범선, 비글호를 마련하기로 결정했습니다. 그래서 몇 년 전에 시작된 파타고니아와 티에라 델 푸에고의 탐사를 마무리하고 칠레, 페루 해안과 태평양의 섬들을 조사하여 크로노미터** 측정값을 수립하려 했던 것입니다. 자연학자라면 이 원정에 꼭 함께해야 한다고 생각할 정도로 이 항해는 모든 사람들에게 중요해 보였습니다. 헨슬로 교수의 주선으로 로버트 피츠로이*** 선장은 마침내 이 항해를 위해 선원 겸 자연학자가 되어달라고 찰스 다윈을 설득했습니다. 헨슬로 교수는 완벽한 자연학자는 아니지만 수집하고, 관찰하고, 자연사에서 주목할 가치가 있는 사안을 검토하기에 충분히 검증된 연구자로 다윈을 추천했지요.

    두 차례나 출발 시도에 실패한 이후에 비글호는 마침내 1831년 12월 27일 영국 데이번포트에서 출항했습니다. 그리고 거의 5년간의 여행을 마치고 1836년 10월 2일 영국 펠머스로 귀항했습니다. 비글호의 항로는 대서양을 지나 브라질 해안까지, 남쪽으로는 남아메리카의 동부 해안을 따라 티에라 델 푸에고까지, 다시 이곳에서 방향을 바꾸어 칠레와 페루의 해안을 비켜 북쪽까지 걸쳐 있었습니

• 영국의 목사, 식물학자, 지질학자. 찰스 다윈의 친구이자 스승이었다.
•• 바다에서 특히 경도經度를 측정할 때 이용되는 매우 정확한 시간 측정 장치.
••• 영국의 해군, 수위측량사, 기상학자. 찰스 다윈이 참여한 두 번째 비글호 항해 때 함장을 맡았다. 또한 날씨를 실용화하려고 시도했으며 1843년부터 1845년까지 뉴질랜드 총독을 지냈다.

다. 적도 부근에서 비글호는 서쪽 항로를 택해 태평양을 가로질러 오스트레일리아를 향했고 다시 여기서 희망봉을 돌아 인도양을 횡단했으며 남대서양을 거쳐 브라질을 향했습니다. 여기서 비글호는 세계일주를 완수하고 다시 처음 항로를 택해서 영국으로 되짚어갔습니다.

비글호를 타고 영국을 떠났을 때 다윈은 22세였습니다. 항해하는 5년 동안은 다윈이 성인으로 성장하는 시기였습니다. 이 시기가 자신에게 어떤 의미였는지 다윈은 다 알아채지 못했습니다. 영국을 떠나기 전에 다윈은 비글호의 출항일이 자신의 두 번째 생의 시작이자 새로운 생일이 되리라고 공언했습니다. 어린 시절 내내 열대 지방에 가보는 꿈을 꾸었는데, 이제 그 꿈이 실현되었던 것입니다. 다윈의 편지와 항해 기록은 넘치는 젊음으로 가득했습니다. 다윈은 브라질에서 친구 폭스에게 편지를 썼습니다. "영국을 떠난 이후로 줄곧 나의 정신은 온전히 기쁨과 놀라움이라는 태풍 속에 있었어." 다윈은 리오에서 헨슬로 교수에게도 다음과 같이 썼습니다. "여기서 저는 처음으로 온통 숭고한 장관 속에서 열대림을 보았습니다. 실제로 선생님께 전해드릴 수 있는 것이라곤 이 광경이 엄청나게 놀랍고 장대하다는 인상뿐이군요." 또 다른 편지에는 이렇게 적고 있습니다. "내가 처음으로 브라질의 무성한 초목 안으로 들어와 관찰해보니, 『아라비안나이트』에 나오는 환상이 실현되고 있었다. 이러한 화려한 광경 때문에 사람들은 즐거움의 무아경에 빠지게 되고 딱정벌레 사냥꾼은 어디를 가든 신선한 보물이 눈을 만족시켜주므로 환상에서 곧바로 깨어날 것 같지는 않다." 타고난 열정을 가진 자연학자만이 이렇게 쓸 수 있습니다.

자연학자의 훈련

◆

하지만 비글호 항해는 다윈에게 세상을 보는 것 이상의 기회를 의미했습니다. 바다에서 지낸 5년 동안 그는 일하는 방법을 배웠습니다. 그것도 항상 참기 힘든 상황에서 일하는 법을 배웠습니다. 비글호는 작고 비좁아서 자연학자의 수집품들을 늘 쉽게 관리할 수가 없었습니다. 다윈이 가장 높이 평가했던 일등 항해사는 배의 상태에 책임을 지고 있어서 다윈이 항상 갑판 위에 잡동사니를 늘어놓는 일에 강하게 반대했습니다. 이 사람에게 표본 정리란 '아주 고약하고 야만적 행위'였고 "내가 선장이라면 곧장 당신과 이 지독한 물건들을 쓸어버리겠다"고 했답니다. 비글호의 비좁은 공간에서는 반드시 정리정돈을 해야 했기 때문에 다윈은 꼼꼼한 연구 습관을 갖게 되었습니다. 비글호에서 다윈은 분초를 관리해서 시간을 절약하는 황금율도 배웠습니다. 다윈이 어딘가에서 했던 말, 모든 인생은 5분이라는 시간의 연속으로 이루어진다는 표현은 그런 의미였던 것입니다.

하지만 다윈은 비글호에서 시간에 맞서서 물리적으로 불편한 상황에서 일하는 법을 배웠을 뿐 아니라 육체적으로 불편한 상태에서도 자기 임무를 수행하는 습관을 얻었습니다. 항해를 시작하고 처음 3주가 지난 이후부터 다윈은 심각하게 병이 난 적은 없지만, 배가 위아래로 심하게 흔들릴 때마다 불편을 느꼈습니다. 그의 이런 예민함은 1836년 6월 3일 희망봉에서 보낸 편지에 잘 나타나 있습니다. 편지에서 다윈은 이렇게 말했습니다. "항해가 거의 마무리되어가고 있어서 다행이다. 3년 전보다 뱃멀미를 더 심하게 겪고 있으니 말이다." 다윈은 분주하게 일했고, 이런저런 불편함이 늘 따라다녔지만, 말년의 위장병이 젊은 시절의 경험 때문에 생긴 것이라고는 생각하지 않았습니다.

귀항 길에 그의 정신은 다소 차분해졌습니다. 비글호가 바깥 항로로 가로질렀던 브라질의 바이아에서 여동생에게 보낸 편지에는 이렇게 적혀 있습니다. "지난 4년 동안 얼마나 많은 열정이 사라져버렸는지 생각할 때마다 늘 고통스럽구나. 난 이제 브라질의 숲을 담담하게 걸어갈 수 있단다." 하지만 시간이 흐른 후 다윈은 자신의 『자서전』에서 항해를 다시 떠올리면서 이렇게 말했습니다. "찬란한 열대 우림의 초목이 다른 어떤 것보다 더 생생하게 지금 내 정신 속에 떠오른다."

항해의 실질적 결과

◆

다윈에게 이 항해가 어떤 가치가 있었는지는 자신의 말에서 가장 잘 드러납니다. 말년에 다윈은 이렇게 썼습니다. "비글호 항해는 내 인생에서 단연코 가장 중요한 사건이었다. 나는 이 항해 덕분에 처음으로 내 정신을 훈련하고 교육시킬 수 있었다고 늘 생각한다. 나는 자연사의 몇몇 분야에 주목하게 되었고 그러면서 나의 관찰력은 꽤 발전되어 있었지만 이 항해로 인해 더욱 향상되었다." 마지막으로 피츠로이 선장에게 보낸 편지에서는 이렇게 말했습니다. "다른 분들은 사소하게 의견이 맞지 않았던 부분도 곧잘 잊었다고 비글호를 회상할 수 있지만, 비글호야말로 내 인생에서 가장 운이 좋은 상황이었고 선장께서 나를 자연학자로 추천해주셨기에 얻은 기회였습니다. 비글호에서 내가 본 것이야말로 가장 생생하고 즐거운 광경이었지요. 이러한 기억과 내가 자연사에 대해 배운 것들은 영겁의 시간과도 바꾸지 않을 것입니다."

하지만 비글호 항해가 훈련시킨 것은 다윈만이 아닙니다. 비글호 항해는 방대하고 귀중한 표본을 긁어모으는 수단이 되어 자연학자들을 수년 동안 분주하게 했고 이처럼 멀리 떨어진 땅과 바다에 대한 지식을 엄청나게 증진시켜주었습니다. 이런 수집품들을 분류하고 정리하면서 다윈은 스스로 적극적인 역할을 할 수밖에 없었고 다윈의 『인생과 편지들』에서 인용하자면 "위대한 사람들이 활용할 수 있는 표본이나 사실을 수집하는 사람 이상이 되어야겠다"고 점차 생각했던 모양입니다. 그리고 자신이 모은 수집품들을 귀중히 다뤘지만 상당한 의구심도 가졌던 것 같습니다. 왜냐하면 1834년 헨슬로 교수에게 이런 편지를 썼기 때문이지요. "제가 모은 수집품들이 너무 형편없어서 선생님께서는 이것들이 무슨 의미가 있는지 의아해하실 수도 있겠다는 생각이 들었습니다. 이제 상황은 정반대가 되었는데, 선생님께서 저의 헛된 감정을 편안하게 해주셨기 때문입니다. 열심히 연구해서 이런 생각을 속죄할 수 있다면 노력을 아끼지 않을 것을 맹세합니다." 비글호에서 만들었던 수집품들 덕분에 다윈은 자연학자로서 인정받았고 당대의 수많은 과학자와 만날 수 있었습니다.

항해의 추론적 결과

◆

다윈은 비글호에서의 작업 결과물로 흥미로운 표본들을 많이 수집해서 돌아왔을 뿐 아니라 마음속에 참신한 생각을 흠뻑 담아서 집으로 돌아왔습니다. 그런 생각들 가운데 하나를 재빨리 구체화시켜서 『비글호 항해기』의 많은 부분을 구성해냅니다. 여행 후반기의 상당 기간 동안 다윈은 산호섬 연구에 몰두했고 이 엄청난 침전물의 형성 과정을 밝혀낸 그의 방법론은 과학계에서 최초로 받아들여졌습니다. 사실 다윈의 견해는 확고한 지위를 가지고 있어서 오늘날에도 다른 어떤 자연학자의 견해보다 일반적으로 받아들여지고 있습니다. 그러나 산호섬이 다윈의 유일한 연구 대상은 아니었습니다. 의심할 여지도 없이 그는 상당한 시간을 할애해서 문제 중의 문제, 종의 기원이란 문제에 대해 깊이 연구하고 있었습니다. 이 주제에 대해 참고할 만한 자료가 『비글호 항해기』나 그 시기에 썼던 편지 말고는 거의 없지만, 다윈이 『자서전』에서 밝힌 진술에 따르면, 1837년 7월, 항해에서 돌아온 지 1년도 채 안 되어 첫 번째 연구 노트를 펼쳐놓고는 자신이 오랫동안 고민해온 종의 기원과 관련된 사실들을 기록했다고 합니다. 그러니까 비글호에서 보냈던 시간은 관찰과 현장연구는 물론이고 깊은 사색의 시간이었던 셈입니다.

비글호 항해에서 얻어진 직접적인 결과는 영국 해군에서 승인되었고 그들의 눈에도 돈과 열정을 투자하기에 합당해 보였습니다. 하지만 이 항해가 거둔 가장 큰 성과는 먼 해안선을 도표로 만들었다든가 세계를 돌아다니며 크로노그래프 측정값을 수립한 것이 아니었습니다. 그것은 바로 찰스 다윈을 자연학자로서 훈련하고 교육시킨 일이었지요. 이 항해에 대해 다윈 자신의 말보다 더 위대한 찬사는 있을 수 없습니다. "내가 과학에서 무슨 일이든지 할 수 있었던 것은 비글호에서 거친 훈련 덕분이라고 확신합니다."

조지 하워드 파커
George Howard Parker(1864~1955)
미국의 동물학자. 하버드대학교 동물학과 교수로 지냈고 미국예술과학아카데미 회원이었다.

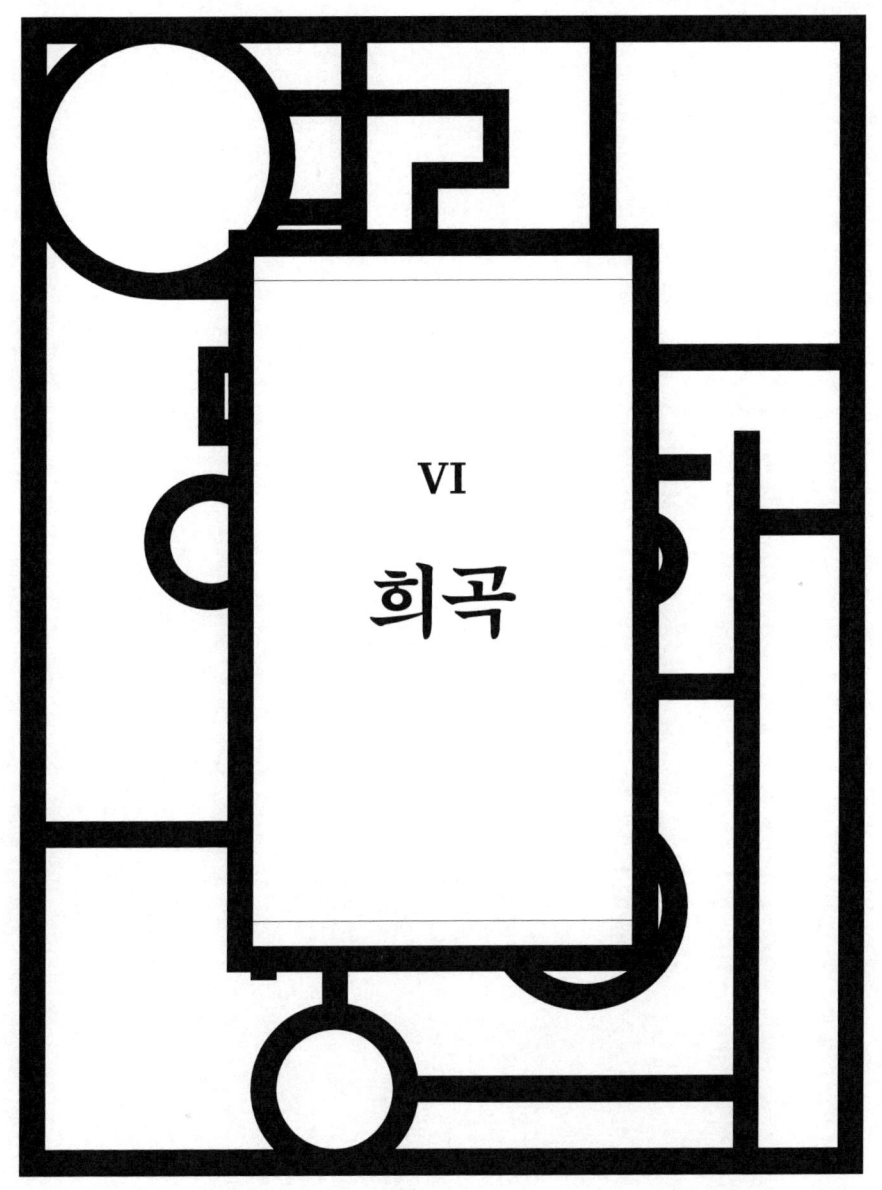

VI
희곡

들어가는 말
◇
웃음과 눈물로 인간의 세계를 보여주다

◆

　아이와 어른을 막론하고 사람은 다른 사람이나 다른 뭔가를 흉내 내고 싶어 합니다. 그리고 그렇게 흉내 내는 모습을 보면서 즐거워하지요. 야만과 문명의 시대를 아울러, 모든 언어권의 사람들은 희곡의 본질인 모방 행위를 본능적으로 즐거워합니다. 이렇게 흉내를 내고 싶어 하는 본능 때문에 배우가 등장합니다. 또한 흉내 내기를 통해 즐거움을 제공하려는 욕망 때문에 극작가가 탄생합니다. 이러한 즐거움에 적절한 성격묘사와 기억에 남을 대화를 첨가하려는 욕망에서 극문학이 생겼습니다. 극문학은 산발적으로 발생했지만, 모방 행위를 통해 얻는 극적 여흥은 초기 그리스 주신제酒神祭와의 연관 속에서 처음 감상된 이래로 꾸준히 이어졌습니다. 극적인 본능은 인간이 창조된 이래로 끊이지 않고 살아 있었습니다. 희곡은 없어질 수 없다는 말입니다.
　1642년, 잉글랜드 내전*을 겪으면서 영국 의회는 극장을 폐쇄하고 모든 연

* 잉글랜드 왕국의 왕당파와 의회파 간에 있었던 내전.

극을 금지시켰습니다. 해를 거듭하면서 사회가 너무 혼란스러워 연극을 즐기기도 힘든 상황이었지만, 1647년에는 결국 연극 금지령을 철회할 수밖에 없었습니다. 이전에 유행하던 연극이 윤색되어 은밀하게 공연된 탓입니다. 예전의 연극에서 우스꽝스러운 부분을 떼어내 쉽게 고친 다음 장터나 대중 집회에서 공연하기도 했습니다. 이러한 본능, 즉 연극에 대한 갈망은 매우 강력합니다. 그래서 대중은 새로운 연극, 심지어 과거의 연극이라도 온전히 접하지 못하게 되면 그런 상황을 견딜 수 없어서 수준이 매우 낮은 여흥이라도 찾아 나섭니다. 오늘날, 연극을 보지 않는 사람들도 영화는 보러 갑니다. 시간만큼이나 오래된 인류의 본능을 없앨 수는 없지요.

희곡과 대중의 취향

왜 이런 결과가 나타났을까요? 유일하고도 실질적인 논거는 훌륭한 희곡을 받아들이는 대중의 광범위한 취향 때문입니다. "희곡은 저녁 식사와 같고 시는 요리사와 같다"고 한 조지 파쿠아•의 말은 맞지 않지만, "희곡의 법칙은 극을 보는 관객이 결정하는 것"이라고 한 새뮤얼 존슨••의 말은 맞습니다. 대중의 취향에 꼭 맞게 요리하고 양념을 쳐서 극이라는 식사를 제공하려는 사람이 희곡을 씁니다. 이런 사람은 희곡을 멋대로 지어내지 않습니다. 희곡을 대중의 취향에 맞추려는 시도야말로 안개가 자욱한 날에 재빨리 지나가는 목표물을 명중시키려는 것과 다를 바가 없습니다. 다르게 말하면, 주제에 대해 아무것도 모르는 청중에게 연설해야 하는 연설가와 같습니다. 청중에 대해 전혀 모르는 연설가는 자신이 전달하려는 주제에서 여러 사람의 본성에 호소할 만한 요소를 찾아내 요령껏

• 아일랜드 출신의 극작가.
•• 영국의 시인이자 평론가.

흥미를 불러일으켜야 합니다. 극작가도 비슷한 열정을 발휘합니다. 유머 감각이 부족한 사람들을 위해 희극이나 익살극을 쓸 수는 없고, 웃음을 좋아하는 사람들을 위해서 무시무시한 이야기나 비극을 쓸 수는 없습니다. 대중이 희곡을 좋아한다면, 극작가는 그들에게 귀를 기울이고 감식안을 키워야 합니다. 대중이 예전에 좋다고 판단했던 희곡을 작가는 더 완벽하고 정확하게 알아야 합니다. 그래야 글을 쓸 때 오늘날에는 어떻게 해야 좋은 희곡을 쓸 수 있을지 이해심을 가지고 세심하게 생각하게 됩니다.

희곡 읽는 법

하지만 희곡을 읽으면서 항상 유념해야 할 것이 있습니다. 제아무리 위대한 희곡이라도 공연으로 보지 않으면 얻을 수 있는 게 별로 없다는 점입니다. 1606년 존 마스톤•은 "희곡은 눈으로 읽기 위해서가 아니라 소리 내어 낭독하기 위해 쓴다. 희곡의 생명은 공연에 있음을 기억하라"고 썼지요. 또한 몰리에르••는 "희곡은 읽기 위해서가 아니라 공연되기 위해 만들어졌다"고 말했습니다. 어떤 희곡이든 철저하게 계획되어 무대 장치, 조명, 연기를 골고루 갖추었을 때에만 정확한 효과를 낼 수 있습니다. 그리고 연기는 연기자의 몸동작, 움직임, 목소리를 의미합니다. 무엇보다도, 연기는 목소리를 의미합니다. 목소리는 작가가 의도하는 미묘한 의미를 정확하게 관객에게 전달해서 마치 음악처럼 감정을 열어주는 악기와도 같습니다. 글로 읽는 희곡은 진정한 희곡이라 할 수 없고 원래 의미•••에 비추어보아도 그렇습니다. 대부분의 독자는 희곡과 다른 유형의 허구 사이의

• 제임스 1세 시대 영국의 시인, 극작가.
•• 7세기 프랑스의 대표적인 극작가.
••• 희곡(drama), 즉 극은 그리스어로 행위라는 뜻이다. 따라서 무대 위에서 행위(연기)를 통해 표출되는 것이야말로 원래 의미에 부합한다고 할 수 있다.

차이를 알지 못하기 때문에 희곡을 읽어도 작품의 의미를 놓칩니다. 희곡을 읽을 때는 소설이나 짧은 이야기보다 더 세심한 주의가 필요하지요. 우리가 인물을 마음속에 그릴 때, 극작가는 설명하고 분석하거나 주석을 달아서 안내해주지 않습니다. 대신에 극작가가 제공할 수 있는 것은 인물의 움직임에 대한 약간의 지문과 대사 속에서 자신이 선택한 정확한 언어뿐입니다. 잡지에 자주 등장하는 간략한 이야기를 훑어보는 데 익숙한 대다수의 독자는 자신에게 부족한 것이 무엇인지 확인하고 보완하려 하지 않습니다. 순전히 독자 입장에서 아무 노력도 들이지 않고 눈에 보이는 글자만을 봅니다. 독자는 적극적이지도 않고 협조적이지도 않지요. 이런 식으로 희곡을 읽어서는 아무것도 얻을 수 없습니다. 우선 묘사된 대로 마음속에서 무대를 그려보십시오. 그리고 나서 가능한 한 마음을 열고 신중하게 천천히 읽으면서 왔다 갔다 하는 인물들을 머릿속에 떠올려보세요. 훌륭한 희곡이라면 급하게 훑어봐서는 대사의 진수를 맛볼 수 없습니다. 대사는 어떻게 선택되는 것일까요? 대사는 그저 등장인물의 입에서 나올 법해서 선택된 것이 아닙니다. 그 선택된 대사가 플롯을 앞으로 전진시키기 때문에, 그리고 작가가 고려했던 다른 구절들보다 더 낫기 때문에 관객의 감정을 흔듭니다. 비판적인 마음으로 대하기보다는 전체적으로 공감을 해야 합니다. 상상하면서 읽는다는 것은 상상을 통해 느끼는 것이고, 가능한 한도에서 최대한 느끼는 것입니다. 감동을 받아 찬탄하면서 책을 덮고 나서는 여러분이 받은 비판적 훈련을 통해서만 칭찬을 받을 만한지 가려내야 합니다. 도덕적이든 예술적이든 어떤 편견 때문에 예단해서는 안 됩니다. 읽는 동안에는 마음을 열어둡시다. 작가는 우리가 전혀 관심을 가지고 있지 않던 주제에 대해 관심을 갖도록 유도할 수 있고 금기시되는 주제를 다루어 독자가 받아들일 수 있고 유용하게 활용할 수 있도록 만들 수도 있습니다. 어떤 희곡이 내가 알고 있었던 희곡과 다르다고 해서 나쁜 작품이라고 생각하지는 마세요. '열린 인문학 강의'를 기획한 닐슨 선생이 말했듯이, "교양인의 시야와 공감 능력은 바로 다른 세대의 정신과 마주쳤을 때 확장됩니다." 다른 나라나 다른 시대의 희곡은 처음에는 낯설게 느껴지겠지만, 계속 그럴 거라고 지레짐작하지는 마십시오. 매력을 느끼지 못했던 무대와 관객을 연구해보세요. 그러면 대개 얼핏 봤을 땐 지루했던 희곡이 생생하고 호소력 있는 예술작품으로 변할 것입니다. 어떤 경우든, 다 읽고 나서 신중하게 판단해보세요. 좋지 않은 이유를 설명할 수 없다면, 나에게 좋지 않았다고 해서 모든 사람에게 나쁜 희곡이라고 말해선 안 됩니다. 그 대신 이 희곡은 나나 나와 취향이 같은 사람에게는 맞지 않는다고 말하세요. 희곡의 모든 위대한 시기마다 선택과 주제의 완전한 자유, 개인의 처우에 대한 완전한 자유, 게다가 기꺼이 공감하면서 감상에 몰두할 수 있는 관객의 열정(비록 어느 정도의 교육이 필요하지만)이 더해져서 위대한 결과를 만들어냈던 것입니다. 대중이 과거의 희곡을 폭넓게 읽고 그러한 정신에 따라서 엄격하게 오늘날 상연되는 연극을 앞서 제시한 대로 판단한다면, 극작가가 원하는 모든 것이 가능해질 수도 있겠지요.

희곡의 본질

◆

그렇다면 희곡이란 무엇일까요? 넓게 말하면 모방 행위를 통해 흥미를 유발하고 즐거움을 주는 예술입니다. 중세 연극의 가장 초기 형태는 교회의 트로프 trope●입니다. 트로프에서는 세 명의 마리아가 무덤으로 가서 예수가 하늘로 올라간 것을 알고는 돌아오면서 크게 기뻐하지만, 이 세 사람의 마리아를 따로 구분하지 않습니다. 대사가 음악과 어우러져 이해에 도움을 줄 뿐입니다. 시간이 흐르면서 성격묘사나 성격묘사를 도와주는 대사보다는 연기가 더 중요한 요소가 됩니다. 물론 이런 희곡은 아주 초기의 것이라 너무 단조로워서 문학적 가치

● 9세기부터, 교회에서 기존에 사용되던 성가에 덧붙여지는 음악을 가리키는 말.

는 없습니다. 10세기에서 13세기까지의 트로프는 부활이나 예수 탄생 이전 혹은 성서와 관련된 자료가 최초의 에피소드에 계속 덧붙여지면서 이야기가 발전해 나갑니다. 이처럼 각기 다른 에피소드를 설득력 있게 만들기 위해 성격묘사가 나타났습니다. 등장인물이 서로 같으면 나올 수도 없는 에피소드도 있으니까요. 대사도 단순히 설명하는 데 그치지 않고 등장인물 각각의 특징을 묘사하기 시작했습니다. 나중에는 대사 자체도 매력과 재미, 재치, 다시 말해, 나름의 특성을 갖게 됐습니다. 연극에서 인간의 행위를 드러내는 성격묘사와 그 자체로도 성격을 묘사하면서도 즐거움을 주는 대사가 희곡에서 가능해지자 희곡문학이 성립하게 되었습니다.

이렇게 시간이 흘러, 이야기로 이루어진 연극, 성격묘사가 주를 이루는 연극, 대사가 플롯 혹은 등장인물만큼이나 중요해진 연극이 발전하다가, 위대한 걸작에서는 이 모든 관심사, 즉 플롯, 등장인물, 대사가 완벽하게 하나로 어우러집니다. 존 웹스터*의 『말피 공작부인』은 대중의 취향 변화를 보여주는 이야기 연극입니다. 근대의 독자는 이야기 자체보다 공작부인이라는 등장인물에 더 관심이 있었지만, 이 연극의 5막에는 당시의 대중을 위해 갖추었어야 할 관심사가 빠져있습니다. 벤 존슨**의 『연금술사』에서 우리의 관심을 끄는 것은 주로 등장인물입니다. 리차드 셰리던***의 『스캔들을 가르치는 학교』에서는 윌리엄 콩그리브****의 『세상만사』와 마찬가지로 대사가 등장인물만큼이나 중요하죠. 『햄릿』, 『리어왕』, 『맥베스』에서는 이야기, 성격묘사, 대사가 완벽하게 결합됩니다.

비극의 본질

- 영국 엘리자베스 시대의 극작가로, 셰익스피어와 동시대에 활약했다.
- 17세기 영국의 극작가, 시인, 비평가로 셰익스피어와 동시대에 활약한 문인. 1616년 계관시인이 되었다.
- 아일랜드 태생의 극작가이자 정치인.
- 영국의 신고전주의 극작가.

◆

한때 비극과 희극은 소재 면에서 본질적으로 다르다는 생각이 보편적이었습니다. 존 드라이든•은 비극에서는 평범하지 않은 상황에 빠졌을 때 그런 상황에 어울리는 말로 자신을 표현하는 지위가 높은 계층의 사람을 다뤄야 한다고 주장했지요. 이런 생각은 아리스토텔레스가 그리스 비극을 관찰한 결론인데, 『시학』에서 처음 언급되었습니다.•• 그 후로 비판적인 극이론 학자들 사이에서도 이런 생각이 조장되어 확대되었고, 결국 과장된 영국의 영웅극과 장엄하면서도 다소 차가운 피에르 코르네유•••와 장 라신••••의 비극에서도 나타났습니다. 18세기 초에 영국의 감상희극, 이와 관련된 프랑스의 눈물연극(Drama Larmoyante)과 독일의 시민연극이 등장하면서 지위고하, 지식인이나 무지렁이를 막론하고 모든 계층이 비극에 등장할 수 있었습니다.

그렇다면 비극이란 무엇일까요? 엘리자베스 시대의 사람들은 죽으면서 막을 내리는 연극을 비극이라고 여겼지만, 최근에 와서 우리는 삶을 유지하는 것이 때로는 죽는 것보다 더 비극적일 수도 있다는 사실을 이해하게 되었습니다. 어떤 연극은 비극적 사건이 없어도 비극이라 부르기에 충분합니다. 행복하게 끝나는 연극도 그 안에 심오한 감동을 주는 일화가 있기 때문입니다. 왜 입을 모아 『햄릿』, 『말피 공작부인』, 『첸치』 같은 작품을 비극이라고 부르는 걸까요? 이 작품들에서는 등장인물이 자기 자신이나 주변 환경 혹은 다른 사람의 기질과 충돌하는 비극적인 일화를 통해 우리가 지켜보던 사태의 논리적 귀결인 파국에 이르기 때문입니다. '논리적'이란 말은 결말이 등장인물과 조화를 이루면서 앞서 발생한

• 영국의 시인, 극작가, 비평가.
•• 아리스토텔레스는 방대한 양의 비극을 모두 읽고 나서 비극의 주인공은 보통 사람보다 뛰어난 데가 있어야 하고 상당한 명망을 누리고 있는 인물이어야 한다고 『시학』에서 규정하고 있다.
••• 프랑스의 극작가.
•••• 프랑스의 극작가. 몰리에르, 피에르 코르네유와 함께 17세기 프랑스 3대 극작가 중 한 사람이다.

사건으로부터 나온 것처럼 보인다는 뜻입니다. 그러니까 연극의 결말이 극작가가 우리에게 알려주었거나 우리에게 제시된 인간의 경험과 일치한다는 말입니다.

멜로드라마

하지만 인물의 성격묘사로 정당화되지 않는 비극적 상황이 있다고 가정해 봅시다. 예컨대 클레오파트라를 다룬 연극에서 우리는 의도적이고 가혹한 사랑이 나오는 특별한 장면에 감동을 받을 수도 있습니다. 파국에 이를 만큼 엄청나 보이는 등장인물이 나오지 않더라도 가능한 일입니다. 그렇다면 무엇을 통해 가능할까요? 넓은 의미에서 말하면 멜로드라마를 통해서입니다. 성격묘사를 통해서는 충분하게 동기가 유발되지 않는 연극이라는 의미에서, 멜로드라마는 희곡이 시작될 때부터 존재했습니다. 엄밀히 말하면, 이 '멜로드라마'라는 말은 19세기 초 프랑스에서 영국으로 수입된, 흔히 음악이 곁들여지는 선정적인 장면을 지칭하기 위해 나온 개념입니다. 이러한 특이한 조합은 사라졌지만, 이 명칭은 여전히 선정적인 사건이나 부적절한 인물묘사가 담긴 연극을 지칭하는 데 쓰입니다.

이야기 연극

◆

멜로드라마와 비극은 모두 선정적인 일화를 담고 있지만, 완벽하게 동기가 부여된 등장인물을 통해 일화를 정당화하는 것은 비극뿐입니다. 그리고 멜로드라마와 비극 사이에 이야기 연극이 있습니다. 이야기 연극은 비록 유쾌하게 막을 내리지만, 가벼운 내용과 무거운 내용, 우스꽝스러운 것과 비극적인 것이 뒤섞여 있습니다. 셰익스피어가 포셔와 바사니오의 이야기로 엮어나갔던 『베니스의 상인』은 분명 비극이 아니라 이야기 연극입니다. 하지만 우리가 샤일록에게 공감한다면, 종종 이것은 비극이 아닌가 생각할 수도 있습니다. 근대의 배우는 장면을 새롭게 재해석하기도 하니까요. 여기에는 중요한 차이가 있습니다. 희극과 비극에서 다루는 소재가 본질적으로 다른 것은 아닙니다. 모든 것은 극작가의 관점에 달려 있습니다. 그 강조점에 따라서 영리한 극작가는 관객이 등장인물을 바라보는 관점을 좌지우지합니다. 샤일록의 재판 장면은 이런 생각을 완벽하게 보여줍니다. 바사니오의 친구들에게 이 유대인을 괴롭히는 것은 아주 즐거운 일이지요. 샤일록에게는 고문이자 괴로운 일이겠지만요. 이런 소재를 내세워 바사니오 친구들의 마음을 끄는 데 중점을 둔 극작가는 희극을 쓸 것입니다. 같은 소재로 관객에게 샤일록이 당했던 감정을 느끼게 하고 싶은 극작가는 비극을 쓰겠지요.

고급희극, 저급희극(익살극), 소극

◆

희극은 고급과 저급으로 나뉩니다. 저급희극(익살극)은 직간접적으로 관습과 연관됩니다. 존슨의 『연금술사』는 직접적으로 관습에 매달립니다. 단 하나의 특징을 지닌 등장인물부터 성격 묘사가 제대로 이루어진 인물까지 다양한 등장인물을 통해서 말입니다. 음모를 다루는 희극은 주로 애정사를 중심으로 전개되다가 그로부터 발생하는 복잡한 상황을 다루지만, 간접적으로는 관습을 생생하게 묘사합니다. 플레처의 『야생 오리 쫓기』가 더 좋은 사례이기는 하나, 『구두장이의 휴일』이 어쩌면 이런 유형의 표본으로 더 적당할지도 모릅니다. 조지 메러디스*가 『희극에 관한 에세이』에서 재치 있게 지적했듯이, 고급 희극은 사려 깊은 웃음을 다룹니다. 이러한 웃음은 작가가 순간적으로 만들어낸 비교나 대조라는 희극적 가치를 인식하는 데서 나옵니다. 예컨대 『헛소동』은 작가의 빼어난 솜씨에 힘입어 베네딕트와 베아트리스가 자기 자신을 스스로 바라보고 우리가 그 둘을 대비해볼 때마다 웃음 짓게 되는 고급 희극입니다.

소극笑劇은 있음직하지 않은 일을 있음직하게 불가능한 일을 가능하게 처리합니다. 불가능한 일을 가능하게 처리하는 소극은 종종 괴이한 이야기나 풍자극이 됩니다. 아리스토파네스의 『개구리들』은 소극 같은 풍자극으로서 좋은 사례입니다. 오늘날 최고의 소극에서는 등장인물이나 상황이 다소 엉뚱한 전제에서 출발하지만, 일단 그러한 전제가 주어지면 결말까지 충분히 논리적으로 이어집니다.

희곡의 사회적 배경

◆

* 영국 빅토리아 시대의 소설가이자 시인.

이런 차이점을 이해하더라도 처음에는 과거의 희곡을 감상하기가 어려울지 모릅니다. 980년 이후로 줄곧 이어져온 근대 희곡은 앞서 언급했듯이 부수적인 이야기가 쌓여서 만들어진 간단한 라틴어 트로프에서 출발해, 인물 묘사와 감정 자체만을 위한 감정을 발전시켜 영어, 프랑스어, 독일어 같은 자국어로 (번안)된 동종의 작품이 되기에 이르렀습니다. 그 이후로 차츰, 15세기 말의 기적극*과 도덕극** 중 상당수가 크리스토퍼 말로*** 시대에 이르러 영국 희곡을 따라잡거나 추월하기까지 성격묘사에 있어 엄청난 발전이 이뤄지지요. 기적극과 도덕극이라는 모든 희곡의 이면에는 통합된 교회가 있었습니다. 종교개혁이 시작되고 개인적 판단의 가치와 궁극성이 주장되면서 교훈극은 여흥극으로 대체됩니다. 막간 희극과 5막짜리 연극이 시작된 것입니다. 엘리자베스와 제임스 1세 시대의 연극은 훌륭하지만, 그 안에서는 거친 분위기, 유치한 유머 감각, 이야기 자체만을 위해 만들어져 다소 읽기 어려운 사랑 이야기가 발견됩니다. 게다가 이런 연극의 기법, 즉 통일성의 포기, 합창과 독백 등을 통한 배경 설명 방법은 우리에게 낡아 보입니다. 이러한 연극 가운데 셰익스피어가 쓴 가장 위대한 작품을 제외하면, 엘리자베스 시대의 희곡은 처음 읽으면 낯선 느낌을 줄 것입니다. 이런 희곡은 역사적 배경을 알아야 비로소 진정한 가치를 알 수 있습니다.

아이스킬로스*, 소포클레스**, 이들에 다소 못 미쳤지만 훨씬 근대적이었던 에우리피데스***의 위대한 희곡조차도, 그 희곡을 둘러싼 그리스의 생활과 무대에 대해 알아야 잘 읽어낼 수 있습니다. 이러한 희곡을 감상하는 1만 명 가까

• 12~14세기 사이에 영국, 프랑스에서 유행한 연극. 그리스·로마의 고전극과 별도로 영국에서는 교회 예배를 중심으로 신비극이 발생했고, 이것이 기적극으로 발전했다. 기적극은 대부분 구약성서 이야기를 간략하게 극화한 것이며, 특히 성자와 순교자의 생활을 극화한 것으로, 교회 현관 앞에서 성직자에 의해 상연되었다.

•• 서양 중세 말기부터 근세 초에 걸쳐 성행한 연극의 한 종류. 교훈극이라고도 한다. 민중에게 계몽과 도덕적 교훈을 주며, 인간 영혼의 구제를 역설한 것이 대부분이나 성서·교리의 전달이 주목적이 아니기 때문에 좁은 의미의 종교극이라고는 할 수 없다. 특정 인물이 아닌 보편적 인간을 대표하는 주인공의 사실적인 표현과 진·선·미·신앙·악·허영·방탕 등의 추상개념을 의인화한 것이 특징이다. 영국·프랑스·독일·네덜란드 등지에서 설교에 다소 희곡적인 각색을 함으로써 성행하였으며, 작자는 대부분 성직자였다.

••• 16세기 영국의 극작가.

운 대규모 관객은 연극에서 펼쳐지는 신화나 이야기를 공유하고 있었습니다. 마치 한 세대 전에 우리가 『성서』에 나오는 이야기를 대체로 알고 있었던 것과 다를 바 없습니다. 이 관객들은 다른 극작가가 똑같은 신화를 연속적이고 새롭게 다루었기 때문에 기뻐했습니다. 우리가 그렇듯이 뭔가 새로운 것이 있어 보여서가 아니라 새로운 극작가에 의해 옛날이야기가 개성 있게 다루어졌기 때문입니다. 이와 똑같은 태도가 『로미오와 줄리엣』, 『율리우스 카이사르』, 『햄릿』의 연작을 보고 즐거워했던 엘리자베스 시대의 대중에게도 있었던 것입니다. 고대 그리스나 엘리자베스 시대의 영국 희곡을 감상할 때는 이러한 사실을 항상 유념해야 합니다.

대중의 즐거움과 교화를 위해 쓰인 그리스와 엘리자베스 시대의 희곡으로부터 코르네유와 라신의 작품으로 관심을 돌려봅시다. 그러면 주로 교양인을 위해 쓰인 희곡을 만날 수 있습니다. 이 작품들은 천재 개인이 자발적으로 만들어낸 것이 아니라 비판 이론에 따라 신중하게 만들어진 것입니다. 이러한 비판 이론은 고전극을 연구해서 얻어진 이론이라기보다는 그리스 희곡의 주석가인 아리스토텔레스에 대한 주석가들에게서 나온 이론입니다. 예컨대 아리스토텔레스에게서 나온 시간·행동·장소의 통일이라는 본질적인 관념은 그 자체로 그리스 무대의 물리적 조건의 결과라 할 수 있습니다. 이에 비해 17세기 프랑스 비극은 지식인의 희곡입니다.

박애주의 정신이 확산되고, 새뮤얼 존슨의 바람처럼 사람들이 점점 더 "중국으로부터 페루까지 인류를 측량"하는 "확장된 시야"를 공유하게 되면서, 희곡은 이 모든 것을 반영하게 되었습니다. 세계는 더 이상 난봉꾼과 멋쟁이의 이기적인

● 고대 그리스의 대표적인 비극 작가. 비극예술의 창조에 기본적인 형태를 부여한 80여 편의 작품을 만들었다. 현존하는 것으로는 7편의 작품과 다수의 단편이 있다.
●● 고대 그리스 아테네의 비극 시인. 아이스킬로스, 에우리피데스와 함께 그리스의 3대 비극 시인으로 꼽힌다.
●●● 아테네 출신으로, 아이스킬로스, 소포클레스와 더불어 가장 뛰어나다고 평가되는 고대 그리스 비극 시인. 오늘날 그가 쓴 18편의 비극이 남아 전한다. 합리적인 예지, 자유주의적, 인도주의적 사상을 내포한 그의 극은 근세 유럽의 비극 문학에 큰 영향을 주었다.

자기만족과 도락을 비웃지 않았지만, 이런 이기심과 자기만족을 감내해야 하는 그들의 부인이나 약혼녀 또는 친구를 동정하기 시작했습니다. 비극과 희극의 차이는 오직 강조점이 다르다는 데 있음을 보여주면서, 왕정복고 시대의 희극은 사려 깊은 웃음에서 공감하는 눈물로 바뀌었습니다. 대중의 심리와 정서에 민감한 희곡이 거대한 변화를 경험한 시기는 19세기입니다. 프랑스와 독일에서는 수 세기 동안 희곡을 공허한 대사와 죽은 성격묘사에 가두어놓았던 가짜 고전주의라는 족쇄를 부숩니다. 괴테, 실러, 빅토르 위고, 알렉상드르 뒤마*와 알프레드 드 비니**는 극소설과 역사라는 새로운 세계를 보여줍니다. 결국 소설은 과학 정신을 기반으로 하는 사실주의에 이르러 과거의 가치 기준에서 벗어납니다.

희곡에 나타난 근대 심리학과 사회학

성격과 행위, 옳고 그름, 심지어 인과관계 일반같이 기존에 수용된 관념을 이렇듯 면밀하게 음미하는 모습은 입센과 그의 추종자들에게서 볼 수 있습니다. 지난 반세기 동안 극작가는 새롭게 발전하는 심리학이라는 과학에 굳게 뿌리를 내리고 가장 강력한 개인주의의 안내를 받아 모든 기성관념의 자격을 심사하면서 예술의 영역을 꾸준하게 늘리고 있었습니다. 단순하게 이야기를 전달하는 희곡에서 윤리적 희곡으로 바뀌었지요. 연극이 기껏해야 두 시간 반이라는 제한된 시간 안에 문제를 진술하거나 여러 가지 사회상을 그리는 것 이상을 표현하기 어렵다고 확신하면서 극작가들은 해답을 제시하기보다 실상을 묘사하거나 문제를 제시하는 데만 머물렀습니다. 앞에서 살펴봤듯이, 18세기의 감상희극작가는 사회상을 그리면서 주로 순수하게 직관적인 심리학에 의존했습니다. 오늘날 우리

---

* 19세기 프랑스의 소설가, 대중 소설가.
** 프랑스의 낭만파 시인, 소설가, 극작가.

는 또 다른 극단으로 방향을 바꿨습니다. 극작가는 자신의 제한된 폭을 인식하고 서로 다른 심리학 이론 때문에 혼란스러워합니다. 오늘날 많은 극작가들은 이해할 수 없이 복잡한 인간 영혼 때문에 당황하고, 제기된 거대한 물음이 기성의 만병통치약으로 단숨에 해결될 수 없다고 확신합니다. 그러면서 그저 부당한 상황을 묘사하며 다른 작가들이 문제의 정확한 의미를 찾아내 더 좋은 해결책을 제시하도록 기다립니다. 존 골즈워디*의 『정의』와 유진 브리외**의 『붉은 법의』는 모두 해법을 제시하지 않았지만 묘사된 상황을 변화시킬 수 있었습니다. 『정의』에서는 감옥살이의 상황을, 『붉은 법의』에서는 프랑스의 법관 생활의 어두운 면을 변화시켰던 것이지요.

희곡 예술의 수준은 어떻게 결정되는가?

◆

대체로 이렇게 광범위한 사람들의 관심에 공감해서, 전국 각지의 남녀노소 모두가 극을 만드는 어려운 예술에 몰두합니다. 하지만 극작가들은 곧바로 이런 의문을 떠올립니다. "오로지 돈을 벌기 위해 대중의 저급한 예술적, 도덕적 취향에 장단을 맞추어야 할까, 아니면 대중이 알아줄 때까지 나 스스로 발견한 극예술의 기준을 유지해야 할까?" 후자의 고민을 하는 작가들을 위해서는, 가장 훌륭한 과거의 희곡을 깊이 이해하고 사랑하고 있어서 오늘날의 희곡에서도 재빨리 가능성을 발견할 수 있는 대중이 상당수 있어야 합니다. 그들은 과거에서 현재를 판단할 기준을 가져옵니다. 그래서 이런 기준은 다음 세대를 내다보는 더 넓은 기준을 가지고 현재의 극작가들이 실천하는 과정에서 형성됩니다. 희곡은 인류

● 영국의 소설가, 극작가이자 변호사.

●● 프랑스의 극작가. 사실주의 연극의 주창자 가운데 한 사람으로서, 다소 교훈적인 작품들을 통해 당시의 사회악을 공격했다.

의 영원한 욕망에서 나온 위대한 문학성을 지니고 있습니다. 그것이 적절하게만 다루어진다면, 희곡은 가장 위대한 가능성 가운데 하나인 교육의 힘을 사회적으로 갖게 됩니다. 아무도 그런 힘을 없앨 수는 없습니다. 그것을 억누르면 가장 천박한 기질이 겉으로 드러납니다. 교양인이고자 한다면 그것을 이해하려고 노력하지 않을 수 있겠습니까? 그것을 이해하려면, 세심하게, 마음을 열고, 무엇보다도 폭넓게 읽어야만 합니다.

오늘날의 연극을 보고 더 나아가서는 과거의 다른 시대, 다른 나라의 희곡을 폭넓게 읽음으로써 희곡을 사랑하게 된 대중의 지지가 필요합니다.

연극 무대의 영향력

아무리 위대하다 해도 상연되는 무대와 전적으로 분리된 희곡은 없습니다. 위대한 시기에 연극에 필요한 무대가 만들어졌습니다. 아무리 까다로워도 무대는 창조적이어야 했지요. 이류 희곡(secondary drama)의 시대에 연극은 무대를 삶에 맞추는 것이 아니라 삶을 무대에 맞추면서 엄격한 무대를 만들었습니다. 결과적으로 시대마다 다른 종류의 희곡이 있었듯이 무대도 제각기 달랐습니다. 트로프에서 수도사들은 높은 제단 근처의 설교단에서 연기를 하다가 형식이 발전하면서 회중석(nave)과 교차랑交叉廊(transept)이 만나는 성당의 거대한 돔 밑의 성가대석 칸막이 앞 공간으로 나왔지요. 넋을 잃은 숭배자 군중은 그 회중석과 근처 통로에 무릎을 꿇거나 서 있었습니다. 성당에 수용될 수 없는 많은 사람들과 여러 가지 이유 때문에 몇 세대를 거친 후에 수도사들은 성당 앞마당으로 연극을 끌고 나왔습니다. 수도사들은 모든 사람들에게 가장 잘 보여야 했기에 결국 높은 연단 위에 오릅니다. 이러한 연극이 교인들의 손에서 직인 길드의 통제 아래로 넘어가면서, 배우들은 2층으로 되어 있는 야외극 수레 위에서 연기를 하게 되었습니다. 이 수레는 아래층이 높아 분장실로 사용할 수 있다는 것만 빼고 직인 행렬용 수레와 다르지 않은 구조였습니다. 일용직 노동자들이 밤낮으로 요크나 체스터와 같은 도시를 가로지르며 역마다 이 야외극 수레를 끌고 다녔습니다. 공연을 할 때면 사람들이 집 창문, 광장 언저리 근처에 만들어진 자리, 심지어 지붕까지도 가득 찼습니다. 이러한 연단식 부대의 성격상 공들인 소품이 사용되었던 것으로 보이지만 무대장치는 불가능했습니다. 반면에 유럽, 특히 프랑스에서는 집 정면, 도시의 문이나 벽을 닮은 구조물을 도시의 커다란 광장에 세워진 기적극용으로 활용된 크고 고정된 무대 위에 자유롭게 설치할 수 있었습니다. 이렇게 해서 한 장소에 관객이 될 만한 사람들이 전부 모였습니다. 극장 건물 아래에 위치한 무대가 있다는 것은 크건 작건, 고정된 공공장소에 연단이 설치되었다는 뜻입니다. 무대가 이동할 수 있을 때는 뒤쪽에는 장막이 있고, 무대 의상을 갈아입을 수 있는 공간과 무대 뒤에서 대사를 읽어주는 사람이 설 수 있는 공간을 분리했지요. 무대 장치는 문제가 되지 않았습니다. 무대가 고정되어 있는 경우에는 공들여 만든 집, 배, 마을 벽 등을 암시하는 구조물이 무대 뒤나 측면에 보일 수 있지만 공연이 시작되어 끝날 때까지 절대로 바뀌지 않았던 모양입니다. 그런 집이나 벽 같은 것들은 필요할 때는 사용되지만, 사용되지 않을 때는 무대 장치가 없는 듯해야 했습니다.

　　연극이 길드의 손에서 배우 집단으로 넘어갔던 16세기에 배우들은 여인숙의 뜰에 마련된 공용 광장에서 나오는 소음과 불편함에서 벗어나고자 했습니다. 당시에 오늘날 극장의 2층 특별석 같은 관람석이 여인숙 마당의 사면에 있었고, 어떤 때는 2면, 어떤 때는 3면에 있었지요. 거리 쪽으로 난 입구의 반대편에 허술한 연단을 세워놓고 연기자들은 첫 번째 관람석의 끝에서부터 무대까지 커튼을 쳤습니다. 방이나 무대 뒤편의 방에서 옷을 갈아입었지요. 이렇게 함으로써 배우들은 앞 무대를 마련했습니다. 첫 번째 관람석 아래의 뒷무대는 커튼을 올리면

드러나게 되어 있었습니다. 첫 번째 2층 특별석의 윗무대는 임시로 도시의 벽이 되었고 2층 특별관람석이나 2층 방은 로미오나 줄리엣을 연기하는 사람들이 사용했습니다. 이보다 높은 곳에 관람석 한두 개가 솟아 있었는데, 이것은 신이나 여신이 등장하는 하늘 대신으로 사용되었습니다. 뜰에는 아래층 뒤쪽 좌석의 관객들이 서 있었습니다. 측면이나 끝에 있는 관람석에는 비싼 입장료를 치른 사람들이 앉아 있었지요.

근대적 무대의 발전

◆

1576년, 런던의 비숍스게이트 바로 외곽에 최초의 극장이 있었는데, 모양은 소싸움 경기장을 모방해서 원형이었습니다. 무대는 아래층, 2층 특별석 아래의 뒷무대까지 멀리 돌출되어 있고 첫 번째 2층 특별관람석 자체를 고려하면서 사용해야 했기 때문에 배우들은 과거 여인숙 마당에서 익숙해졌던 상황을 반복하기만 했지요. 과거와 마찬가지로, 무대 장치라고 해봐야 색칠한 천을 2층 특별석 뒤나 그 아래에 걸쳐놓은 것이 전부였습니다. 엘리자베스 시대의 극작가들은 장면을 지문으로 암시하거나 묘사해서 처리했습니다. 게다가 1세기 전의 연극에서는 무대 장치가 턱도 없이 부족했지만, 그 안에서 분위기나 현실성, 심지어 매력까지 발산해야 했지요. 하지만 궁정에서 열린 정교한 가면무도회 공연의 영향을 받으면서, 대중은 점점 더 멋지고 환상적인 장치를 모방하도록 극장 주인들을 부추겼습니다. 궁중의 그러한 장치들은 근대 극장의 프로세니움proscenium•처럼 아치 뒷부분의 무대 위에 올려졌습니다. 결과적으로 1660년까지, 1590년부터 1642년의 무대는 프로세니움 아치•• 뒤로 축소되었습니다. 뒤편의 배경막에 색을 칠하고 플랫flat•••을 홈에 끼우고 머리막에 색을 칠하는 등 무대를 매우 공들여 만들면서 2세기가 흘렀습니다. 16세기 후반까지도 대중 공연이 주로 낮에만 이루어졌다는 사실을 꼭 기억해야 합니다. 인공적으로 조명을 하려면 조명 장치나 흔들리는 횃불 혹은 횃불용 기름통을 사용하기가 어려웠기 때문입니다. 야간 공연이 성행할 때는 초로 불을 밝혔습니다. 그러다가 등용 가스의 발견으로 극장 조명에 혁명이 일어납니다. 1860년경에 전체 무대를 에워싸는 장치, 소위 박스 세트••••가 등장하면서 배경막이나 그림이 그려진 플랫을 대체하게 되었지요. 안타깝게도 맥크레디, 찰스 킨, 헨리 어빙 경•••••의 화려하고 상상력이 넘치는 무대 장치를 끝으로 이 주제를 마무리해야 할 것 같습니다. 여하튼 연출가와 극작가는 계속 힘을 합쳐 가능한 한 착각을 불러일으킬 만한 무대를 만드느라고 노력해왔습니다. 사실주의에서는 무대를 극도로 변형시켰고, 다른 한편으로 시적이고 환상적인 희곡에서는 상상력의 영역을 시각적으로 표현하려고 애썼습니다. 이 모든 노력에 발맞추어, 과학과 발명도 희곡에 힘을 보탰습니다. 아직도 충분하게 탐구되지 않았지만 전기는 조명을 할 수 있는 길을 열어주었습니다. 특히 독일에서는 가장 정교한 장치들이 발명되어 가능한 한 빨리 장면을 전환할 수 있게 되었습니다. 그 밖에 러시아와 영국에서는 미세하고 혼란스럽게 세부사항을 재현하기보다는 극도의 암시를 통해서 관객의 상상력을 자극하는 뛰어난 예술적 재능을 선보였습니다. 과거의 공들인 무대장치는 막이나 이런저런 소도구나 뒤편에 그림이 그려진 배경막이 드리워진 무대를 통해서 극에 필요한 상황을 암시하도록 개량되었습니다. 오늘날의 무대는 16세기의 빈 무대와 가장 극적으로 비교해서 빈틈이 없고 공감하기가 쉬워졌습니다. 이제는 건축가에게 요청해서 무대를 마음대로 바꿀 수 있게 만들어달라고 요청합니다. 기술자나 예술가들에게는 무대에 교묘하게 조명을 해달라고 부탁하고, 잘나가는 디자이너에게는 장

• 극장에서 무대와 관람석 사이를 구분하는 공간.
•• 무대를 구성하는 아치로, 무대와 관객을 경계를 구분해준다.
••• 가볍고 평평한 겉면에 그림을 그려 넣기 위해서 천을 덧댄 장치.
•••• 3면의 벽과 천정으로 이루어진 방의 세트. 상자무대라고도 한다.
••••• 빅토리아 시대 영국의 연극배우 겸 무대 감독.

식물들을 배치해달라고 청합니다. 요컨대 무대가 생긴 이래 항상 극작가의 요구에 부응하고자 했던 무대는 오늘날 전에 없이 창조성을 발휘하고 있습니다.

근대 희곡의 세계시민주의
◆

희곡이 단지 이런 측면에서만 변화한 것은 아닙니다. 한때 희곡은 거의 전적으로 민족적인 예술이었지요. 본바닥 특유의 맛이 나는 연극은 다른 지역에서는 이해할 수 없기 때문입니다. 뒤마 2세와 길라움 오제*의 연극이 그랬습니다. 이제 여행이 증가하고 나라 사이에 교환할 수 있는 다양한 수단이 생겨나면서 사상의 교환이 빠르게 이루어지자 모스크바, 상트페테르부르크, 스톡홀름, 파리, 런던, 마드리드에서 성공을 거둔 연극이 전 세계로 재빨리 알려집니다. 여러 나라의 작품이 한데 모여들면서 공통의 관심사가 더욱 발전하고, 지적이고 도덕적인 운동은 한 나라를 벗어나 세계의 관심사가 됩니다. 이 모든 요인으로 인해 세계적인 문제를 어떤 나라가 어떻게 다루는지도 널리 관심을 끌게 됩니다. 심지어 온 세계가 지엽적인 문제에까지 관심을 갖게 됩니다. 이 모든 것 가운데 가장 눈에 두드러지는 변화라면 사상의 교류가 자유로워지니까 한 나라의 유머를 다른 나라에서도 이해하는 경향을 보인다는 것입니다.

그래서 오늘날 희곡은 세계적인 예술이 되었습니다. 브로드웨이에서 막스 라인하르트*가 베를린에서 만든 작품을 봅니다. 파리와 베를린에서는 『운명』(Kismet)을 보지요. 브로드웨이는 막심 고리키**, 브리외, 아서 슈니츨러***를 알고 있어요. 영국과 미국의 연극을 유럽에서도 관람합니다. 두 세대 동안 희곡은 "인간적인 것치고 나와 관계없는 것은 아무것도 없다"는 모토를 획득하기 위해

● 프랑스의 극작가.

분투해왔습니다. 그리고 희곡은 정정당당하게 쟁취해냈습니다. 자연을 향해 거울을 들고 있는 희곡은 감수성이 강하고 공감하기 쉬워서 어디서든 뜨거운 환영을 받으며 웃음과 눈물을 통해 인간의 세계를 인류에게 보여줍니다.

조지 피어스 베이커
George Pierce Baker(1866~1935)
하버드대학교를 졸업했고 하버드대학교 영문과 교수로 재직하면서 주로 희곡을 가르쳤다. 예일대학교에서도 가르쳤다.

● 오스트리아 태생의 배우이자 연출가.
●● 러시아의 작가로, 본명은 알렉세이 막시모비치 페시코프.
●●● 오스트리아 태생의 작가 겸 극작가.

그리스 비극

◆

 '희곡'이란 말은 그리스어로 행위란 뜻입니다. 그리스인의 용어법으로 제한해보면 우리 눈앞에서 벌어지는 행위란 뜻이지요. 그리스인은 이렇게 연극 무대에서 펼쳐지는 작품을 서사시와 역사 속의 행위와 구분했습니다. 그리스인이 이해하고 썼듯이 이 모두는 매우 극적인 특성을 지니고 있었습니다.
 그리스 연극사의 세 발전 시기는 대체로 3백 년쯤 됩니다. 기원전 6세기는 준비 기간입니다. 기원전 5세기에는 아테네의 특질이 꽃을 피웠습니다. 기원전 4세기에는 소위 신희극이 주로 에우리피데스의 사실주의에서 영감을 받아 모양을 갖추면서 관습과 가정생활, 사회적 폐단을 묘사했습니다.

그리스에서 연극의 기원

◆

여러 연극을 수박 겉핥기식으로 훑어보기만 해도 곧바로 합창단의 역할이 눈에 띕니다. 연극의 구조에서 나타나는 여러 특징뿐 아니라 이런 현상을 이해하려면 비극과 희극의 기원을 조사해봐야 합니다.

깊이 파고들지 않더라도 이런 조사가 본질적인 이유는 그리스인의 건설적인 천재성 덕분에 모든 나라와 시대에 알려진 연극을 발견해서 발전시켰기 때문입니다.

연극은 종교에 기반을 두고 있습니다. 그리스인의 의식 속에서, 연극은 디오니소스 숭배에 기원을 두고 있었지요. 디오니소스는 지하세계의 신이었고 마지막으로 그리스 신이 되었습니다. 그를 숭배하는 종교는 상당한 반발을 불러일으켰으며 그의 이야기는 승리와 기쁨만이 아니라 고통으로도 가득합니다. 디오니소스는 자연에 생명을 불어넣는 힘을 상징했어요. 그는 포도나무와 포도주의 신이었고 포도수확 축제 때 사람들은 춤과 노래로 그를 찬미했습니다. 사람들은 얼굴에 포도주 찌꺼기를 바르고 염소 가죽을 몸에 두르고는 사티로스라고 불렸던 염소 모양을 한 디오니소스의 부하를 흉내 냈습니다. 이들이 불렀던 노래인 트라고에디아tragoedia는 '염소의 노래'라는 뜻의 트라고이Tragoi였는데, 많은 시간이 지난 후 위엄을 갖추게 되었습니다. 기원전 7세기 말에 코린토스의 시인 아리온•이 이 민요를 자기 자신의 목적에 맞게 차용해서 디티람보스••라는 이름을 붙여서 문학적인 특징을 부여했습니다. 이 노래의 형식과 소재는 매우 다양할 수 있었지만 파토스pathos•••라는 특징만은 줄곧 유지되었습니다. 합창단은

• 기원전 약 600년경의 고대 그리스의 음악가.
•• 그리스의 신 디오니소스의 제사에 사용된 노래. 기원전 7세기에 처음으로 나타났으며, 아울로스나 바르비톤이 반주하는 합창음악 또는 춤곡이었다. 기원전 4세기까지 합창이 사용되었으나 점차 그 역할이 희미해지고 19세기와 20세기에 이르러 이 용어는 작품들에 대한 이름으로 사용되어 디오니소스적 성격의 열정적인 음악을 가리키기도 한다. 아리스토텔레스에 의하면, 비극은 이 디티람보스로부터 발전했다.

신의 이야기가 펼쳐짐에 따라 즐거움의 함성, 동정과 공포의 절규를 표현했습니다. 똑같은 어구가 반복되는 후렴구는 규칙적으로 되풀이되는 요소였지요.

디티람보스는 변함없이 서정적이었습니다. 하지만 기원전 6세기에 우리는 어떻게 혹은 어떤 분위기인지는 모르지만, 디티람보스는 그 의미가 심각하게 변화하였습니다. 어쩌면 테스피스•••• 같은 천재가 숭배자로 구성된 합창단을 두고 신화와 관련된 신이나 영웅의 흉내를 낸다는 생각을 해냈습니다. 주인공은 가면을 쓰고 성격에 맞는 여러 가지 소품을 들고 있었고 합창단의 지휘자와 대화를 주고받으면서 수시로 합창단의 해설이 춤과 동작과 함께 끼어들었습니다.

유럽의 모든 문헌에 이름을 날린 테스피스는 펜텔리쿠스 산맥 기슭에 있는 아티카의 이카리아라는 마을 태생이었습니다. 미국 원정대가 발굴했던 이 지역은 아직도 디오니소스라는 지명으로 알려져 있지요. 이곳은 마라톤으로 이어지는 계곡에 위치해 있습니다. 올리브 재배지와 포도밭 사이에 감추어진 옹색한 폐허 어디에도 이곳이 유럽 연극의 발생지라는 어떤 흔적도 드러내지 않습니다. 테스피스는 기원전 6세기 후반 동안 이곳에서 공연을 했습니다.

그의 작품은 아무것도 남아 있지 않습니다. 그의 작품은 아마도 글로 쓰이지 않고 개략적으로만 작성되었을 텐데, 아리스토텔레스가 주장하듯, 연극의 초기 단계에서 유행한 즉흥적인 방식을 따랐을 것입니다.

••• 원래의 그리스어로는 청중의 감성에 호소하는 것. 수사학, 문학, 영화, 서사적 예술 장르에서 사용했던 의사소통 기교이다.
•••• 기원전 6세기의 그리스의 비극 시인.

최초의 극장

◆

　기원전 5세기는 믿을 만한 이름들과 함께 시작해서 한층 적극적인 발전을 이루어 인상적인 성과를 보여줍니다. 이 무렵에 디오니소스라는 지방 축제를 도시가 떠맡게 되었지요. 기원전 6세기 중반 초엽에 디오니소스 신은 화려하게 아데네에 입성했고 아크로폴리스의 남동쪽 경사지가 이 신의 구역으로 봉헌되었습니다. 디오니소스 사원 옆에, 중앙에 제단이 있고 춤을 출 수 있는 커다란 원형 마당인 오케스트라가 마련되어 고르게 다져졌습니다. 관중은 아크로폴리스 경사면에 정렬해서 앉아 있었습니다. 이 원형 무대로부터 얼마간 떨어진 반대편에 신전이 있었고 그 뒤로는 히메투스 산*이 멀리 떨어져 배경이 되어주었습니다. 자연이 베풀어준 것 말고는 아무런 무대 장치도 없었지만, 곧바로 하나의 관례가 만들어져 그 도시나 아니면 인접 지역 출신 배우는 관중 오른쪽에서 등장하고 반면에 먼 지역 출신 배우는 관중 왼쪽에서 등장했습니다.

　초기 비극 작가들은 (음악을 작곡하고 춤 동작을 개발해내고 합창단을 노래하도록 훈련시키는 작가로서) 한 명의 배우에 만족했습니다. 배우는 다른 역할을 할 수 있도록 근처의 쪽방(skene)**에서 가면과 의상을 바꿔 입었어요. 아이스킬로스의 연극들을 놓고 판단하건대, 합창단 지휘자가 작가의 대화 상대였고 가장 어려운 역할을 맡았지요. 초기 시인들 가운데 프리니쿠스***는 매우 높은 애국심과 달콤한 서정시, (한번은 『밀레투스 함락』이란 작품에서 과감하게도 역사적 주제를 사용한 경우와 같은) 왕성한 창의력과 배우에게 할당된 역할 중에서 여성의 역할을 도입한 것으로 유명했지요. 아리스토텔레스가 강조하듯이, 진보는 더디고 불확실했으며 확실히 관중은 공연이 종교적 기원과 종교의식이라는

● 그리스 동남부 아테네 동쪽에 위치한 산으로, 높이는 1,028미터이다.
●● 배우가 분장을 하는 곳으로 쉽게 등장과 퇴장을 할 수 있도록 지어진 건물. 스케네는 그리스어로는 천막이나 허술한 가옥을 뜻한다.
●●● 2세기에 비티니아에서 활동한 문법학자·수사학자.

경계에서 너무 멀리 벗어나는 것을 흔쾌히 받아들이지 않았습니다. "이것은 디오니소스와 아무런 관련이 없다"는 보수파의 불평 때문에 작가는 너무 갑작스럽게 전통을 깨뜨릴 수가 없었지요. 비극이 고상한 목적과 진지함을 가질 수 있었던 이유는 (희극이 포도수확 축제와 동일한 대중적인 기원을 가지고 있었다는 점에서) 처음부터 잠재해 있던 기원 때문이 아니라, 당시 시인들이 진지한 의도와 깊은 종교적 신념을 가지고 있는 데다 다가올 페르시아와의 충돌을 심각하게 받아들였기 때문입니다.

비극의 아버지 아이스킬로스

◆

아이스킬로스는 35살 때 마라톤 전투에 참전하고 있었습니다. 그는 데메테르*와 페르세포네, 디오니소스의 비밀의식이 거행되었던 그리스의 성소 근처인 엘레우시스에서 태어났습니다. 그래서 그의 영혼은 자신의 연극에 작용했던 이러한 영향력을 한껏 받아들였지요. 그의 사상 속에는 죄의 문제, 신의 정의와 같은 종교적 문제들이 매우 두드러집니다. 외적으로 엘레우시스 사제들의 화려한 예복을 보고 그는 연기자들의 의상을 완벽하게 해야겠다고 생각하게 됩니다. 하지만 그를 비극의 아버지라고 부를 만한 수준에 오늘 수 있었던 것은 그 자신의 천재성 덕분이었지요. 그는 두 사람의 배우를 통해 두 가지 대조되는 등장인물과 두 가지 감정과 목적을 묘사해서, 헤겔이 말한 비극의 본질인 이념들의 충돌을 불러일으킬 수 있게 했던 것입니다.

디티람보스는 상대적으로 짧은 작품이었지요. 그래서 초기 비극은 짧았습니다. 구성력이 발전하면서 단 한 편의 극 안에서 하나의 주제가 펼쳐질 수 없다

● 농업과 결혼, 사회질서의 여신.

는 것이 분명해집니다. 그래서 3부작으로 주제를 다루는 전통이 생겨났고 축제를 존중해서 사티로스 극*이 추가되었지요. 여기에서는 합창단이 고대에서처럼 사티로스 부분을 맡았습니다. 죄의 위임, 전파, 사면이라는 거대한 주제가 현존하는 유일한 3부작인 『아가멤논』, 『제주를 바치는 여인들』, 『자비로운 여신들』에서 처음, 중간, 끝을 담당하게 됩니다. 『결박된 프로메테우스』는 분명 미완성입니다. 3부작 중에서 반항적인 타이탄과 그의 적인 제우스 사이의 화해가 이루어지고 제우스의 정의가 입증되었던 대목은 사라져버렸습니다.

모든 그리스 연극은 페르시아와의 전쟁을 이기고 나서 아테네가 팽창하던 시기의 작품들입니다. 시인과 화가, 조각가들이 모여서 주로 아테네의 몫이었던 그리스의 성취를 찬양하면서 수 세기 동안 겪어온 동방의 압제라는 두려움에서 벗어납니다. 탐험과 상업을 통해 바다를 장악하게 된 아티카로 새로운 부가 흘러들어왔고 서정시와 연극의 천재들이 쏟아져 나왔습니다. 이때의 상황은 스페인 무적함대를 격파한 이후의 영국을 제외하고는 그 무엇과도 필적할 만한 상대가 없을 정도였습니다.

• 디오니소스를 찬미하는 주신찬가酒神讚歌에서 시작되어 비극과 동시에 발달한 것으로 보이며, 기원전 6세기 말 아테네에서 열린 디오니소스 대축제 때 처음 시작되었다. 익살스러운 줄거리나 신화를 풍자적으로 흉내낸 사티로스 극에는 주인공과 함께 디오니소스의 양아버지인 실레노스가 겁쟁이에다 음탕하고 포도주를 좋아하는 11명의 사티로스로 이루어진 합창단을 이끌고 등장했다. 오늘날 완전한 형태로 남아 있는 사티로스 극은 에우리피데스의 『키클롭스』뿐이다.

소포클레스

고전 그리스의 가장 순수한 형식을 대표했던 비극작가 소포클레스는 그리스가 살라미스 전쟁에서 승리했을 때 10대였습니다. 아름다운 용모와 명민한 지성을 지녔던 그는 처음으로 연극에 새로운 그리스 예술을 사용했습니다. 배경화를 도입했던 것입니다. 이제까지 아이스킬로스조차도 춤출 수 있는 마당(오케스트라)에 단 하나의 제단과 관객으로부터 떨어져 있는 바깥 가장자리에 서 있는 몇 개의 신상만으로 만족해야 했습니다. 소포클레스는 무대 건물을 세웠고 그 앞면에 문 하나를 뚫어서 관객들에게 사원이나 궁의 파사드facade•를 볼 수 있게 했지요. 두 방향의 출입구는 그대로 유지되었습니다. 아이스킬로스는 이러한 발전된 형식을 곧바로 받아들였지요. 그래서 『아가멤논』의 무대가 단순하지만 이전보다 훨씬 발전되었다는 것을 알 수 있습니다. 소포클레스 역시 합창단을 12명에서 15명으로 늘려서 소리를 더 크게 하고 움직임과 동작을 다양화했습니다. 하지만 이때부터 줄곧 합창 부분과 더불어 소포클레스가 세 명으로 늘려놓았던 걸출한 배우들의 숫자가 꾸준히 줄어드는 것을 알 수 있습니다.

에우리피데스

에우리피데스는 극작술의 원천이라는 면이나 도덕적 문제라는 면에서 가장 대담한 개혁가입니다. 그런 그조차 전통을 전혀 깨뜨릴 수 없었지만, 이 위대한 시기에 나온 새로운 작품인 『바쿠스의 여신도들』은 가장 최초의 비극들이 다룬 주제, 박해자들을 잔인하게 무찌르는 디오니소스로 되돌아갑니다. 하지만 에

• 건물의 주 출입구를 포함한 정면의 벽면 전체를 뜻하는 말로 건물 전체의 인상을 단적으로 나타내준다.

우리피데스의 극작술에서는 그가 날카롭게 비판을 받았던 방법이 나옵니다. 그의 작품에 나오는 등장인물은 더 이상 신이 아니고, 그가 짜놓은 플롯을 끌고 가는 원동력도 더 이상 신적인 것이 아닙니다. 등장인물은 불결하고 사소한 원인에 감동을 받는 남녀이지요. 연민에 호소하는 힘은 등장인물들이 사람이기 때문에 더 강렬합니다. 비극의 효과, 연민과 공포는 고통을 받는 사람들이 관객과 똑같은 사람이기 때문에 훨씬 생생합니다. 플롯에서 그는 소포클레스보다 한 수 아래이다 보니 자신이 묶어놓은 복잡한 매듭을 풀기 위해 데우스 엑스 마키나deus ex machina•에 의지했습니다. 하지만 그러면서도 『히폴리투스』의 마지막 부분처럼 신의 등장은 장엄한 효과 때문에 정당화됩니다.

찰스 버튼 굴릭
Charles Burton Gulick(1868~1962)
고전학자로, 하버드대학교 그리스어 담당 교수였다.

• 문학 작품에서 결말을 짓거나 갈등을 풀기 위해 뜬금없는 사건을 일으키는 플롯 장치. 글자 그대로 풀이하면 "기계 장치로 (연극 무대에) 내려온 신"이라는 뜻이다. 호라티우스는 『시학』에서 시인은 이야기를 풀어가기 위해 신을 등장시켜선 안 된다고 주장했다. 신고전주의 문학 비평에서 갑작스러운 기적으로 풀리는 이야기는 나쁜 연극의 특징이다.

엘리자베스 시대의 연극

♦

　르네상스라고 알려진 유럽의 거대한 운동이 영국에 도달했을 때, 그 운동은 연극에서 가장 완전하고도 지속적으로 표출되었습니다. 이런 지적이고 예술적인 자극은 급속하지만 대체로 평화롭게 나라가 팽창하고 있던 시절, 다시 말해 국민정신이 드높아지고 언어의 발전과 작시作詩의 형태가 문학적으로 가장 큰 성과를 거둘 수 있게 했던 지점에 도달했던 시절에 영국 사람들에게 영향을 미쳤습니다.

셰익스피어 이전의 연극

◆

중세 때 다른 유럽 국가들과 마찬가지로 영국 연극은 주로 종교적이거나 교훈적이었습니다. 연극의 주요 형식은 기적극이었는데, 여기에는 성서나 성인전에 나오는 투박한 대화체 이야기가 등장했습니다. 또 하나는 도덕극*이었는데, 여기서는 우의적인 행동과 추상적인 본질을 의인화함으로써 삶에 모범이 될 만한 교훈을 가르쳤습니다. 이러한 두 가지 형식은 엄격한 제한을 받았기 때문에 인간의 본성과 인간의 삶을 폭넓고 다양하게 묘사할 만한 기회가 없었습니다. 고대 고전 연극을 연구하고 모방하는 풍조가 자연스럽게 되살아나면서 그것이 몇몇 나라에서는 다가올 세대에 유행할 연극 형식을 결정하는 데 중대한 영향력을 끼쳤던 모양입니다. 하지만 영국에서는 세네카**의 비극과 플라우투스***의 희극이 제공했던 전형의 중요한 결과물들을 추적해볼 수도 있었겠지만, 엘리자베스 시대 연극의 중요한 특징은 영국만의 것이었고 당시 영국인의 정신과 관심사를 반영하고 있었다는 점입니다.

---

* 15세기경부터 공연되었는데 우화 형식을 이용하여 도덕적인 내용을 설파한다. 중세의 영혼과 육체의 갈등을 대변하듯이 선악의 분명한 대립과 인생의 덧없음, 예고 없는 죽음 등을 부각시키면서 전형적인 성격의 인물이 등장했다. 유럽 전역에서 공연되었던 이 도덕극은 종교극의 세속화를 가속화하여 중세극과 근대극을 잇는 다리 역할을 했다.
** 고대 로마 제국 시대의 정치인, 사상가, 문학자. 아홉 편의 비극을 썼다.
*** 로마의 희극작가. 움브리아에서 태어나 로마로 건너와서 그리스 신희극을 번안·상연했다. 교양이 없는 일반 대중을 위해 그는 대담하게도 원작을 자유롭게 변형하거나 개작했다.

역사극

◆

이런 연극이 채택했던 다양한 형식 가운데 처음으로 전성기를 맞은 것은 소위 역사극이었습니다. 대표적인 작품으로는 셰익스피어의 위대한 선배인 크리스토퍼 말로의 『에드워드 2세』가 있지요. 셰익스피어 자신도 이 형식에 속하는 연극을 10편 정도 만들었습니다. 이러한 연극에서는 엘리자베스 시대의 사람들이 자국의 영웅적인 과거에 대해 가졌던 관심사를 반영합니다. 이러한 유형의 연극이 유행하기 전까지 3백 년의 영국 역사 전부가 무대 위에 올랐습니다. 연극 예술의 형식으로써 역사극은 결점과 한계도 많았습니다. 역사적 사실들이 항상 연극을 통해 효과적으로 재현되기에 적합한 것은 아니지요. 그래서 역사와 연극을 결합시키려는 시도에는 늘 어려움이 따랐습니다. 하지만 놀랍게도 극작가들은 말로의 비극에 나오는 왕을 통해 그와 같은 등장인물을 연구할 기회를 얻었습니다. 또한 셰익스피어의 『리차드 3세』에서는 진짜 연극의 구조를 연구할 기회를 발견했지요. 『헨리 5세』에서는 화려한 수사학과 국민적 환희를 연구할 기회를 찾아냈습니다. 이 연극들을 근대적인 연극의 사실주의와 비교하여 판단해서는 안 됩니다. 작가들은 실제 대화 방식을 모방하려 하지 않고 배우들에게 멋지게 전달될 대사를 주려고 노력했습니다. 이야기가 재미있고 흥미진진하게 전달되기만 하면 더 이상의 환상을 추구하지 않았지요. 이렇게 해서 부족해진 부분이 있을 수도 있지만, 운문을 훨씬 더 눈부시게 만들기도 했습니다.

엘리자베스 시대의 비극

◆

초기 비극의 발전은 역사극과 밀접하게 연관되어 있었습니다. 하지만 극작가들은 다양한 주제를 찾으면서 곧바로 사실에서 벗어났고 비극의 주제를 찾기 위해 온갖 상상적인 이야기를 살펴보게 되었지요. 세네카의 작품이 유령이나 복수의 모티프와 같은 특성들이 유행하는 이유를 어느 정도 설명해주지만, 말로나 토머스 키드• 같은 사람들의 실험을 거치면서 셰익스피어가 발전시켰던 비극의 형식이야말로 정말 새롭고도 독특한 유형이었지요. 시간과 장소의 일치나 희극과 비극의 철저한 분리와 같은 고전적인 규정은 폐기되었습니다. 그 결과 연극에 제한이나 정규 형식, 분위기의 통일 등이 느슨해지면서 죄와 고통을 통해 인간의 삶을 묘사하였고 연극은 전례 없이 풍부해지고 다양해졌으며 상상력이 넘쳐나게 되었습니다.

가장 위대한 비극의 대가는 셰익스피어였고 비극에서 그는 가장 높은 정상에 도달했습니다. 『햄릿』, 『리어왕』, 『맥베스』는 가장 세련된 작품들이고 이 작품들은 영국인 천재의 가장 고귀한 정점을 대표합니다. 이 작품들 중에서 『햄릿』은 아마도 작품이 나왔을 당시에도 가장 인기가 있고 관심을 끌었습니다. 이 연극은 어느 시대, 어느 나라의 연극도 할 수 없었던 논쟁을 불러일으켰습니다.

이렇게 된 이유는 일정 부분 화려한 운문, 흥미진진한 플롯의 성격, 생생한 인물묘사 덕분입니다. 개성을 보편적이고 전형적인 특징과 결합해서 세상의 모든 사람들에게 호소할 수 있게 했으니까요. 하지만 더 중요한 이유는 주인공 묘사에 있습니다. 주인공의 성격은 미묘하고 동기가 복잡하기 때문에 미스터리를 해결하는 우리의 능력은 끊임없이 도전을 받습니다. 『리어왕』이 호소력을 지닌 이유는 호기심을 자극하는 경향 때문만은 아닙니다. 오히려 강렬한 고통의 광경으로 우리를 두렵게 하는 힘 덕분입니다. 어리석음이나 악에서 발생한 그러한 고

• 영국의 극작가.

통을 인간의 본성은 견딜 수 있습니다. 동기가 복잡하고 사건이 지나치게 발생하지만,『리어왕』은 모든 작품 가운데 가장 효과적으로 우리 감정을 압도합니다. 이와 비교하면『맥베스』는 단순한 연극이지요. 하지만 빛을 보면서도 어둠을 선택하는 사람에게 닥친 도덕적 재앙을 이보다 더 능숙하게 묘사한 작품은 어디에서도 찾아볼 수 없습니다.

셰익스피어만이 위대한 비극을 만들어낸 것은 아니었지요. 그와 동시대에 혹은 바로 그의 뒤를 이어서 벤 존슨, 존 마스턴, 토머스 미들턴, 필립 매신저, 존 포드, 제임스 셜리 등의 여러 극작가가 나왔고 모두 훌륭한 작품을 만들었지요. 강렬한 비극이란 측면에서 셰익스피어에 가장 근접한 사람은 존 웹스터였습니다.『말피 공작부인』은 연민과 공포를 불러일으키는 그의 능력을 잘 보여주는 작품입니다. 그가 다룬 범위는 셰익스피어에는 미치지 못하지만, 최고로 격정적인 순간에 마음 깊은 곳을 비극적으로 표현하는 구절을 창조해내는 능력만큼은 누구 못지않습니다.

엘리자베스 시대의 희극

◆

희극 분야에서도 셰익스피어의 위치는 절대적입니다. 이런 종류의 연극이 지닌 특성 때문에 우리는 희극에서 인간의 동기에 대한 깊은 통찰력을 기대하거나 비극에서 찾는 심오한 공감을 요구하지 않습니다. 그리고 희극에 등장하는 관습적인 해피엔딩 때문에 진지한 연극에서 기대하는 사실성을 찾기가 힘들어집니다. 하지만 셰익스피어의 희극은 피상적이지 않지요. 그가 중반기에 만든『뜻대로 하세요』나『십이야』같은 작품들은 능숙한 솜씨로 인간 본성의 여러 측면을 보여줄 뿐 아니라 가볍고 우아하게 매혹적인 인물들을 소개해줍니다. 말할 때마다 시적인 대사가 흘러넘치고 위트가 톡톡 튀어 우리의 상상력을 유쾌한 장면으로 이끕니다. 『템페스트』는 이보다 한 술 더 뜹니다. 이 작품은 우리에게 초기 희극의 매력을 선사하면서, 작가 말년의 원숙한 지혜도 전해주지요.

벤 존슨의 대표작 『연금술사』는 셰익스피어가 좀처럼 다루지 않았던 사실주의 희극에 속합니다. 1600년경에 런던에서 유행하던 사기술, 즉 연금술과 점성술 등에 대한 생생한 풍자입니다. 이 작품의 플롯은 세심하고 솜씨 있게 구성되어 작가도 유명세를 타게 됩니다. 이 작품의 주요 목적은 부정을 폭로하는 것이고 작품의 관심사는 주로 그 시대의 상황을 묘사하는 것이었지만, 에피큐어 맘몸경의 연설 중에는 매우 아름다운 운문이 들어 있습니다. 상당히 명랑한 분위기를 풍기는 데커의 『구두수선공의 휴일』에서는 런던의 다른 측면, 존경받는 상인들의 모습을 볼 수 있습니다. 존슨과 데커가 도시를 소재로 작업을 했다면 필립 매신저는 시골의 삶을 가지고 작업을 했지요. 가장 잘 알려진 작품인 『묵은 빚을 갚는 새로운 방법』은 셰익스피어의 작품을 제외하고 우리 시대까지 무대가 이어져 내려오는 몇 안 되는 엘리자베스 시대 연극 가운데 하나입니다. 존슨과 마찬가지로 매신저의 등장인물들은 훨씬 전형적인 성향들을 구현하고 있어서 셰익스피어보다는 개별 인물들의 개성이 덜 두드러집니다. 하지만 이 연극은 도덕적 의미는 물론이고 감정을 불러일으키는 흥미와 힘을 가지고 있습니다. 프랜시스 보몬트*와 존 플레처**의 『필래스터』는 『템페스트』처럼 낭만적 연극과 똑같은 유형의 작품입니다. 행복한 결말 때문에 희극에 속하지만 거의 비극적 정서의 사건과 구절을 담고 있는 유형의 연극이지요. 셰익스피어보다는 성격묘사에서 설득력이 떨어지지만, 보몬트와 플레처는 개별적 장면의 눈부신 효과를 통해서 즐거움

● 영국 제임스 1세 시대의 시인·극작가. 존 플레처와 함께 희비극 작품을 썼다. 극작가로서 보몬트는 극에 대한 공헌이 플레처만큼 분명하지 않아서 빛을 보지 못했다. 보몬트와 플레처의 이름으로 되어 있거나 다른 공저자가 끼어 있는 54편의 극 가운데 보몬트 혼자서 쓴 것은 단 1편뿐이고, 10편이 플레처와, 다른 3편은 필립 매신저와 함께 쓴 것이다.

●● 제임스 1세 때 활약한 영국의 극작가. 프랜시스 보몬트 등 극작가들과 협력해 많은 희극과 비극 작품을 남겼다.

을 주고 여기저기에 아주 매혹적인 운문으로 된 대사들을 섞어놓았습니다.

　　엘리자베스 시대의 연극을 통해서 우리는 가장 수준 높은 문학적 취향을 맛볼 수 있습니다. 세계사에서 엘리자베스 시대의 정신이 연극에서 그랬던 것처럼 한 시대의 정신이 이토록 적절하게 문학적으로 표출된 적은 없었습니다. 문학적 형식의 성장, 성숙, 쇠퇴를 이처럼 일목요연하게 보여줄 수는 없을 것입니다. 하지만 이러한 역사적인 고려를 차치하고라도, 우리가 셰익스피어와 동시대 작가들의 작품을 읽게 되는 이유는 뭘까요? 그것은 인류에 대한 심오하고 동정 어린 그들의 인식과 인류의 고통과 기쁨, 죄와 고상함의 가능성에 매혹되기 때문입니다. 그리고 그들이 이야기에서 보여준 극적인 기법이 가져다주는 재미와 대사마다 아낌없이 집어넣은 빼어난 운문 때문입니다.

윌리엄 앨런 닐슨

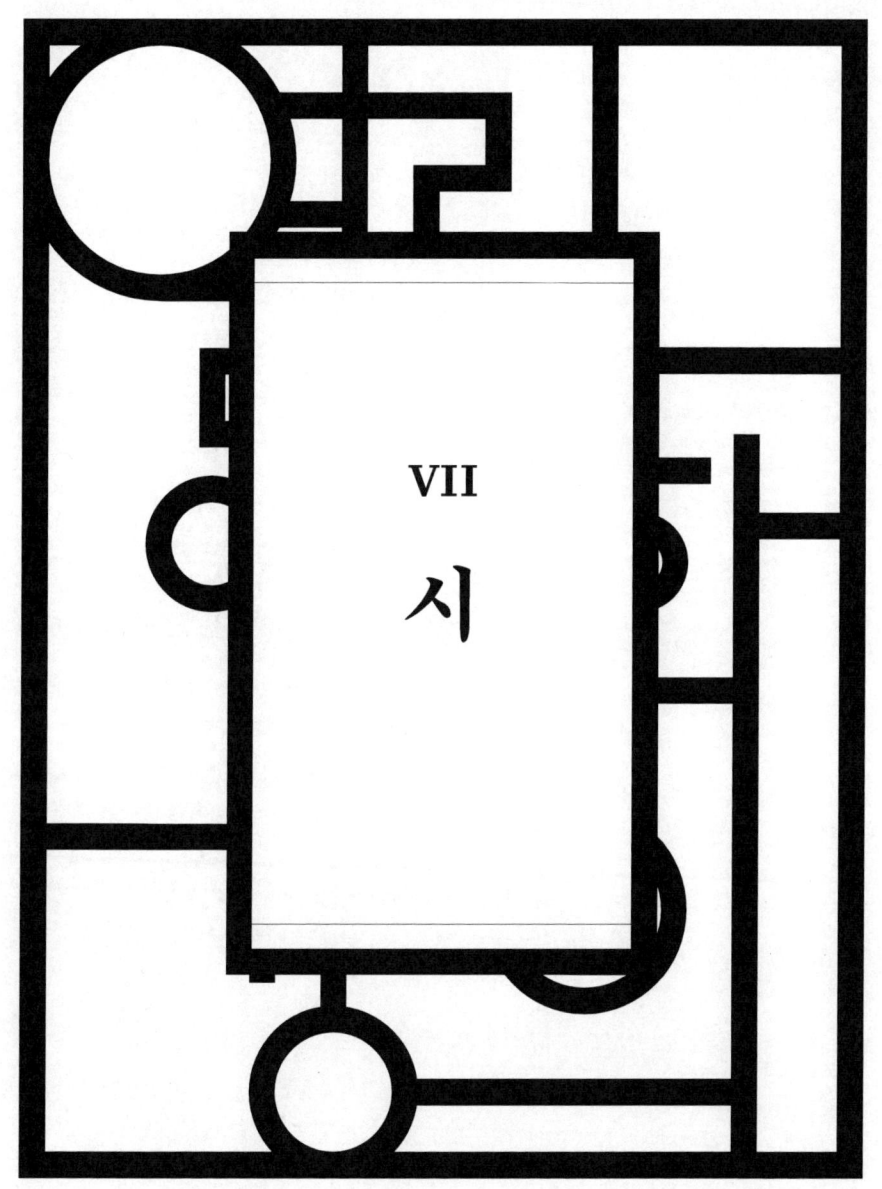

VII
시

들어가는 말

모든 지식의 처음이자 마지막

◆

　인간의 영혼은 영원히 다른 세계를 꿈꿉니다. 그 세계는 인간이 알던 이 세계보다 더 아름답고 완벽합니다. 아무리 몽매하고 식견이 좁은 사람이라도 더 넓은 지평과 더 맑은 공기를 원합니다. 행복한 시절에는 세상이 모든 인류에게 더 원대한 미래를 약속하는 것처럼 보입니다. 하지만 그런 시절이 지나갑니다. 그러면 세상은 다시금 이전처럼 현실적이고 노골적이며 완고하게 닫혀버립니다. 하지만 개중에는 상상력을 타고나서 세상을 더 예리하고 지속적으로 통찰할 수 있는 사람도 있습니다. 세상은 이런 사람들의 자유로운 영혼에게 더 원대한 미래를 보여줍니다. 이 땅은 그런 사람들 때문에 빛나는 옷을 걸치고 소리 없는 형식(시)으로 세상을 노래합니다. 그러면 수수께끼로 가득한 삶은 의미를 갖게 됩니다. 이런 사람들에게는 삶의 반짝이는 순간을 붙잡아두는 것이 허용됩니다. 그러나 다른 이들에게는 이 순간이 너무나 덧없이 사라지고 맙니다. 게다가 그들은 생생하게 표현하는 능력을 충분히 타고났기 때문에 그 순간을 지속 가능한 형식(시)으로 다시 창조할 수 있습니다. 상상할 줄 아는 사람들은 모두 예언자이자 선지자입니다. 이렇게 깨닫고 본 것을 재현하는 창조자야말로 예술가이자 시인이지요.

우리가 간절히 찾으려 하는 것을 시인은 이미 발견했습니다. 시는 초월적인 것이어서 우리가 그것을 향해 나아가려 해도 시에 도달하는 길을 파악할 도리가 없습니다. 우리는 시간이 흘러도 세상의 아름다움을 보지 못하고 사물들이 드러내는 의미를 감지하지 못합니다. 시는 이러한 아름다움과 의미를 오롯이 드러내줍니다. 시인은 우리가 이미 알고 있던 세상의 이면을 보게 해줍니다. 비록 그 세상이 아무리 미화되었다 해도 말이지요. 시인은 우리 모두가 들락거리는 창고에 쌓인 재료들을 새로운 방식으로 끄집어냅니다. 시인은 더 명료하고 날카로운 상상력으로 현실을 미화하고, 이런 방식으로 드러나기만을 기다리던 아름다움을 펼쳐 보입니다. 이런 아름다움에 대한 신선한 통찰력 덕분에 시인은 표현할 수밖에 없는 경이와 환희의 감정에 생명을 불어넣습니다. 이렇게 완전히 새로운 조합으로 세상을 바라보기 때문에 시인은 모두가 겪는 경험으로부터 자신만의 감정으로 채색된 특정한 이미지를 골라내는 것입니다. 이러한 이미지들을 가지고 시인은 말의 얼개를 짜고 다시금 자신이 본 아름다움을 재창조합니다. 그리고 겉으로 드러난 것에 자신이 꿰뚫어본 더 깊은 의미를 부여합니다. 더 멀리보고 더 강렬하게 느끼기 때문에 시인이 되는 것입니다. 다음으로 시인은 힘 있는 언어로 자신의 경험을 표현할 수 있습니다. 이러한 언어는 우리의 내면에서 상상력과 의미를 불러옵니다. 그래서 시인은 인류가 꿈꿔왔던 더 좋고 완벽한 세상을 빚어냅니다. 시인의 솜씨를 통해 우리는 그런 세상을 영원히 소유하게 됩니다. 이것이 진정 시의 임무와 운명이라면 우리는 이렇게 물을 수 있습니다. 시인은 도대체 어느 곳에서 그러한 영감을 얻고, 어떤 수단을 통해 그처럼 숭고한 목적을 이루어내는 것인가.

서사시의 기원과 발전 과정

◆

한 민족의 시는 한 가지 이야기를 둘러싸고 형성됩니다. 어린아이는 이야기 듣기를 매우 좋아하지요. 순박한 마음을 가진 아이는 상상의 세계를 꾸며내고, 그곳에서 자신이 이해하지 못하는 현실 세계로부터 도피할 수 있는 탈출구를 찾아내려 합니다. 어린아이의 상상력은 아직 긴박한 현실의 압박에 시달리지 않기 때문에 한계에 갇히지 않고 끝까지 뻗어나갑니다. 인류의 유년기에, 인간의 관심 대상은 자신의 내적인 생명에 의해 움직이는 정신입니다. 자연의 힘은 인간의 운명에 영향을 주는 변덕스러운 신이 됩니다. 동료보다 영리하고 강한 힘을 지닌 사람은 기억이나 전설 속에서 영웅이나 신인神人이 됩니다. 그래서 아이도 자기의 발랄한 환상에 따라 자기 주변의 평범한 사물들에 생기를 불어넣습니다. 아이는 사물에 놀이에 맞는 역할을 부여하고 이 사물들은 아이가 짠 다양한 이야기에 따라 연기를 합니다. 아이의 상상력에는 행위, 업적, 이야기가 필요합니다. 신과 영웅의 숭고한 모험, 왕자와 소녀, 기사와 사로잡힌 귀부인, 요정과 정령의 뒤얽힌 운명. 이렇게 전설은 자유로운 상상력에서 나옵니다.

이야기에 대한 사랑은 결코 사라지지 않습니다. 기나긴 모든 역사에서, 모든 나라와 모든 민족 사이에서, 시는 상상할 수 있는 삶의 사건에 관심을 멈춘 적이 없습니다. 하지만 시라는 흐름 안으로 많은 자료가 흘러 들어가고 시가 흘러들어가는 경로에 따라서 색과 분량이 결정됩니다. 『일리아스』에서 『이녹 아든』•까지, 전형적인 사례들을 생각해보면 주제와 형식 모두 다양하고 심오하게 변화했습니다. 각 나라가 예술과 문화를 발전시키면서 이러한 흐름은 일반적인 것에서 특수한 것으로, 나라 전체의 관심사에서 사적인 개인사로 변해갔지요. 모든 국민들이 떠들썩하게 분발하여 표현하는 과정에서 서서히 독립적인 예술가나 시인이

• 빅토리아 시대 영국의 계관 시인 알프레드 테니슨이 쓴 불쌍한 뱃사람의 서사시.

등장합니다.

원시시의 특징
◆

　먼 옛날, 사람들은 함께 일하고 놀았습니다. 단 한 명의 씨족 구성원이나 시민 개개인은 부족이나 국가라는 통합체에 완전히 흡수되었습니다. 구성원의 복지는 집단의 복지에 좌우되었고 구성원의 이해관계는 대체로 공동체의 삶과 불가분의 관계로 묶여 있었습니다. 이러한 사실은 사람들이 만든 시의 범위와 성격을 설명해줍니다. 모든 나라들은 저마다 고유한 기원이 있고 이 기원은 시간이 지나면서 널리 퍼져나갑니다. 그러니까 '초기'라는 말은 나라마다 다릅니다. 이러한 초기 시의 사례로는 『일리아스』와 『오디세이아』(이 두 작품은 상대적으로 이른 시대이기는 해도 초기가 아니라 전성기를 대표하지만), 잉글랜드의 전통 속요가 있습니다. 시간적으로 보면 이러한 두 사례는 서로 2천 년 정도 떨어져 있지만, 이 작품들은 초기 시로서 어느 한 사람의 작품이 아니라는 공통적인 특징이 있습니다. 이처럼 이 시들은 만들어진 것이 아니라 생겨난 것입니다. 이 시는 집단적 삶이 자연스럽게 표출된 것입니다. 모든 사람들이 공통으로 관심을 갖는 사건이나 모든 사람들의 운명과 관련된 상황에서 이야기가 생겨나는 계기나 동기가 마련됩니다. 이 과정에서 이름이 알려지지 않은 누군가가 이야기를 시작하게 되어 있습니다. 이야기가 펼쳐지고 또 펼쳐집니다. 입에서 입으로 전해지면서, 이야기는 변화하고 살이 붙지요. 마침내 이름이 알려지지 않은 누군가가 이야기에 분명한 형식을 입히고 글로 쓰고 나면 보존됩니다. 하지만 이것은 어느 한 사람이 지었다기보다는 모든 사람이 만든 시입니다.
　이러한 시에는 민중적이고 민족적으로 보이게 하는 어떤 특징이 있어요.

『일리아스』나 『베오울프』* 같은 규모가 더 큰 시들은 대체로 거대한 줄거리를 다룹니다. 시에서 찬양하는 영웅은 부계 일족이나 씨족에서도 공유합니다. 이들은 민족 전설에서 모두에게 알려진 왕이나 힘세고 용맹스러운 사람들이지요. 신들도 빠지지 않습니다. 신은 이야기에서 주요한 역할을 합니다. 마찬가지로 민중적인 민요에서도, 이야기 속의 사람들은 비록 출신이 비천하더라도 전기와도 같은 영향력을 얻어 전형적인 인물이 되고 모두가 인정하는 중요한 지위를 얻게 됩니다. 이러한 시는 집단이나 민족의 이상을 반영합니다. 시는 사람들의 종교적 믿음이나 사물의 본성과 의미에 막연한 물음을 던지고 더 막연한 해답을 통해서 형성되고 영향을 받지요. 시는 이러한 유형의 사람들을 통해 활동하기 시작합니다. 그들이 하는 행위와 그들이 느끼는 열정을 통해 시는 모든 사람들이 떠올리는 가장 좋은 모습의 삶을 비추고 표현합니다. 시는 그 자체로 민족을 설명해줍니다.

이런 이야기는 운문이란 형식 말고도 또 한 가지 특징으로 인해 시가 됩니다. 이야기가 기억하는 세계가 이상화된다는 점입니다. 이야기가 만들어지는 이유는 사람들이 이야기를 좋아하기 때문입니다. 하지만 이야기에서 구현되는 줄거리는 사소하고 평범한 일상사의 반복이 아닙니다. 행위는 과장되고 강렬합니다. 우리가 소위 '소설의 매혹'이라고 부르는 것은 일상적인 행위를 압도합니다. 상상력이 자유로이 발휘되면 세상은 더 매혹적이고 의미 있게 됩니다. 이 이야기들은 오랜 옛날 더 행복하고 빛나던 전성기에 속해 있습니다. 이야기는 말합니다. 이것이야말로 세상의 진면목이다, 지금도 여전히 그 시대와 같거나 다시 그 시절로 돌아갈 수 있다면 얼마나 좋을까! 현재의 욕구라는 모호한 갈망의 저편에서, 멀리 사라져버린 여명의 신선한 빛 속에서 보았던 옛 사람들은 영웅의 원형으로 묘사되었습니다. 그들의 덕과 열정, 허물은 평범한 사람보다 더 고귀합니

• 8세기에서 11세기 사이에 고대 영어로 쓰인 작자 미상의 영웅 서사시. 1010년경에 만들어진 필사본이 유일하게 전해진다. 전체 길이가 3,183줄에 달하며, 고대 영어로 된 가장 긴 작품으로 언어학상으로도 중요한 문헌이다.

다. 그들이 활동하는 세계는 더 자유로운 공기를 들이마실 수 있는 더 넓은 무대입니다. 이렇게 사물을 아름다우며 밝고 강렬하게 만들고, 의미로 채우는 것이야 말로 시의 정신이라 할 수 있습니다.

개인주의의 성장

◆

문명이 진보하면서 개인은 집단이라는 배경에서 떨어져 나와 더 분명하게 자신을 드러내기 시작합니다. 집단의 공동 노력은 그 자체로 삶의 기술이었습니다. 집단적인 노력 덕분에 문화가 축적되면서 점점 더 풍부해지지요. 이어서 따로 떨어져 있던 공동체의 구성원에게 삶의 다양한 기능이 점점 더 분배되는 경향이 생겨납니다. 구성원은 각자 자신만의 특수한 재능과 소질을 개발하여 짐꾼이나 직공, 대장장이가 될 수 있습니다. 그리고 어느 날 노래에 재능이 있는 사람이 나타납니다. 그는 자신을 개인으로 의식하면서 조상들이 들려주었던 이야기를 전설과 전통이란 맥락에 집어넣고 새로운 얼개로 엮어냅니다. 초기의 시가 집단의 축적된 이상을 표현했다면, 한 개인의 머릿속에서 만들어진 시는 시인 자신의 특수한 목적에 의해 성숙하여 모양을 갖추고 개인의 감정으로 채색되면서 시인 자신이 본 세상을 반영하게 되지요. 시는 이처럼 시인 개인이 해석한 삶을 표현하게 된 것입니다.

그러면서 새로운 정신이 서사시 안으로 들어옵니다. 서사시는 자연발생적이고 비인격적이며 객관적인 성격을 점점 덜어내면서, 더 의도적이고 자각적인 예술이 됩니다. 주제를 선택하고 제시하는 방식은 시인 자신의 감정에 의해 결정됩니다. 시인은 자기 주변과 더 가까운 세계에서 소재를 가져옵니다. 시 속의 등장인물들은 일상적인 경험에 한발 더 가까이 다가갑니다. 등장인물은 화려한 매력을 잃는 대신 직접적인 호소력을 얻습니다. 행위 그 자체에 대한 관심사는 시들해지지 않지만, 그 안에서 움직이는 사람은 시인이 생각하고 느끼는 것을 더 세심하고 분명하게 표현합니다. 시인이 등장인물을 선택하는 이유는 중요한 상황을 구성했던 개념을 구체적으로 구현하고 예증하기 때문입니다. 신화 속의 영웅 베오 울프의 이야기와 기괴한 바다 괴물 그렌델과의 싸움은 제프리 초서●의 『캔터베리 이야기』에서 계승됩니다. 여기서 시인은 지위가 높거나 낮은 사람, 성직자나 평신도와 같은 잡다한 집단을 모아서 절묘하면서도 재미있고 충실하게 삶을 그려냈습니다. 성지 순례라는 무대를 통해서 이 사람들이 펼쳐내는 이야기는 등장인물만큼이나 다채롭습니다. 하지만 「수녀원장 이야기」보다 새로운 시의 성향을 독특하게 보여주는 작품은 없습니다.

> 벌써 중년을 넘어버린 초라하고 가난한 미망인이
> 한때 작은 숲 근처 산골짜기 아래
> 작은 오두막에서 살고 있었네

이 이야기의 주인공은 수탉 '챈티클리어'입니다! 이 수탉은 유식하게도 꿈 이야기를 펼치면서 그럴듯하게 먼 옛날의 위대한 이름들을 끌어들입니다. 하지만 수탉은 '여우 러셀'로 묘사되는 냉혹한 운명 앞에 무릎을 꿇지요. 헛간 앞마당의 거주자들은 이 비극에서 합창단 역할을 합니다. 영웅시를 모방한 이 시는 낭만적 서사시라는 거대한 형식을 익살스럽게 풍자합니다. 초서는 시를 통해서 재미를 줄 뿐 아니라 매섭지만 따뜻하게 삶을 비판합니다. 우리는 시인 자신의 개성과 연결되는 비판 정신을 즐길 수 있습니다. 에드먼드 스펜서●●의 『요정 여

● 영국의 작가이자 시인, 관료, 법관, 외교관. 많은 작품을 썼지만, 특히 미완성작인 『캔터베리 이야기』로 유명하다. 영국 문학의 아버지라 불린다. 프랑스어나 라틴어가 아닌 자국어인 영어로 작품을 쓴 첫 번째 작가이다.
●● 영국의 시인. 엘리자베스 1세 시대인 영국 문예 부흥기에 희곡의 셰익스피어와 함께 가장 위대한 시인으로 꼽힌다. 그의 우화적인 장편 서사시 『요정 여왕』(Faerie Queene) 6권은 영국의 시 가운데 가장 뛰어난 작품으로 평가된다.

왕』이나 『실낙원』, 키츠의 『엔디미온』*이나 『이녹 아든』이 자의식이 강한 모든 서사시가 소설이나 설화 속의 인물들을 묘사하든, 인간의 길과 신의 길 사이의 떠들썩한 논쟁이나 비천한 소시민의 비극을 다루든, 우리는 강화되고 더 강렬해진 세계의 이미지를 이해하게 됩니다. 그리고 시인은 자신이 구상한 생활 방식과 자신의 경험에 대한 해석을 표현하지요.

서정시의 발흥

◆

개성이 더 많이 표현되면서 서사시의 의미를 바꾸었던 경향 덕분에 형식과 목적이 다른 시가 등장합니다. 개인이 전체로부터 벗어나 자아의식을 갖게 되면서 다른 사람들과 비교했을 때 자신이 겪는 삶이 다르다는 사실을 알아차리게 됩니다. 이 세계는 자기의 세계이고 열정 또한 자기의 열정이지요. 사건들은 어느 정도 자기 자신의 경험과 관련되어야 의미를 갖습니다. 머리 위의 둥근 하늘은 밝고 푸르게 빛나며 여기저기에는 구름이 걸려 있습니다. 사방으로 광활한 땅, 색과 형태, 소리와 감동으로 가득한 장관이 펼쳐집니다. 그 중심에, 이 모든 기운이 만나는 지점에 생각하고 느끼고 염원하는 인간이 있습니다. 하나의 중심인 인간에게 주변 세계에서 나오는 영향력이 모두 모여듭니다. 이러한 충격을 겪은 개인은 감각과 번뜩이는 상념의 격정 속에서 불현듯 아름다움의 근원인 조화를 감지하며 온통 감동에 사로잡힙니다. 개인의 기쁨, 놀라움, 숭배가 파도처럼 표출됩니다. 개인은 이러한 혼돈으로부터 새로운 질서와 인식의 이미지를 만들어냅니다. 이것을 언어라는 매체를 통해서 인식의 패턴에 따라 형식을 만들고 자신의 감정에 맞추어 표현합니다. 자연의 강력한 진동 덕분에 시인은 노래를 하고 운율

● 4천 행이 넘는 장시로, 표면적으로는 인간의 사랑, 이상적인 미와 진리를 주로 다룬다.

에 맞추어 통찰과 감정을 목소리로 표현합니다. 그래서 세상의 아름다움과 내적인 의미로 충만하게 되살아난 정신에서 노래가 샘솟습니다. 서정시는 이렇게 탄생합니다.

> 그것은 볕이 드는 언덕에도
> 희미한 빛에도 없네
> 떨어지는 파도에도
> 흐르는 강물에도 없네
> 하지만 무시로 인간의 영혼 속에서
> 고통을 통해서 느릿느릿 움직이는
> 온전히 평화로운 달빛이
> 마음과 머리에 가득 차네●

이렇게 외적인 세계는 끝도 없이 아름다움과 의미를 직조하면서 미묘한 그림을 그려냅니다. 아름다움과 의미는 때로는 깊숙이 감춰지기도 하지만 결국 열렬하게 찾고자 하는 인간의 마음에 비밀을 드러내고 맙니다. 서정시는 자연에서 나오는 것처럼 보이지만, 결국은 천지만물을 보고 느낀 시인의 순수한 기쁨에서 솟아난 것입니다.

> 여름이 오고
> 크게 뻐꾹 노래하네
> 씨들은 자라고, 초원은 푸르러지며
> 숲은 새로워지네
> 노래하라 뻐꾹!

● 스코트랜드 출신의 시인이자 전기작가인 윌리엄 샤프가 쓴 「하얀 평화」(White Peace).

수양을 따라서 암양이 울고
송아지를 따라서 소들이 울며
어린 수소는 뛰고, 수사슴은 춤추며
(뻐꾸기는) 즐겁게 뻐꾹 노래하누나!
뻐꾹 뻐꾹 한 번도 멈추지 않고
뻐꾹 잘도 노래하누나

이 시에서는 새의 울음소리가 가락을 제공합니다. 그에 화답하여 시인이 느끼는 즐거움이 이미지 안에 넘쳐흐르고 시인의 선율은 봄의 음악을 노래하는군요! 이 작품은 가장 초기의 서정시 가운데 하나인데, 정조나 내용, 형식에서도 온전히 서정적인 봄을 노래합니다.

피리를 불며 거친 골짜기를 내려가다가
기쁨에 찬 노래를 피리로 불렀네
구름 위에서 나는 한 소년을 보았네
그가 웃으며 내게 말했지

양을 피리로 불러주오
나는 즐겁게 활기찬 곡을 불어주었지
피리 부는 이여, 그 노래를 다시 들려주오
나는 피리를 불었고 그는 눈물을 흘리며 들었네

그대의 피리를 내려놓아요, 그 행복한 피리를
그대의 행복하고 활기찬 노래를 불러주오
나는 같은 곡을 다시 노래로 불러주었네

그가 들으면서 기쁨에 겨워 우는 동안

피리 부는 이여, 앉아서 써주오
모두가 읽을 수 있도록 책 속에
그는 내 시야로부터 사라졌고
나는 빈 갈대를 꺾었다네
조촐한 펜을 만들고
깨끗한 물에 적셔
나의 행복한 노래를 글로 적었네
모든 아이가 듣고 즐길 수 있도록●

음률에 대한 충동이야말로 서정시의 원천입니다. 하지만 서정시의 형식은 깨지기 쉬운 그릇과도 같아서 조심스럽게 다뤄야 합니다. 이 그릇은 끝없이 다양하고 풍부한 내용물을 담아낼 수 있습니다. 덧없는 순간의 기분을 향기로 담아두거나 축적된 보물과도 같은 원숙한 경험을 담을 수도 있습니다. 서정시의 유일한 한계는 노래로 불려야 한다는 것이지만, 그것만 빼고 나면 하늘과 땅, 가장 깊은 마음속의 방까지도 자유롭게 담아냅니다.

● 영국의 화가이자 시인인 윌리엄 블레이크가 쓴 「순수의 노래」(Songs of Innocence).

서정시의 범위

그래서 서정시란 시인이 자기 자신을 통째로 쏟아내는 것입니다. 서정시는 다른 어떤 형태의 시보다도 시인의 정조情調에 맞추어 조율되기 때문에 시인의 감정을 강렬하게 드러냅니다. 하지만 오직 생각이 그 나래를 펴고 추상의 껍데기를 벗고서 따뜻하고 다채로운 이미지로 충만하게 구현된 삶 속으로 날아오르면 서정시는 묵직한 생각도 담아낼 수 있습니다. 불현듯 떠오른 아름다움에 대한 신선한 통찰 덕분에 깊은 기쁨의 원천이 드러납니다. 그리고 이미지 주변에 모여든 감정은 이미지에 생명력을 불어넣고 운율이 있는 리듬을 타고 선명한 언어에서 솟아납니다.

그대 반갑구나, 쾌활한 정령이여!
그대는 결코 새가 아니리라
하늘에서 혹은 그 근처에서
그대의 온 가슴을 그대가 쏟아붓고 있으니(그대는 새가 아니리라)

타고난 솜씨의 풍성한 가락으로
점점 더 높이
그대는 지상으로부터 솟아오르누나
불의 구름처럼
깊고 푸른 그대는 창공에서 날갯짓 하느니
그대는 계속 노래하면서 솟아오르고 솟아오르며 계속 노래하누나
지는 해의 황금빛 번개 속에서
그 위에는 구름이 빛나고 있고

그대는 떠다니면서 달리고 있네

지금 막 경주가 시작되어 육체를 벗어난 기쁨처럼●

종달새의 노래 소리는 기질을 풀어내고 변화시키는 시인의 현에서 흘러나와 더 진기한 음률로 영묘해집니다. 이 음률 덕분에 우리는 새의 노래 소리를 떠올립니다. 하지만 그것이야말로 바로 시의 정신이지요. 그래서 순간적인 미적 경험을 매우 직접적으로 묘사하는 시인들도 있습니다.

소리가 요란한 폭포는 정열처럼

나를 불현듯 찾아온다. 키 큰 바위, 산, 깊고 우울한 나무

그것들의 색깔과 형태들이 그때는 나에게 식욕과도 같았다

그것은 느낌이고 사랑이었으며

생각이 가져다주는 먼 곳에 있는 매혹이나

눈에 들어오지 않은 어떤 흥밋거리도 필요로 하지 않았다●●

하지만 신선하고 직접적인 상상력 덕분에 통찰력도 더불어 생겨날 수 있습니다. 시인은 더 깊게 보고 많이 느낍니다. 시인은 운문이라는 귀중한 그릇 안에 더 풍성한 의미를 담아냅니다.

왜냐면 나는 자연을 바라보는

방법을 배웠기 때문이다. 철없는 어린 시절과는 다르게

자연에서 조용하고 슬픈 인간의 노래를 종종 들으면서

그것은 거칠지도 거슬리지도 않으며, 정화시키고 안정시키는

넉넉한 힘을 가진 노래였다. 그리고 나는 고양된 생각의 즐거움으로

● 바이런, 키츠와 함께 영국의 3대 낭만주의 시인으로 꼽히는 퍼시 비시 셸리가 쓴 「종달새에게」(To a Skylark).
●● 영국의 낭만주의 시인인 윌리엄 워즈워스가 쓴 「틴턴 사원」(Tintern Abbey).

나를 거북하게 하는 그런 존재를 느꼈다. 훨씬 더 심오하게 확산된
어떤 것에 대한 장엄한 인식. 그것이 사는 곳은 지는 태양의 광선과
막막한 바다, 살아 있는 대기
푸른 하늘, 사람의 마음속이다
생각하는 모든 존재와 모든 생각의 모든 대상을
움직여서 모든 것들을 통하여 굴러가게 하는
그런 움직임이고 그런 영혼이다●

 이러한 운문 자체에는 시와 같은 서정적인 기운이 없습니다. 운문은 정신의 고요한 고양에 걸맞은 장엄한 음률로 옮겨갑니다. 여기서 '강력하고 자연스럽게 흘러넘친 감정'이 이제 '고요하게 떠오릅니다.' 하지만 운문에서는 서정적 성향을 증명하기보다는 서술합니다. 운문에는 실제 소재를 돋보이게 하고 강화하는 감정이 여전히 가득합니다. 그런 소재를 통해서 운문이 만들어지니까요. 그래서 운문을 진정한 시라고 하는 것이겠지요. 묵직한 생각 때문에 서정적 기분의 본질인 솟아오르는 감성이 가로막히는 경향이 있습니다.
 서정시의 범위를 한정하는 것은 오로지 인간의 정신 능력뿐입니다. 그 범위는 인간의 정신과 마음의 높이나 깊이와 맞먹습니다. 한 편의 서정시는 어느 시인이 이해하고 느낀 대로, 내적인 눈에 보이는 언어 이미지라는 마술을 통해서 영혼이 들을 수 있는 음조와 균형 잡힌 울림을 직조해서 인생의 아름다움, 경이로움, 심오한 신비를 풀어낸 것입니다. 서정시는 직접적이고 생생한 구절을 통해 나비나 세상을 생생하게 그려낼 수 있지요. 서정시는 의미가 가득한 언어로, 빛나는 순간에 인생의 광대한 비밀을 열어서 진실을 밝혀주는 것 같습니다. 서정시는 침묵을 뚫고 분출하는 무지갯빛 노래일 수도 있지요. 서정시는 불화를 녹여내고 사물들을 찬미하는 힘찬 찬가일 수도 있습니다. 모든 감정은 서정시와 연관된

● 워즈워스가 쓴 「틴턴 사원」.

다고 할 수 있습니다. 기쁨과 슬픔, 희망과 회한, 눈물과 웃음은 서정시의 테두리 안에 있습니다. 서정시의 두드러진 특징은 강렬한 개성입니다. 진정한 시인은 영원으로 열린 장대한 풍경 안에서 보았던 아름다움을 지상의 작은 구석에서 변형합니다. 시인은 자신의 사적인 즐거움과 슬픔을 모든 사람들에게 다가갈 수 있는 보편적인 행복과 고통이라는 거대하고 열정적인 원천으로 바꿉니다.

시의 형식적 요소

시인이 착상하는 특정한 방식에 따라서 어떤 주제를 시로 쓸 수 있습니다. 다른 사람들보다 더 예민하고 창조적인 시인은 인생을 더 강렬하고 아름답게 바라봅니다. 시인은 변화무쌍한 빛깔과 인상적인 면모를 보이는 자연의 화려하고 부드러운 장관에 자극을 받지요. 시인의 날카로운 사유는 세상을 구성하는 생생한 원리를 꿰뚫는 통찰 그리고 인간의 목적과 운명의 다양한 의미를 잡아내는 감각을 통해서 자극을 받습니다. 시인은 사유의 짐을 자신의 감정에 가뿐하게 얹은 후 언어-상징이라는 정돈된 얼개로 자신이 인식한 내용을 표현합니다. 언어-상징은 외부 세계에서 가져온 이미지를 재생산하고 이미지에 연상 작용을 덧입혀 더 많은 의미를 담습니다. 직접적이고도 실재적인 세계를 글로 옮긴 기록에 시인은 이렇게 덧붙입니다.

어슴푸레한 빛, 바다나 땅 위에 있어본 적이 없었던 빛
정화 그리고 시인의 꿈

감정을 자극하고 꿰뚫는 힘으로 이 세상과 인생을 바꾸는 것은 시인이 펼쳐

내는 마법이자 신비입니다. 그래서 시 역시 광대하고 복잡한 경험에서 영감과 소재를 끌어올 수 있습니다. 인생이 시로 표현될 수 있다면 사상은 산문으로 표현될 수 있습니다. 인생을 시적으로 표현하려면 소재를 통해서, 그것이 어떤 옷을 입고 있더라도, 깊은 곳에서 솟아오르는 감정을 전달해야 합니다. 시인은 그러한 감정에 자극받아 시를 만드는 언어 - 얼개로 자신의 생각을 표현합니다.

상상력과 감정에서 솟아오르는 시적 충동은 언어로 표현되고, 이러한 언어는 정연한 박자로 흘러나와 일정한 틀로 만들어집니다. 시라는 거미줄을 짜내는 소재는 지적이기도 하고 감성적이기도 하기 때문에, 물론 두 가지 요소가 다양한 비율로 결합될 수는 있지만, 이 두 가지 요소가 궁극적이고 전체적인 형식을 이룹니다. 단어의 정돈된 흐름은 물론 궁극적인 배열까지도 포함하는 이러한 형식이야말로 시입니다. 게다가 이러한 형식은 우연적이지도 자의적이지도 않고 인간의 정신과 영혼의 본성만으로 결정됩니다.

운율의 본성과 원천

◆

모든 시의 결은 살아 있는 몸 안에 피를 돌게 하는 맥박처럼 뜁니다. 이러한 맥박이나 리듬은 시 형식의 생명입니다. 진정으로 리듬은 우주의 심장 그 자체입니다. 사물이라는 거대한 조직 안에서 이처럼 친숙하고 충만하게 표출되는 적극적 원리는 없습니다. 밤과 낮, 썰물과 밀물, 계절의 완벽한 순환, 코에서 나오는 숨과 제자리에 있는 별은 음악처럼 강하게 울립니다. 별들의 공간을 스치고 지나가는 지구 궤도 못지않게 삶의 소소한 일상에서도 리듬은 모든 행위가 본능적으로 따르는 일관된 운동 법칙이지요. 이러한 리듬의 법칙 때문에 운동이 더 쉬워집니다. 모루에서 대장장이가 재빠르게 망치를 두드리거나 일꾼이 밧줄을 오래도록 잡아당길 때에도 마찬가지입니다. 행진하는 군인은 정돈된 걸음걸이 때문에 힘든 여정의 피로가 줄어듭니다. 리듬은 춤출 때처럼 움직임을 즐겁게 만들어 주지요. 외부에 있는 사물의 리듬을 파악해보는 일은 쉽고도 즐겁습니다. 주관적으로나 객관적으로나 리듬은 인간의 영혼과 본질적으로 조화를 이룹니다.

이 우주의 질서에는 살아 있는 맥박이 가득하기 때문에 감정도 지속되면 리듬 속에서 표현되는 경향을 보이지요. 아름다움을 인식함으로써 얻는 감정적 자극이나 삶의 더 깊은 진실을 통찰해서 얻는 흥분 때문에 심장의 박동은 빨라집니다. 이처럼 고조된 활동을 통해서 언어적 표현이 흘러넘치지요. 이러한 충동에서 솟아오른 언어는 그러한 충동을 정돈된 박자(운율)로 재현합니다. 시는 이렇게 탄생합니다. 학자들이 지적하듯이, 시의 가장 원시적인 형태는 일과 놀이를 하면서 육체적으로 움직일 때 나오는 리듬에 목소리를 얹은 것에 불과합니다. 맷돌에 옥수수를 가는 여인은 알 수 없는 말을 끊임없이 흥얼거리면서 박자를 맞춥니다. 오래된 방적 노래의 일부를 오필리아*의 헛소리에서도 그대로 확인할 수 있습니다. "그분을 '아다운'이라고 부른다면 아다운, 아다운 하고 노래해야지요. 그 후렴의 노래에 잘 어울리는데요!" 나긋나긋한 남자들이 둥글게 춤을 추면서 일제히 전쟁 노래를 소리쳐 부릅니다. 공동 축제에서, 처녀·총각들은 서로 민요의 시행들을 후렴구로 주고받으며 복창합니다. 이러한 원리는 시가 오랫동안 진화했음에도 여전히 유효합니다. 가장 이른 시기부터 최근까지, 몸을 움직일 때 본능적으로 나오는 소리와 수준 높은 성숙한 예술에서 시적 충동이 표출되어 사물의 중심에 있는 거대하고 깊은 맥박을 표현할 수 있게 되었습니다.

하아, 인간 본성의 오래된 뿌리와 더불어
노래라는 영원한 열정을 휘감는다
세상의 심장 속 깊이

● 셰익스피어의 『햄릿』에 등장하는 비극적인 여주인공. 햄릿이 가장 사랑한 여인이자 재상 플로니우스의 딸이기도 하다.

노래의 근원이 존재하고

모든 것과 얽혀서

모두와 짝을 이룬다

아니, 음률, 음조, 리듬에 대한 끝없는 투쟁이 아니라면

자연 자체는 무엇이란 말인가?

왕좌에 앉은 신은

시인들의 연장자

그의 척도에 따라 전체가 움직인다●

이것이 시에 나타나는 운율의 기원과 존재 이유입니다. 시인의 정조가 어떻든, 순수하게 솟구친 기쁨이든 아니면 명상으로 누그러진 고요함이든, 시인의 운문은 들을 수 있도록 만든 감정의 산물이므로 그에 합당한 리듬에 따라 움직입니다. 예를 들면 이렇습니다. 빠르고 지속적으로 흘러 나와서 영웅의 행위를 낭송하는 호메로스의 육절운율●●(장단단격 6보격시). 안정되게 진행되어 천국과 지옥의 드라마를 펼쳐내는 밀턴의 오절운율●●●(단장격 5보격시). 셸리가 노래하는 날아오르는 종달새의 비행. 브라우닝의 시에서처럼 미친 듯이 말을 달려서 쿵쾅거리는 말발굽 소리 등입니다.

나는 등자로 뛰어올랐다 그리고 조리스 그리고 그가

나는 말을 타고 질주했다, 디르크가 말을 타고 질주했다, 우리 세 사람 모두 말

● 영국 시인 윌리엄 왓슨이 쓴 「잉글랜드, 나의 조국」(England, my Mother).
●● 고전시에서 1개의 장음절 다음에 2개의 단음절, 영시에서는 1개의 강세 음절 다음에 2개의 무강세 음절이 온다. 고전시에서 가장 오래전부터 널리 써온 운율이 바로 이 장단단 6보격으로 호메로스의 『일리아스』와 『오디세이아』를 비롯한 여러 서사시에 나온다.
●●● 고전시에서 1개의 단음절 뒤에 1개의 장음절이 나오는 음보이며, 영시에서는 bĕ-caúse처럼 강세를 받지 않는 음절 뒤에 강세를 받는 음절이 나오는 음보. 고대 그리스인은 말의 자연스러운 리듬에 가장 가까운 것으로 여겼던 이 단장격을 연극 대사, 욕설, 풍자, 우화 등에 두루 썼다.

을 타고 질주했다

앞으로 밀든, 꾸준하게 행진하거나 날개를 달고 날아오르든, 이 운문의 듣기 좋은 운율은 운문 안에서 감정적 강조와 충동을 표현합니다.

운율의 효과

◆

운문은 운율을 통해서 운문에서 솟아나는 감정을 표현할 수 있을 뿐 아니라 감정을 전달하기도 합니다. 운율은 청자에게 에너지를 전달함으로써 감정처럼 청자를 뜨겁게 만듭니다. 시는 여러 장르의 문학과 공통점이 상당히 많습니다. 소설과 같은 산문은 세상의 고양된 이미지를 표현할 수 있지요. 산문은 연설처럼 행위를 촉발할 수도 있습니다. 본질적으로 상상력을 바탕으로 한 문학은 다양하게 표현되면서도 한결같은 요소를 가지고 있을 수 있습니다. 시와 산문이 결정적으로 다른 것은 이처럼 운율이라는 명확한 요소 때문입니다. 운율 때문에 시는 마음을 더 직접적이고 더 강렬하게 두드릴 수 있습니다. 심리학자들이 말하듯이, 우리 자신의 유기체 안에서 작동되는 '모방 운동'(imitative movements)● 은 우리 안에서 상응하는 감정을 흔들어 깨웁니다. 운율도 이해를 쉽게 만들어주고 그 자체로도 즐거움의 원천이 됩니다. 적절하게 사용되기만 하면, 운율은 산문의 지적인 내용을 강조할 수 있게 도와줍니다. 운율이라는 시적 형식은 기계 장치가 아니라 열정을 담아내는 필수적인 추진체입니다. 가장 좋은 상태의 운율은 결코 단조롭지 않습니다. 운율은 '억양 없는 단조로운 말투'나 규칙적으로 박자를 교차하면서 반복되어서는 안 됩니다. 운율은 감정적 충동과 단어의 의미에 상응하도

● 여러 가지 생물이나 무생물을 모방해서 표현해보는 활동을 뜻하며, 사물의 형태와 움직임을 관찰하고 이를 사실적으로 나타내어 관찰력과 표현력을 기르는 것을 말한다.

록 강조점을 미묘하게 바꿔가야 파도처럼 펼쳐질 수 있습니다. 내적으로 흐르던 조류는 일렁이는 물마루를 만나 부서질 수도 있고, 끝없이 다채로운 빛과 그늘은 거대한 중심으로 통합되는 표면 위에서 노닙니다. 운율은 필요할 때는 내적인 법칙에 따라서 호흡을 바꿀 수도 있습니다.

오라, 사랑스런 위안의 죽음이여
이 세상에 고루 파도치듯, 조용히 잇달아 밀려오듯
낮이나 밤이나 모든 사람에게, 한 사람 한 사람에게
조만간에 오라, 신묘한 죽음이여●

여기서는 안정된 음보音步●●인 운율이 두드러지지 않지만 우리를 사로잡는 깊은 맥박이 흘러서 운율 본연의 느낌을 전달해줍니다. 이와 같은 글귀에 우리는 기꺼이 시라는 이름을 허락합니다.

하지만 운율만으로 시가 온전해질 수는 없습니다. 의미 없이 반복되는 말들을 웅얼거리는 소리만으로는 시가 될 수 없지요. 그런 소리가 시의 기원 가운데 하나인 것만은 틀림없습니다. 반복되면서도 진보가 있어야 하고 이러한 반복 자체가 일정한 패턴으로 만들어져야 합니다. 미천한 경험이라도 진실하게 이해하고 철저하게 소화해서 전체적으로 파악되어야 합니다. 인간 바깥에 있는 세상의 떠들썩함 속에서 사람의 정신은 끈질기게 질서와 의미를 찾으려 합니다. 자연은 시인에게 자연 자체의 리듬에 따르도록 요구하지요. 이것이 시인이 영감을 얻는 원천입니다. 이제 시인은 자신의 표현 의도에 자연을 끼워 맞추고자 합니다. 이것이 시인의 솜씨지요. 시인의 기질은 세차게 몰아치는 우주의 영향력에 흔들렸

● 월트 휘트먼이 쓴 「일전에 라일락이 앞마당에 피었을 때」(When lilacs last in the dooryard bloom'd).
●● 시에서 운율을 이루는 기본 단위. 영시에서는 하나의 강음절強音節을 중심으로 그것에 어울리는 약음절弱音節이 한 음보를 이루지만, 우리나라 시의 경우 대체로 휴지休止의 주기라고 할 수 있는 3음절이나 4음절이 한 음보를 이룬다.

습니다. 이제 시인의 정신은 조절하고 조직하는 힘으로 나타나 시인의 인식과 의미를 단 하나의 통일체로 만들어냅니다. 시인은 운율을 반복하고 조합해서 조화를 이루어내지요. 이렇게 시인의 시는 모든 인상을 제시합니다. 시인의 얼개는 단일한 요소들의 반복으로 이루어집니다. 운율 있는 소절, 즉 음보는 행을 구성합니다. 행이 모여서 연이 됩니다. 그리고 전체적인 구도에따라 빚어진 연은 결국 서로의 뒤를 잇습니다. 여기서 다시 한 번 강조하지만 이러한 구조는 기계적이거나 자의적이어서는 안 됩니다. 각 행은 발상의 전환에 따릅니다. 그리고 전체 시의 형식적 통일성은 시가 표현하는 감정이나 사상의 통일성에 상응합니다.

시의 언어적 요소

◆

시인의 표현 수단은 언어입니다. 화가는 색을 가지고 작업을 하고 조각가는 형태를 다루며 음악가는 음을 가지고 작업을 합니다. 색, 형태, 음은 그 자체로도 감각적으로 즐거움을 줍니다. 이것들은 어떻게 표현되느냐에 따라 아름다워지고 의미를 지니게 되지요. 마찬가지로 언어도 감각적 가치를 지닙니다. 아름다움을 전달하는 도구로 사용될 때, 언어는 시의 운율적 구조에 선율(melody)이라는 요소를 첨가할 수 있습니다. 이러한 소리의 특질은 라임(rhyme)*에 의해 가장 쉽고 확실하게 확보됩니다. 라임은 자음과 모음이 완벽하게 합치해서 음절을 완성합니다(예컨대 사이트sight, 나이트night). 라임은 구절에 음악적 가치를 부여해주기도 하지만, 능숙하게 처리되면 시의 얼개를 명확히 하거나 낱말의 의미를 강조해주기도 합니다. 선율의 요소 가운데 더 작은 구성 성분에는 유사음, 두운頭韻*, 음색이 있습니다. 유사음이란 shape(셰이프), mate(메이트)처럼 음절 안에서 같은

---

* 시행의 첫머리나 중간 또는 끄트머리에 비슷한 운韻을 규칙적으로 다는 일.

모음을 반복하면서 자음을 다르게 쓰는 것입니다. 두운은 "The lisp of Leaves and the ripple of rain"(더 리스프 오브 더 리브스 앤드 더 리플 오브 더 레인)처럼 첫 음절의 소리를 일치시키는 것입니다. 강세와 결합되는 두운은 앵글로 색슨 시가의 본질적인 행 원리입니다. 장식이 너무 많아지면 의미가 모호해질 수 있는 위험을 무릅쓰고 오늘날에도 이런 방식이 사용됩니다. 음색이라는 선율의 특질은 더 미묘합니다. 음색은 "Sweet dimness of her loosened hair's downfall"이란 시구에서처럼 소리의 특질과 음가에 의해서 단어의 의미를 암시합니다. 여기서 모음 e, i, o, a를 천천히 바꾸니까 이미지에 소리의 '미묘한 분위기'(penumbra)가 덧입혀지는 것 같지요. 그 소리를 통해 이미지 두 가지가 섞이는 것처럼 보이는 것입니다. 이 모두가 시인이 가지고 있는 음표입니다. 뛰어난 장인은 이것들을 활용해서 감각에 호소하는 솜씨를 묵묵히 보여줍니다.

하지만 시가 감성이나 감각에만 호소하는 것은 아닙니다. 시는 언어라는 매체로 회화, 조각, 음악이 할 수 없을 정도로 지적 사상을 표현하기도 합니다. 하지만 시는 이러한 사상을 추상적인 용어를 쓰지 않고 구체적으로 표현하는 데서 힘을 발휘합니다. 언어는 색이나 형태는 아니지만 이미지를 통해서 암시할 수 있지요. 감정에는 항상 대상이 있고, 대상은 감정을 불러내어 재현됩니다. 시인은 언어의 이미지를 통해 자기감정을 표현하지요. 그리고 이런 언어의 이미지는 상징이 되기도 하고 어떤 경우에는 감정과도 같아집니다. 워즈워스는 자신의 시에서 얼마나 간절히 의무를 노래했기에 거기서 아름다운 이미지가 환기되어 설득력을 얻었을까요!** 이렇게 사상은 스스로를 구현하면 따뜻하고 생생해집니다. 그래서 청자의 상상력을 일깨워 꿈꾸고 감동하게 합니다. 이와 같이 언어가 감정을 불러일으키는 힘은 시인의 비밀이므로 좀처럼 분석되지 않습니다. 이런 힘은 음절 자체에서, 선율의 조합에서 우러나오는 소리의 아름다움에서 나옵니다. 이 힘은 향기나 증기처럼 주위에 들러붙어 있는 생생한 이미지나 지적이고 감성적인

● 시가에서 구나 행의 첫머리에 규칙적으로 같은 운의 글자를 다는 일.

연상 작용에서 우러나옵니다.

> 빛나는 별이여, 내가 너처럼 변치 않는다면 좋으련만
> 밤하늘 높은 곳에 걸린 채 외로운 광채를 발하며
> 참을성 있게 잠들지 않는 자연의 수도자처럼
> 영원히 눈을 감지 않은 채
> 출렁이는 바닷물이 종교의식처럼
> 인간이 사는 육지의 해안을 정결하게 하는 것을 지켜보거나•••

이러한 언어-음률의 매력이 어디에서 나온다고 말할 수 있는 사람이 과연 있을까요? 이것은 오로지 느낄 수 있을 뿐입니다. 일반적인 의미에서도 그렇지만 언어는 더 많은 표현력을 지니고 있는 듯합니다. 이렇게 새로운 의미는 친숙한 언어를 절묘하게 조작해서 만들어낸 시인의 창조물이지요. 시인의 솜씨는 음악가처럼 경이롭습니다.

세 가지 소리로부터 그가 만들어낸 것은 네 번째 소리가 아니라 별이다

내용과 형식의 일치

시적 형식은 운율에 의한 공감 작용을 통해 모든 존재를 일깨웁니다. 시적

•• 워즈워스의 시, 「의무에 대한 송시頌詩」(Ode to Duty)를 예로 든 것이다. 이 시에서 워즈워스는 의무를 "신의 음성이라는 가혹한 딸"(Stern Daughter of the Voice of God)이라고 말한다. 의무란 자신의 위험한 본능을 통제하기 위해서 자아가 사용할 수 있는 힘의 근원 중의 하나로 반드시 필요한 것이라고 말하며 의무를 여러 가지로 다르게 표현하면서 강조한다.
••• 영국의 낭만주의 시인 키츠의 「빛나는 별이여」(Bright Star).

형식은 듣기 좋은 음조를 통해 귀를 즐겁게 해줍니다. 일관되고 조화로운 구조의 논리는 정신을 만족시킵니다. 시적 형식의 언어-이미지는 감정을 불러일으키는 힘을 통해 상상력을 자극합니다. 그래서 시는 사실에 지적인 진가와 내재해 있는 모든 감정적 가치를 더해줍니다. 마지막에 가서 형식과 의미는 하나가 되지요. 서정시에서 가장 긴밀하게 그렇게 됩니다. 다른 어떤 방식으로도 이런저런 사상이나 감정은 표현될 수도 없고, 소통될 수도 없다고 생각합니다. 노래의 본질과 신비로움은 '노래하기'에 있습니다.

시는 순간적으로 완성된 삶의 파편입니다. 시는 즉각적으로 느껴지는 혼란스러운 감각 인상을 아름다운 형식으로 만들지요. 그래서 세상을 더 아름답게 만들어냅니다. 시는 사물의 강력한 심장에서 고동치는 운율이며, 이 운율을 미묘하고 만족스러운 얼개로 짜냅니다. 영혼에서 깨어난 언어적 선율은 천상에서 나오는 훌륭한 음악의 메아리마저도 희미하게 만듭니다. 시에는 진기한 빛이 흘러넘칩니다. 하지만 시는 환영幻影입니다. 오직 변화하는 자연의 겉모습 너머를 바라본다는 점에서만, 그리고 인간의 영혼이 기꺼이 믿었던 사랑이 영원의 옷이라는 것을 알게 된다는 점에서만 그렇습니다. 시는 환영이 아니라 더 높은 차원의 실재가 드러내는 이미지입니다. 시인은 인생을 이해해서 언어로 소유합니다. 자연의 과정을 끈기 있게 관찰하거나 인간의 운명이라는 감동적인 놀이를 수동적으로 바라보지 않지만 시인은 자신이 본 것을 사랑합니다. 사랑하는 사람 시인에게 이 세상은 자신의 비밀 중 일부를 보여주지요. 반짝이는 한 순간뿐이기는 하지만 시인은 풍부한 상상력과 창조적인 통찰력을 가지고 인생을 총체적으로 살펴봅니다. 감정과 통찰력은 완전성의 이미지로 녹아듭니다. 시인에게 진리는 아름다움으로 드러납니다. 그렇지만 이러한 계시는 절대로 종결되지 않습니다. 그래서 모든 위대하고 진실한 시는 말로 표현된 영감입니다. 시란 세상의 꿈이 실현되고 완수된 것이지요. 어느 예언자가 이렇게 말했습니다.

"시는 모든 지식의 처음이자 마지막입니다. 그래서 인간의 마음만큼 영원합니다."

칼튼 노이어스
Carleton Noyes(1872~1950)
미국의 작가이자 학자. 하버드대학교에서 영문학을 가르쳤다. 『예술의 즐거움』, 『감상 입문』, 『월트 휘트먼 읽기』 등을 썼다.

호메로스와 서사시

◆

　서사시 분야에서 이름을 드높인 시인은 몇 사람밖에 없습니다. 서사시를 정의하고자 할 때 떠오르는 이름은 호메로스, 베르길리우스, 밀턴입니다. 이 세 사람을 제외하고는 영웅시에 걸맞게 거대한 테마를 위엄 있고 장엄하며 아름답게 다룬 사람을 찾기란 어렵지요.
　왜 그러냐면 처음부터 기준이 정해져 있었기 때문입니다. 이렇게 위대한 시의 방법과 목적을 분석해보면, 호메로스가 그 모든 사람들 가운데 가장 뛰어나고 유례가 없는 대가로 떠오릅니다. 왜냐하면 『실낙원』에서 밀턴은 너무 지나치게 신학적 논쟁에 휘말리는 바람에 시의 고유한 임무에서 벗어났기 때문입니다. 베르길리우스는 『아이네이스』에서 의식적으로 자기 시대를 깊이 연구하다보니 의도적으로 로마 제국이 위대하다고 찬미했기 때문입니다.

호메로스의 선배들

◆

호메로스의 솜씨는 베르길리우스보다 훨씬 소박하고 자신의 주관을 뚜렷하게 드러내지는 못했지만, 그렇다고 18세기 사람들이 생각하듯이 호메로스가 인류의 유년기를 대표한다고 생각하면 오산입니다. 호메로스는 참신하고 열정적이며 자발적이고 명민했지만 그럼에도 많은 가인歌人 세대의 끝자락에 서 있던 인물입니다. 호메로스는 가인들에게서 미개 상태로부터 그리스인이 최초로 등장하는 시절을 더듬어 돌이켜보게 하는 작시법, 용어 선택, 악구의 전통을 물려받았습니다.

최초의 서사적 노래가 다루는 소재는 아주 단순했지요. 처음에 찬가의 주제는 부족신들에 대한 숭배나 감사였습니다. 족장들 가운데 영웅적 선구자들이 신의 아들이라고 여겨지기 시작하자 소재가 신에서 인간으로 쉽게 옮겨졌지요. 몇몇 유명한 전쟁에 나오는 당대의 위업들은 잊혀지지 않았습니다. 신성한 찬가가 영웅 서사시가 되었습니다. 영웅 서사시는 대중적인 흥미와 지역의 자부심에 강력하게 호소하면서 인기를 얻었습니다. 하지만 이러한 시는 천부적 재능을 지닌 가인들의 전유물이었고 이들의 직업은 세습되었지요.

서사시의 발전

◆

기원전 12세기에 미케네가 몰락하고 눈부신 미케네 문명이 마지막으로 파멸되는 등 엄청난 격변이 일어났습니다. 영토가 재조정되었지요. 자신들을 아카이아인, 아이올리스인, 이오니아인 혹은 보이오티아인이라고 부르며 그리스어를 하는 사람들이 대규모로 소아시아* 연안 지역으로 이주합니다. 야만인들이 점령했던 소아시아 내륙의 변방에서는 이 지역으로 이동해온 부족들이 활약을 펼치며 모험을 감행했습니다. 부족의 전사들은 기예를 뽐냈지요. 씨족이 다르기는 하지만 같은 인종들끼리 어우러져 위업을 이루어내면서 새로운 민족적 자부심이 나타나 사실상 서사시가 발전하기에 가장 좋은 조건이 마련되고 있었습니다. 단출한 삶을 살았던 고향에서 조상들이 가져온 전설은 더 널리 퍼져나가기 시작했습니다. 음유 시인들의 상상 속에서, 남부 테살리아와 보이오티아 사이의 국경에서 적수가 될 뻔했던 아킬레우스와 헥토르는 가축 몇 마리가 아니라 민족의 명운을 걸고 싸우는 당당한 왕자들이었지요. 이들이 세운 공훈의 무대가 고국에서 새로운 땅으로 옮겨집니다. 새로운 땅에서는 생활환경이 더 넓어지고 그에 걸맞게 이주민들의 상상력이 커지면서 이들의 전설에도 사건들이 더 풍부하게 구현되고 화려하게 윤색되어 민족의 자부심을 드높이기 시작했습니다.

그리하여 그리스 본토에서 아가멤논의 권세는 아르고스의 언덕 사이에 아늑하게 지어진 미케네의 성채 하나로 제한될 수 없었기에 후세 서사시인의 애국적 충동을 통해 제국의 차원으로 확대될 여지가 있었습니다. 성격 묘사가 더 정교해지면서, 서사시인은 아카이아인과 트로이인, 그리스인과 야만인, 서양과 동양 사이에 거대한 대립 관계를 세우는데 기여했습니다. 이들이 헬레니즘**을 만들어냈습니다.

● 아시아의 서쪽 끝에 있는 흑해, 에게 해, 지중해에 둘러싸인 반도. 터키의 대부분을 차지하며, 예로부터 아시아와 유럽을 잇는 중요한 통로였다.

●● 기원전 323년에서 기원전 146년 사이(혹은 기원전 30년까지라는 주장도 있다)로 고대 세계에서 그리스의 영향력이 절정에 달한 시대에 그리스적 정신과 동방 정신이 융합한 범세계적 문화이다.

트로이의 역사

트로이 전쟁 이야기는 세부적인 내용이 신화적으로 윤색되었지만 역사적 사실을 어느 정도 반영합니다. 한편으로는 아카이아인과 이오니아 이주민, 다른 한편으로는 트로아스 지방의 트로이 주민 사이에 실제로 투쟁이 있었다는 것은 이제 더 이상 의심의 여지가 없습니다. 현재 우리가 볼 수 있는 『일리아스』는 천재 한 사람의 작품이지만 과거의 자료를 빌려와서 각색하고 확대시켜서 새롭게 지어낸 복잡한 과정의 결과물입니다.

이 작품은 세부 내용에서 일관성이 없고 주요 관심사는 수시로 핵심에서 벗어납니다. 호라티우스*는 "훌륭한 호메로스가 졸았더라도"라고 말하고 있습니다. 그러나 호메로스가 이따금씩 졸기는 했어도 깊은 잠에 빠지지는 않았습니다.

『오디세이아』의 시기는 『일리아스』가 최종적으로 모양을 갖춘 시기보다는 다소 늦을 것입니다. 오디세우스의 방황은 『일리아스』에도 등장하는 동일한 아카이아 종족들이 한층 새롭게 겪었던 경험을 많이 반영합니다. 그들은 아시아의 떠들썩한 분쟁에서 승리를 거두고 지중해 너머로 배를 몰고 가서 페니키아 상인들과 다투었습니다. 『오디세이아』는 『일리아스』에서 서술되었던 사건들을 배경에 깔고 있습니다. 『일리아스』와 달리, 이 작품은 전쟁과 공략의 이야기가 아니라 용감한 뱃사람을 중심으로 펼쳐지는 모험과 음모의 이야기입니다.

이 작품에는 불가사의한 일이 넘쳐납니다. 새로운 세상, 이상한 도피, 난파, 바람과 파도의 무시무시한 힘, 괴물과 마녀, 거인, 해적과의 만남, 지상의 끝과 지하 세계에 이르는 황량한 곳으로의 탐험 등 온갖 경이로움으로 가득합니다. 『오디세이아』는 신밧드의 모험에 본보기가 되었고 걸리버와 바론 뮌하우젠**에게는 선구적인 작품입니다. 『오디세이아』 덕분에 후세의 시에 몽상가들(lotus-eater)*과 사이렌이 등장하게 되었고, 속담 표현에 스킬라와 카리브디스가 나오게 되었

● 고대 로마 공화정 말기의 최고 시인.
●● 독일의 수렵가·군인. R. E. 라스페가 쓴 모험담의 주인공.

습니다.** 게다가 혼을 빼놓는 등장인물들은 어린이 책에서 풍성한 이야깃거리로 다시 탄생했습니다. 영웅의 활약과 시련이 잦아들면서, 이야기는 전원생활의 행복과 아름다움을 묘사하고 문학에서 신실한 아내의 모습을 가장 고귀하게 그렸습니다.

『오디세이아』의 구조

『오디세이아』의 극적 구조는 언제나 높이 평가되었습니다. 『일리아스』에서 친숙한 여러 등장인물들, 네스토르, 헬레네, 메넬라오스 등과 함께 다소 나약하지만 사랑스러운 아들 텔레마코스가 나와 상황이 전개된 다음에 주인공이 등장합니다. 그다음에 무대는 칼립소 섬으로 옮겨집니다. 거기서 감금된 오디세우스는 분을 삭이지 못합니다. 여기서부터 출정, 포세이돈의 노여움, 난파, 파에아키아 땅에서의 구조 장면이 이어집니다. 장면은 알키노오스 왕의 화려한 궁전으로 바뀝니다. 왕 앞에서 오디세우스는 칼립소 섬을 출발해서 계속 이어진 놀라운 모험담을 이야기합니다. 파에아키아에서 오디세우스는 나우시카를 만나지요. 나우시카는 그리스 문학에 등장하는 가장 아름답고 눈부신 여성입니다. 아이네이스

● 이 말은 그리스·로마 신화에 나오는 이야기 중 한 부분에서 유래되었습니다. 트로이 전쟁 후 오디세우스와 그의 부하들은 폭풍을 만나 북아프리카의 어느 해안에 도착했는데, 그곳에 사는 사람들은 친절하고 평화로웠지만 뭔가 해보겠다는 목적의식이 전혀 없이 그저 빈둥거리며 나날을 보내고 있었다. 게다가 이 사람들이 먹는 연꽃 열매(lotus)를 부하들과 먹고 환각상태에 빠져 고향에 돌아갈 것을 잊어버리고 그저 몽상에 빠져 하루하루를 보내게 된다. 결국 오디세우스는 강제로 부하들을 끌고 나와 다시 귀향길에 올라야 했다.

●● 카리브디스와 스킬라는 둘 다 오디세우스의 모험 이야기에 나오는 괴물. 스킬라는 한 번에 여섯 명의 뱃사람을 낚아채 잡아먹는 반면, 카리브디스는 소용돌이를 일으켜 모든 사람을 삼켜버린다. 오디세우스는 고민 끝에 카리브디스를 피하여 스킬라에 가까이 배를 몰아갔다. 그의 판단으론 여섯 명을 잃는 것이 모두를 잃는 것보다 낫기 때문이었다. 그래서 최악의 상황을 피하기 위해서 차악을 선택해야 하는 경우에 서양에서는 "카리브디스를 피하여 스킬라에게 잡히다" 혹은 "병마의 카리브디스를 피하는 대신 손실의 스킬라에 빠지는 것이 낫다"라는 속담을 쓴다.

가 떠나자 표출되었던 디도 여왕의 거친 성품을 나우시카의 언행과 비교해보면 호메로스와 베르길리우스의 차이를 아주 극명하게 알 수 있습니다. 『오디세이아』의 이 부분 역시 매우 흥미롭고 음유 시인 데모도코스가 영웅 이야기시의 전통과 방식을 재현하는 방식 때문에 중요합니다.•

이야기의 후반부는 파에아키아인들이 오디세우스를 집으로 데려다주면서 시작합니다. 거지로 변장한 오디세우스는 나중에 그리스 연극에서 정교하게 펼쳐졌던 발견(recognition)••과 아이러니irony라는 극적인 장치들이 충분히 발휘되면서 여러 사람들과 맞닥뜨립니다. 오디세우스는 텔레마코스에게 자신의 신분을 밝힙니다. 그리고 파토스가 넘치는 장면에서, 그의 늙은 개 아르고스가 주인을 알아봅니다. 마침내 오디세우스는 힘과 기술을 발휘해서 최종 시험을 통과하자마자••• 구혼자들을 모두 죽인 다음에 아내 페넬로페와 늙은 아버지에게 자신을 드러냅니다. 이야기가 진행되면서 너무 많은 실수들이 반복됩니다. 하지만 이것들을 통해서 서사시인들이 이야기를 질질 끄는 것을 얼마나 좋아하는지, 그리고 독자들이 이야기가 연장되기를 얼마나 바라는지 알 수 있습니다.

호메로스 시의 출처

• 『오디세이아』에 등장하는 데모도코스는 귀족들을 위해 노래하거나 오디세우스를 기념해 운동경기가 열렸을 때 경기장에 모인 대중을 위해 노래했다. 그는 영웅시의 전통을 이어받아 대개 한 자리에서 끝낼 수 있는 짧은 시를 지었다.

•• 아리스토텔레스의 『시학』 11장에 등장하는 용어. 무지에서 지의 상태로 이행하는 것을 의미한다. 이 말은 신분의 발견, 깨달음, 자기 인식 등으로도 번역된다.

••• 페넬로페가 구혼자들에게 도끼를 늘어놓고 남편의 활로 화살을 쏘아 열두 개의 고리 구멍을 모두 통과시켜야 한다는 시험을 낸다. 이것이 혼인 조건이었다. 구혼자들 대부분은 활을 당기지도 못했는데, 거지로 변장하여 성으로 들어온 오디세우스가 활을 당겨서 모두 명중시킨다.

◆

　　그리스인은 위인의 시시콜콜한 사항을 입에 올리기를 좋아하지만, 호메로스의 진면목에 대해서는 말할 수가 없습니다. 그의 삶과 관련된 후세의 전설이 빈약한 데다 알렉산드리아의 학자들에게 거의 전적으로 무시되었기 때문입니다. 호메로스가 장님이었다는 특징이 그리스와 마케도니아의 대중적인 시인들 사이에서 지금도 이야기됩니다. 이런 호메로스의 특징은 나폴리 박물관의 유명한 흉상에 아름답게 묘사되어 있습니다. 일곱 개의 도시가 저마다 영예롭게 호메로스의 출생지라고 주장했지요. 그 도시들은 대부분 소아시아 연안이나 인근의 섬들에 있었습니다. 이전에 우리가 알고 있었던 것을 시에 쓰인 언어를 통해서 증명해보면 두 가지가 사실로 드러납니다. 하나는 가장 최후의 저자들은 이오니아계 그리스인이었다는 것입니다. 그리고 또 하나는 이 시들이 오랫동안 소아시아 연안에서 유행했고 그런 다음에 방랑하는 서사시 낭송자(음유시인)가 그리스 본토로 가지고 갔다는 것입니다. 그 저자들이 언제 처음으로 글을 썼는지는 알려지지 않았지요. 그리스인들은 기원전 9세기나 어쩌면 그보다 훨씬 이전 시기에 글을 쓸 줄 알았지만(사실 글쓰기는 호메로스에 의해 한 번 언급됩니다), 이 문제는 초기 시의 전파에 관한 논의에서는 별로 중요한 역할을 하지 못했습니다. 기원전 6세기에 폭군 피시스트라투스*가 아테네를 통치하고 나서야 시를 한데 모아 우리가 지금 볼 수 있는 형태로 명확하게 기록합니다. 기원전 6세기에서 기원전 3세기까지 문화를 이끌었던 아테네인의 보호 아래 놓이면서 시는 알렉산드리아 사람들의 관리로 넘겨졌지요. 이들은 손으로 공들여 옮겨 적어 판본들을 만들었고 다시 오늘날 볼 수 있는 것처럼 각 24권으로 나누었습니다.

　　로마인은 이것들을 꼼꼼하게 연구했고 퀸틸리아누스*에게는 플라톤과 마찬가지로 호메로스야말로 수사법의 원천이었지요. 중세기 동안 서양 세계는 로마판 트로이 이야기**를 더 자주 활용했어요. 그렇지만 고대 학문이 부흥되면서

● 아테네의 참주.

Ⅶ 시

호메로스는 일약 고대인 가운데 가장 먼저 정당한 지위를 차지했고 그 이후로 모든 교양인에게 변함없는 사랑을 받았습니다.

찰스 버튼 굴릭

● 로마의 수사학자·웅변가.

●● 트로이 이야기는 그리스·라틴 문학에서 계속적으로 발전되었다. 가장 초기의 문학적 증거인 호메로스의 『일리아스』와 『오디세이아』에서 주요 이야기는 이미 골격을 갖추고 있었다. 로마인은 트로이 출신의 용사 아이네이아스 이야기에 주목했고, 베르길리우스가 쓴 『아이네이스』 제2권에서는 트로이 전쟁에 관한 이야기가 상세하게 펼쳐진다.

단테

◆

　단테 알리기에리는 중세를 가장 잘 대표하는 인물이라고 하지요. 고대나 근대를 막론하고 다른 어떤 작가에게서도 단테가 중세의 정신으로부터 영향을 받았던 것만큼 그토록 거대한 시대정신을 찾아볼 수는 없습니다. 중세는 위대한 건축가와 뛰어난 신학자들의 시대였고, 종교적으로 고양된 시대였으며, 강건하고 전투적인 신앙의 시대였지요. 거대한 성당과 『신학대전』을 만들어낸 시대. 십자군, 성 베르나르두스•와 성 도미니크•• 그리고 성 프란체스코•••의 시대였지요. 그래서 기본적으로 단테는 "희극"••••이라고 명명했던 자기 작품에 모두가 동의하는 "신적인"이라는 별칭•••••을 붙여 신을 숭상한 시인입니다. 그래서

• 시토 수도회 수사, 신비주의자, 클레르보 대수도원 설립자 및 대수도원장.
•• 로마 가톨릭의 수도자이자 도미니크회의 창설자.
••• 로마 가톨릭의 수도사. 13세기 초에 프란체스코회(프란체스코 수도회) 설립으로 세속화된 로마 가톨릭교회의 개혁 운동을 이끈 교회개혁가이기도 하다.
•••• 단테는 자신의 서사시에 희극(Commedia)이라고 제목을 붙였으며 그 이유를 "희극은 어떤 추한 것으로부터 시작되는 반면, 그 내용 면에서 행복한 결말에 이르기" 때문이라고 설명한다.

그의 시에는 거대한 고딕 교회와 비견될 만한 건축학적 재능이 돋보입니다. 작품 곳곳에서 시민에서부터 교황에 이르기까지 당대의 모든 유형의 사람들을 대표하는 영원히 살아 숨 쉬는 인물군이 작품 구도의 대칭적인 윤곽을 흐트러뜨리지 않으면서 변화무쌍하게 등장합니다. 불경스러운 학문과 신성한 학문에서 중시하는 거의 모든 것들을 포괄할 만큼 구상이 매우 방대합니다.

『신곡』의 줄거리

3부 1백여 절로 구성된 『신곡』은 죄로부터 후회, 명상, 수양을 통해 신을 바라볼 수 있는 순결한 상태로 진행되는 영혼이 겪는 전체 과정을 이야기합니다. 사악함에 빠진 시인은 갑자기 감각에 의지하여 사악함으로부터 벗어나보려 하지만 수포로 돌아갑니다. 그러고 나서 은총에 사로잡힌 이성 덕분에 시인은 온통 추하고 어리석은 악을 차근차근 완전히 알게 됩니다. 마침내 시인은 악에 등을 돌립니다. 시인의 다음 의무는 참회를 통해서 점차 순진무구해질 때까지 자신의 영혼을 정화시키는 것입니다. 그다음에 계시를 받은 시인은 하늘을 향해 더 높이, 심지어 창조주가 계신 곳까지 올라갑니다. 이 모든 내용은 여행이라는 형식을 통해 비유적으로 제시되었습니다. 이 여행은 베르길리우스, 그다음에는 베아트리체의 안내를 받아 지옥이라는 지하 왕국을 거쳐서 연옥이라는 외로운 산에 오르고 다시 에덴 동산으로, 그로부터 (지구를 축으로) 돌고 있는 천체를 통해서 천국(낙원)에 도달합니다.

●●●●● 단테가 처음 붙인 제목은 'Commedia'였으나 16세기 중엽 이후 후세인이 숭고한 내용에 걸맞게 'Divina'(신적인)라는 말을 덧붙여 오늘날처럼 『신곡』神曲(La Divina Commedia)이라 부르게 되었다.

중세의 세계관

◆

우리의 눈에는 중세의 우주가 작아 보입니다. 창조에서부터 심판의 날까지 지상에서 사는 전체 기간은 7천~8천 년 정도로 제한됩니다. 우리가 살던 지구는 단단하고 움직이지 않는 공처럼 생겼는데 공기와 불로 둘러싸인 물질세계의 중심입니다. 지구 주변을 아홉 겹의 하늘, 투명하고, 조개껍질 같으며 텅 비어 있는 구체가 돌고 있지요. 여기에는 태양, 달, 행성과 항성들이 있고, 이것들이 모두 자연이라고 불리는 세력을 형성합니다. 물질로 이루어진 이와 같은 둥근 우주의 바깥에 순수한 영혼의 낙원, 신, 천사, 축복받은 자들의 광대한 거처가 있습니다. 신을 보좌하는 천사들은 천체의 움직임을 관장하고 그 밑에 있는 존재와 인간들의 특성을 만들어냅니다. 지구 표면의 절반 이상이 물로 덮여 있습니다. 중앙에 예루살렘이 있고 한쪽 편에는 클로버처럼 생긴 유럽 대륙, 아시아, 아프리카가 있지요. 기독교 세계는 두 강대한 힘, 하나는 영적이고 다른 하나는 현세적인 힘이 지배합니다. 물론 둘 다 신이 정해줍니다. 그리스도가 세운 교황 제도와 카이사르가 세운 제국. 부당한 야심 때문에 그 두 세력이 서로 다투게 되었던 거지요.

고대 역사에서 고전 문학과 예술은 풍성했지만 알려진 것이 거의 없었고 극히 일부만이 오늘날의 언어로 번역되었습니다. 역사의식이 충분히 발전하지 못했기 때문에 사상의 진보도 지체되었고, 그래서 근대인들도 접하기 어려웠습니다. 중세의 정신에서 볼 때, 솔로몬, 알렉산더, 카이사르, 샤를마뉴*는 상당히 비슷하게 평가되었습니다. 로마의 이교도 작가 중에서 사라지지 않은 가장 유명한 작가라면 베르길리우스, 오비디우스*, 스타티우스**, 키케로 그리고 리비우스*

● 카롤링거 왕조 프랑크 왕국의 2대 국왕. 카롤루스 대제는 서부, 중부유럽의 대부분을 차지해 프랑크 왕국을 제국으로 확장했다. 재임하는 기간 동안 이탈리아를 정복하여 교황 레오 3세에게 비잔티움 제국의 황제와 반대되는 신성 로마 제국 황제직을 수여 받았으며 황제가 된 후 교회를 통해 예술, 종교, 문화를 크게 발전시켜 카롤링거 르네상스를 일으켰다.

••였지요. 여기에 보에티우스••••와 성 아우구스티누스 같은 기독교인, 그 뒤를 이었던 학자나 신학자를 더할 수 있겠군요. 그리스의 전통은 끊어졌지만 라틴어로 갈아입은 아리스토텔레스가 13세기에 유럽의 사유를 지배하기 시작했습니다. 플라톤 사상은 약 8백 년 전 성 아우구스티누스가 교리를 만들 때 영향을 미쳤습니다.

단테의 학식과 문학의 특징

당시에 단테가 접했던 지식은 대체로 알베르투스 마그누스•••••의 학문, 아리스토텔레스의 철학, 토마스 아퀴나스의 신학, 당시에 허용된 단편적인 라틴 문학이었습니다. 우리는 이에 대한 충분한 증거를 『신곡』에서는 물론이거니와 미완성 작품 『향연』에서도 찾아볼 수 있습니다. 『향연』은 작가의 시에 해설을 다는 형식으로 된 백과사전적인 작품입니다.

단테는 라틴어를 유려하고 박력 있게 구사했지요. 편지나 전원시 이외에도 단테는 교회와 국가의 관계에 관해 『제정론』이란 글을 썼지요. 그리고 『속어론』이란 글을 통해 운문의 형식과 시에서 사용되는 이탈리아어에 대한 논의를 시작했습니다. 또한 단테는 자연지리학의 기이한 문제를 논의한 '물과 흙의 문제'라

• 로마 제국 시대의 시인. 즐거움을 노래하는 연애시로 유명하며 호라티우스와 더불어 로마 문학의 황금시대를 이루었다.

•• 이탈리아 나폴리 출신의 고대 로마의 시인. 스타티우스는 그의 시 작품뿐 아니라 단테의 『신곡』의 「연옥편」에서 단테와 베르길리우스를 도와주는 중요한 인물로 나온다.

••• 고대 로마의 역사가. 비슷한 나이인 아우구스투스와 우정을 나누었으나 정치생활과는 인연을 맺지 않고 142권에 달하는 방대한 『로마사』 저술에 몰두하였다.

•••• 로마에서 태어난 6세기 초에 활동한 철학자.

••••• 독일의 신학자, 철학자, 자연과학자. 파리와 쾰른에서 가르치고 레겐스부르크의 사교가 되었다. 도미니크회의 중심인물로 토마스 아퀴나스와 함께 스콜라 철학을 완성시켰다.

는 강의를 했었지요. 단테가 관심을 가졌던 사실, 사상, 관심사는 단테가 살았던 시대의 산물이지만, 단테에게는 자신을 다른 사람들과 구별시켜주는 어떤 특징이 있습니다. 단테는 강렬한 감정과 강한 개성이란 특징을 페트라르카*와 공유합니다. 밝은 통찰력과 극적인 성격묘사를 생생하게 하는 재능은 초서나 보카치오와 공유합니다. 하지만 본성의 거친 양상에 대한 예술적 반응, 불가사의한 상상력, 생각과 연상의 힘은 어느 누구와도 공유하고 있지 않습니다. 언어적인 측면에서도 단테는 선배들이나 동시대 사람들과는 사뭇 다릅니다. 고전 고대古典古代** 이후로 단테처럼 생생하게 묘사하고 풍부한 어휘를 구사한 사례는 없습니다. 단테 이전에, 사실상 교회에서 사용되던 라틴어가 중대한 토론의 정식 매체였습니다. 철학과 종교를 해명하면서 단테처럼 세속어를 사용한 것은 『향연』에서 자신이 옹호한 대담한 혁신이었지요. 특히 단테의 조국에서는 당대의 언어가 무시되었고, 그래서 14세기 이전에 이탈리아어로 된 문학적 예술 활동 역시 빈약했습니다.

중세의 문학적 열정

◆

북프랑스에서는 설화시나 전쟁을 다룬 서사시, 궁정 소설의 화려한 발전을 목격할 수 있었습니다. 예컨대 먼 나라에서 오래전에 있던 왕과 봉건 영주들의 노래, 기사들(특히 원탁의 기사들)의 모험이지요. 예배 의식에서 연극이 발전했

---

* 이탈리아 시인, 인문주의자. 그는 단테에 이어 출현한 이탈리아 최고의 시인으로 후세에 큰 영향을 주었다.
** 서양사에서 지역적으로는 지중해 유럽을 중심으로 하는 고대 그리스·로마 시대를 가리키는 명칭으로 기원전 8세기부터 기원후 5세기까지의 기간이다. 이 시대 이 지역에 만들어진 문화와 문명이 현재의 유럽 문화의 기반이 되었기 때문에 모범이 된다는 의미에서 '고전'(Classical)이라는 수식어를 덧붙여 다른 지역의 고대 문화 또는 문명과 구별한 것이다.

습니다. 고대의 시나 성서 해석에서 오랫동안 익히 보아온 상징주의는 창조적 예술로 전개되어 13세기의 기적이라 할 『장미 이야기』•를 낳았습니다. 이런 시에서 사랑의 추구라는 비유적인 테마와 결합된 풍자는 시로 지어진 일화들(우화시)에서도 표현되었고 『여우 레이너드』•• 이야기에서도 표현되었지요. 이런 문헌 가운데 상당수는 유럽의 다른 나라들과 마찬가지로 이탈리아에도 소개되었습니다. 북프랑스의 서사시 못지않게 유명하고 다른 나라에서도 영향력이 있었던 것은 남프랑스(프로방스)에서 나오기 시작했던 연애 서정시라는 커다란 분파였습니다. 연애 서정시는 시라는 제한적 범위이기는 하지만 정교한 예술적 기교로 12~13세기에 많은 이탈리아의 궁중에서 시로 지어지거나 모방되었습니다. 페데리코 2세••• 시대에 이르러서야 이탈리아어로 된 유사한 연애시가 발견됩니다. 이 위대한 황제 주변에는 시칠리아 파••••로 알려진 교묘하고 억지스럽게 사랑을 노래한 시인 무리가 모여들었습니다. 토스카나에서는 상상력은 부족하지만 영리한 삼류시인들이 서정적 효과를 내기 위해 방언을 사용했습니다. 이들은 대부분 프로방스풍의 추종자들과 가까웠습니다. 13세기 중반에 유명한 대학 도시 볼로냐에서도 새로운 예술이 장려되었습니다. 단테가 스승으로 삼았던 구이도 구이니첼리•••••가 여기에 살았지요. 이 사람은 '청신체'淸新體(dolce still nuovo)에 영향을 주었던 사랑론•을 최초로 명확하게 체계화한 시인입니다.

• 13세기 프랑스 중세문학을 대표하는 작품으로, 특이하게도 두 사람이 연작 형식으로 썼으며 궁정의 사랑을 다룬다.
•• 영국 시인 존 메이스필드의 1919년 작품. 영국 시골 생활의 다양한 모습을 그린다.
••• 호엔슈타우펜 왕조의 일원으로 1220년부터 1250년에 죽을 때까지 신성 로마 제국의 황제였다. 독일 왕(공식적으로는 로마 왕)과 이탈리아 왕도 겸임했다. 원래는 시칠리아 태생의 시칠리아 왕이었다.
•••• 시칠리아 왕 페데리코 2세를 중심으로 하는 시인들이 남 프랑스 프로방스의 서정시를 이탈리아어로 모방하기 시작하면서 시칠리아 파가 탄생하였다. 시의 주제는 주로 프로방스 시인들이 부르던 것으로 여성의 아름다움, 사랑의 기쁨과 고뇌, 봉건 기사도의 부인 예찬 등이었다.
••••• 이탈리아의 시인. 처음에는 재판관이 되었으나, 기벨린 당(독일 황제파)이었기 때문에 볼로냐에서 추방되어 유랑생활을 했다. 그는 신비스러운 사랑을 노래하고, '청신체'를 창시했다.

단테의 사랑 개념

◆

 이러한 원리에 따르면, 사랑은 '고귀한' 마음에만 깃들어 있는 속성입니다. 사랑은 마땅한 대상이 나와서 활성화될 때까지는 잠을 자고 있지요. '고귀한' 사랑을 일깨운 여인은 분명 천사적 본성 혹은 '천상의 지성'의 상징입니다. 그 여인에 대한 헌신은 숭배입니다. 구이니첼리 이후의 세대에 이르러, 그의 가르침은 재능 있는 작가들에게로 확대됩니다. 이 작가들은 이러한 시적 열정을 번잡한 상업 도시 피렌체로 가져왔습니다. 피렌체는 바쁘게 돌아가고, 야심차며, 질투심 많고 걸핏하면 싸움에 말려드는 이탈리아의 작은 공화국으로 가장 번성하고 있었지요. 이러한 문학 집단의 구성원들은 단테의 '첫 번째 친구' 구이도 카발칸티●●와 단테 자신이었지요. 확실히 이 시인들의 작품에서 우리는 그리 새롭지 않은 사랑 개념을 발견합니다. 사별한 어떤 젊은 여인을 읊은 시인의 달콤한 시에서, 때로 경의를 표하는 소네트와 민요에서 '피에트라'라고 부르는 젊은이를 기리는 열정적이고 아름다운 노래에서 사랑을 발견합니다. 지혜를 사랑하는(철학하는) 여인●●●을 노래한 단테의 서정시(칸초네)는 알레고리가 사용된 연애시의 가장 좋은 사례이지요. 새로운 사상을 한층 문학적으로 표현한 것을 살펴보려면 단테가 이상형으로 생각했던 여인 베아트리체에게 영감을 받았던 작품들, 그중에서

● 구이도 구이니첼리는 당시 유행했던 일종의 지방시, 즉 '자유시'自由詩의 시문詩文을 변화시키는 데 가장 크게 공헌한 시인으로, 세련되고 명쾌한 미감에 내포된 비범한 즐거움의 감각을 제공해주었다. 그의 시가 호소력을 증대시킬 수 있었던 것은 바로 철학적이라 할 수 있을 정도의 지적인 내용 때문이었다. 그가 격찬했던 사랑이라는 개념은 순화되고 고귀한 삶의 의미의 일부였다. 그의 시는 귀부인을 칭송하고, 그녀가 숭배자의 마음에 불러일으키는 미덕인 '고귀한 감정'을 찬양하기 위해 쓰였다.
●● 이탈리아의 시인. 청신체로 시를 쓴 피렌체 시인들 가운데 주요인물이며 13세기 이탈리아 문학에서 단테 다음 가는 최고의 시인으로 평가된다.

도 원숙기의 작품에 주목해야 합니다.•••• 흠모하던 여인 베아트리체가 사망하고 몇 년이 지난 후에 단테는 이전의 운문에서 베아트리체에게서 영향을 받았던 내적 삶의 모습을 묘사한 시들을 추려낸 다음, 우아한 산문체로 해설을 붙였습니다. 이 작품이 『새로운 인생』입니다.

찰스 홀 그란젠트
Charles Hall Grandgent(1862~1939)
미국의 언어학자로 통속 라틴어의 권위자. 하버드대학교에서 단테, 로망스 언어학과 음성학 등을 강의했다.

••• 단테는 베아트리체가 죽은 뒤 마음의 위안을 찾으려 철학, 특히 보에티우스와 키케로의 작품에 몰두하게 되었다고 말한다. 『새로운 인생』에 등장하는 우아한 여성이 철학이라는 이름의 귀부인으로 바뀌어 곧 단테의 생각을 사로잡았다. 단테는 철학 수업을 듣기 위해 피렌체의 종교 학교들을 찾아다니기도 했다. 단테는 철학을 깊이 접하면서 "그녀(철학)에 대한 사랑이 다른 모든 생각을 쫓아버렸다"고 말했다. 철학 여인이란 표현은 보에티우스의 저작 『철학의 위안』에 등장해서 문답을 나누며 사유를 펼치는 여인에서 따온 것이다. 여기서 여인이란 철학을 의인화한 것이다.
•••• 구체적으로 단테의 저작 『향연』을 말한다. 이 작품은 초기작 『새로운 인생』의 연장선상에 있는 작품으로 단테가 시인으로서 완숙기에 접어든 시기의 저작이다. 사랑을 주로 다룬 『새로운 인생』에서 한 걸음 더 나아가 철학적인 문제를 논의하고 있지만 본질적으로는 같은 내용을 다룬다. 단테는 『향연』을 서문과 14권으로 구성하려 했으나 완성하지는 못했다. 단테는 이 저작에서 아리스토텔레스의 철학을 아우구스티누스와 토마스 아퀴나스 등의 이론을 근거로 전파하는 내용을 담고 있다. 그러나 철학자들의 이론을 무조건 수용하는 입장이 아니라 선학들의 학설을 바탕으로 자신의 철학, 자연학, 예술론을 펼치고 있다.

존 밀턴의 시

◆

　우리 대부분은 존 밀턴이 영시英詩라는 고지高地에 거주하고 있다고 인정하지만, 다가갈 수는 없더라도 너무도 장엄하기에 경외심을 가지고 그를 우러러보고 싶어 합니다. 밀턴이 젊은 시절에 지은 소소한 시들의 매력은 별 어려움 없이 만끽할 수 있지요. 하지만 "위인의 소중한 피"를 쏟아 부은 밀턴의 가장 중요한 작품들을 좋아하고 친숙해지는 데는 장애물이 많아서 험난해 보입니다. 바이런은 밀턴의 천사와 대천사들이 함께 궤변을 거들었다고 비웃었지요. 아시다시피 밀턴이 펼치는 신학은 따분하고 혼란스럽습니다. 『실낙원』을 펼치자마자 거의 모든 페이지에서 낯선 구절이나 암시와 마주치게 되지요. 우리는 충격적인 일, 별난 이야기, 희한한 사건을 통해서 쉽게 즐거움을 주는 현대 문학이나 대중적인 기사에 익숙합니다. 때문에 우리는 위엄과 절제를 특징으로 하는 예술에 쉽사리 매력을 느끼지 못합니다. 존슨 박사는 말합니다. "우리는 스승을 저버리고 동료를 찾는다." 우리의 게으름을 일깨우더라도 결국 밀턴이 스승인지 의문스러워하는 사람들이 생겨납니다. 유명 도서관의 책임자도 『실낙원』을 읽으라고 조언하지 않습니다. 극단적인 현대 비평가는 오랫동안 이어진 시인의 명성을 마침내 무너뜨릴 '새로운 문학적 가치 판단'을 발견했노라고 공언합니다. 이름을 날리던 문학잡지들은 정말로 영원할 것 같았던 자기네 잡지의 명성을 변호할 필요를 점점 느끼게 됩니다.

밀턴의 위대함의 원천

이러한 구설에도 불구하고, 생각이 깊은 사람이라면 존 드라이든*으로부터 메러디스**까지 위대한 문인들이 하나같이 최고의 영예를 바쳤던 밀턴을 아는 것이야말로 고결한 특권일 수밖에 없다는 결론을 내리게 됩니다. 그리고 밀턴을 이해하기 힘들게 가로막는 장애물을 극복하기란 절대로 어렵지만은 않다고 확신할 수 있습니다. 특히 밀턴의 위대함은 세 가지 원천에서 비롯됩니다. 상상력의 힘, 운문의 조화, 사상의 진실성. 이 각각은 만일 독자가 실질적으로 드러난 암시들을 받아들인다면 훨씬 분명해질 것입니다. 『실낙원』, 『복낙원』, 『투사 삼손』, 『그리스도 탄생의 아침에』에서 밀턴의 놀라운 상상력이 이해되기 시작하면, 단편적으로나마 시인에게 주제의 윤곽을 제공해주었던 『성서』 속의 구절들을 읽고 나서 다시 이런 작품들로 돌아가야 합니다. 구태여 『성서』에 나오는 아담과 이브와 같은 이야기가 나름대로 완벽해서 단순하고도 감동적인 아름다움을 지니고 있다고 말할 필요는 없겠지요. 하지만 그런 이야기를 담고 있는 몇몇 구절들을 훑어보면서 거대한 서사의 과정을 따라가다 보면, 밀턴의 상상력 덕분에 가물가물해지고 보이지도 않았던 개념이 얼마나 숭고하게 확장되는지를 깨닫기 시작

● 영국의 시인, 극작가, 비평가.

●● 영국의 시인, 소설가.

합니다. 이것은 가보지 않았고 알지 못했던 영역, 힘 그리고 영혼을 밀턴이 드러내주었기 때문만은 아닙니다. 삼손의 짧은 이야기나 그리스도의 유혹 이야기를 읽어보세요. 필치는 생생하지만 성격 묘사가 얼마나 적은지 살펴보세요. 『투사 삼손』과 『복낙원』에서 밀턴이 어떤 시각으로 영웅과 하느님, 악마의 마음을 꿰뚫어보는지를 알게 될 것입니다.

밀턴의 시를 속으로 읽으면 무운시無韻詩*의 음악적 아름다움을 온전히 만끽하지 못하는 실수를 저지르는 셈입니다. 이것이야말로 그의 시를 이상하게 인쇄된 산문처럼 보이게 만드는 확실한 방법이지요. 눈먼 시인은 가장 최고의 시를 큰 소리로 읊었습니다. 그래서 밀턴의 시는 큰 소리로 읽어야 합니다. 그럴 때만 우리 안에 잠자고 있는 예술적 감각이 깨어나 영어에서 생겨나는 가장 웅대한 운율과 여운에 반응할 수 있습니다. 대양의 거대한 파도처럼 다양한 길이와 지칠 줄 모르는 에너지로 우리의 감정을 두드려 들끓게 하지요. 이윽고 우리는 마법처럼 스며들도록 설계된 드높은 사상을 받아들일 준비를 하게 됩니다. 그 소리가 일상적인 상태를 넘어서는 고귀한 분위기로 우리를 끌어올려주기 때문이지요. 밀턴의 예술적 힘을 감지하기 시작한 사람은 문학으로 결정적인 한걸음을 내딛게 되는 것입니다. 이제부터 이 맛을 본 사람은 상상력이 빈약하거나 공상적인 작품에는 별 감흥을 얻지 못할 것입니다. 대가의 '거대한 스타일'에 맞춰진 독자의 귀는 가냘프고 거친 시에서는 더 이상 기쁨을 얻지 못합니다.

---

* 서양시에서 압운이 없는 약강 오보격弱強五步格의 시. 운의 구속이 없어 산문에 가까운 서술적 시와 시극에 많이 쓰이는 전통적 시형이다. 밀턴의 『실낙원』이나 셰익스피어의 시극 따위가 여기에 속한다.

선지자 밀턴

◆

하지만 밀턴은 자신의 시적 힘을 그저 시를 활용해 즐거움을 얻는 데만 사용하지는 않았습니다. 이사야처럼 밀턴도 위대한 예술가가 되기 위해 그보다 더 위대한 선지자가 되어야 했습니다. 이것은 진부한 말이지만 많은 사람들은 밀턴에 대해서는 이 말이 사실이 아닌 것처럼 이야기합니다. 밀턴의 메시지가 온전히 표현되는 『실낙원』의 경우, 처음 두 장은 이상하게도 전형적이라는 평가를 받습니다. 확실히 그 부분에는 예술적 힘이 유감없이 발휘되지만 그의 생각을 지배했던 사상이 분명하게 드러나지는 않습니다. 사실 그 부분으로만 국한하면 밀턴을 쉽게 오해할 수 있습니다. 왜냐하면 그 부분에서는 타락 천사가 다루어지기 때문에 사탄이 『실낙원』의 주인공이고 시인은 대반란에만 정신을 팔고 있다고 잘못 생각할 수 있기 때문입니다. 사람들에게 악마라는 개념이 희미해진 오늘날에 이러한 결과는 밀턴이 자신의 천재성을 아무리 그림처럼 생생하게 발휘하더라도 도덕적으로 별 의미도 없는 주제에 몰두하고 있다는 인상을 주게 되지요. 그래서 우리는 밀턴을 그렇고 그런 예술가라고 찬미하면서도 선지자 밀턴에게는 귀를 기울이지 않는 안타까운 결과에 이르게 됩니다. 하지만 전체적으로 살펴보면 밀턴의 메시지는 우리에게 뼈저리게 다가옵니다.

『실낙원』의 주제

밀턴의 주제는 사탄이나 신, 천사가 아니라 바로 인간입니다. 『실낙원』의 첫 줄에서 설파하고 있는 것은 '인간의 불복종'이란 주제만이 아니라 이 서사시를 통해서 우주가 창조되면서 모든 사건이 펼쳐지는 인간의 운명입니다. 그래서 밀턴은 사탄이 신에 반항해서 음모를 꾸미는 시점, 쓰라린 패배를 맛본 악마가 자신의 복수심을 장차 지상에 거주할 사람들에게 돌리는 시점에서 이야기를 풀어갑니다. 인간은 거룩하게 새로운 세상의 주인이 되고, 신은 친히 인간에게 영적인 생명력을 불어넣어줍니다. 이것은 하늘에서 일어난 반역과 관련된 인간의 타락에 대한 경고인 셈이지요. 책의 중심 부분에서 펼쳐지는 내용은 인간 본성의 영광과 나약함이지요. 마침내 미래 세계의 역사가 아담과 연결된다는 것은 무슨 의미일까요? 이것은 신의 절대 권력이나 사탄이 보여주는 증오의 공허함을 보여주는 것일까요? 오히려 그보다는 신의 자녀들에게 신의 영원한 사랑을 확인해주는 것입니다. 요컨대 이 책의 주제는 신학이 아니라 종교입니다. 신과 사탄의 본성이 아니라 선악의 힘과 인간의 관계입니다. 한 사람의 시인이 이보다 더 설득력 있고 영원히 끝나지 않을 문제를 다룰 수 있을까요?『실낙원』에서 인간 존재에 관심의 초점을 맞추는 독자는 시인의 의도를 간파한 것이지요. 그러면 뜻하지 않게 세부사항이 이해되지 않더라도, 밀턴의 본질적인 사상을 이해하게 될 것입니다. 천국과 지옥에 대한 묘사는 독자가 생각하는 지복至福과 비참한 상태와는 정확하게 일치하지 않을 수 있지만, 핵심이 아닐 것입니다. 그리고 서서히 독자에게 밀턴이 생각하는 인간 삶의 진정한 의미가 떠오를 것입니다.

밀턴의 인간관

◆

이러한 사상을 산문 형식으로 담아낸다면 어떨까요? 사상은 따분해지고 격이 떨어질 것입니다. 사상의 일반적인 특성과 관련된 한두 가지 실마리가 개별적인 의식에 중요성을 시사해줄 수 있습니다. 한편으로는 어떠한 시인도, 심지어 셰익스피어조차도 인간의 영예로운 능력을 이보다 더 고결하게 생각하지는 못했습니다. 밀턴에게 인간은 더 이상 우연에 휘둘리는 가련한 꼭두각시나 환경의 노예(이상적인 환경에도 불구하고 죄를 저지른 아담과 이브)가 아니라 구속받지 않는 운명의 지배자입니다. 신은 스스로 인간에게 자유의지를 주었고 우주의 모든 영혼은 인간이 만들 수 있는 자유가 어떻게 사용되는지에 관심을 보였습니다. 다른 한편으로는 어느 시인도 끊임없이 위협받고 있는 인간의 고귀한 지위를 밀턴보다 더 심오하게 감지하지는 못했습니다. 자유로운 인간이 세속적인 모든 유혹, 가장 매혹적인 유혹까지도 벗어던지지 못해 영적인 법칙을 어김으로써 받는 형벌은 그 자신은 물론이거니와 더 나아가 무고한 동료인간들에게도 들이닥칩니다. 가면극『코머스』Comus에 등장하는 여인,『복낙원』의 아담과 이브, 그리스도가 처한 중대한 도덕적 곤경 그리고 삼손의 곤경은 예외적인 상황이 아니라 인생의 매순간마다 인간이 처하는 실제 상황을 상징합니다. 치명적인 위험에는 숭고한 기회가 따르지만 결정은 전적으로 자신의 손에 달려 있습니다! 공포스러운 상황이 없다면 구원을 위한 울부짖음도 없겠지요. 영혼은 발언이 제한된 만큼 평온합니다. 지상에서의 단호한 독립심은 신 앞에서 나타나는 진득한 겸손에 영향을 줍니다. 이것들이야말로 마침내 인간을 구원할 덕목입니다.

밀턴의 사상을 얼핏 살펴만 보아도 그가 가진 힘의 원천을 떠올릴 수밖에 없습니다. 밀턴의 탁월한 초기 시 『그리스도 탄생의 아침에』에서 그는 유한한 인간의 귀에는 들리지 않지만 신의 진리를 찬미하는 천국의 음악을 듣고 싶어 했습니다. 그 이후로 생의 마지막까지 혼란스러운 지상에서 시끌벅적한 와중에도 그는 신의 음성에 귀를 기울이고 있었습니다. 이렇게 신에게서 영감을 받은 밀턴은 자신에게 의지할 수 있게 된 사람들에게 새로운 활력을 불어넣었습니다. 그래서 사람들의 마음을 담대하게, 정신을 고요하게 해주고 의식이 다시 깨어나도록 도와주었습니다. 지상의 우상을 숭배하는 사람들을 가여워하며 워즈워스는 이렇게 외쳤습니다.

밀턴이여, 이 순간에도 살아 있으라!

이어지는 세대에서 가장 뛰어난 사람들은 이러한 생각에 공감했습니다. 회의주의자들은 밀턴이 제시한 이론에 일부 이의를 제기할 수도 있습니다. 하지만 쉽사리 밀턴 사상의 핵심을 흔들지는 못할 것입니다. 왜냐하면 밀턴의 사상은 인간의 집요한 도덕적 신념 안에 깊이 새겨져 있으니까요. 그러므로 밀턴과 교감하면 종교적 통찰과 시적인 문화뿐 아니라 새로운 깨달음까지 얻게 됩니다.

어니스트 베른바움
Ernest Bernbaum(1879~1958)
미국의 학자이자 작가. 하버드대학교에서 영문학을 가르쳤다.

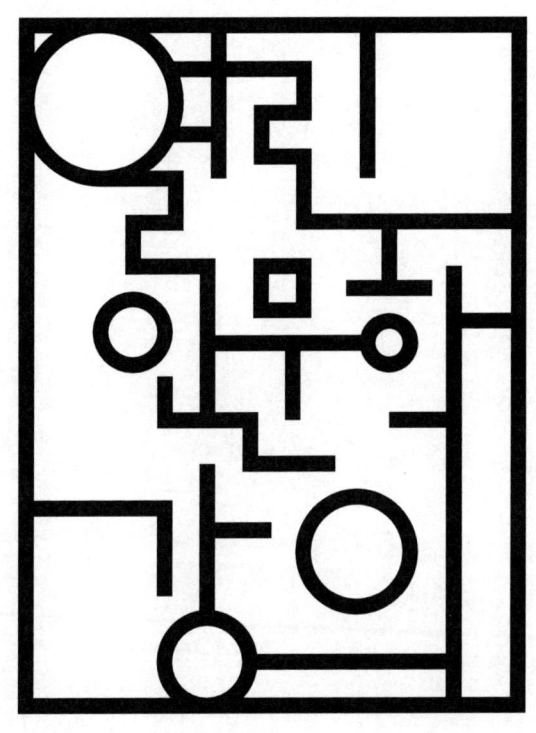

역자 후기

◇

지금은 고전을 읽어야 할 시간

고전古典은 고전高典이라 너무 높이 있어서 좀처럼 손에 잘 닿지 않습니다. 고전古典은 고전苦典이기도 해서 쉽게 다가가기가 힘듭니다. 어렵사리 고전을 접하고 나서 독자들이 보이는 반응은 대체로 너무 어렵다거나 읽어도 별 내용이 없다는 식이지요.

왜 어려울까요? 고전은 애초에 만인을 위해 만들어진 작품이 아닙니다. 클래식이란 말의 어원 자체가 로마 시대의 최상위 계급을 지칭하는 말입니다. 클라시시classici 계급은 자신의 재산으로 무기를 마련해서 전쟁에 나갈 수 있는 계급입니다. 그래서 이 말의 형용사형 클라시쿠스classicus도 최상위 계급에 속하는 시민에게만 붙여졌습니다. 그러다가 문법학자 아울루스 겔리우스가 소수의 귀족만을 위해 글을 쓰는 교양 있고 모범적인 작가(classicus scriptor)를 지칭하는 말로 사용했습니다. 그 후 16세기에 이르러 이 말은 최상급의 작가뿐 아니라 높은 예술성을 갖춘 명작을 가리키게 되었지요. 고전은 최고의 작가가 그 시대에 닥친 가장 어려운 문제를 정면으로 다루어 해법을 제시한 책이기에 결코 쉽지만은 않습니다.

왜 별 내용이 없을까요? 고전은 개별적이고 소소한 매뉴얼을 담은 책이 아니라 인간이 살아가는 방식에 있어 근원적인 문제들을 추구하기 때문입니다. 인간의 삶은 매우 복잡해 보이지만 생로병사生老病死와 희노애락喜怒哀樂의 반복입니다. 인간이기에 처할 수밖에 없는 이 상황에서 인간이 벗어날 수 없는 한, 이러한 주제는 계속 변주되면서 숙고의 대상이 됩니다. 그래서 개인이 감당하기에는 고전이 너무 크고 깊은 내용을 다루다 보니 독자가 핵심을 놓치는 경우가 많습니다. 그러다 보니 열심히 읽어도 간명하게 직접적으로 이해하기 힘든 경우가 생깁니다.

오늘날 인간은 계급적 한계에 갇혀 있을 필요가 없어졌습니다. 자유로워진 것이지요. 그러니 누구라도 드높은 정신과 교양을 추구할 수 있습니다. 시대는 변했지만 인간이 겪는 난제는 아직도 해결되지 않았습니다. 그러니 지금은 고전을 읽어야 할 시간인 셈입니다. 고전 속에 등장하는 수많은 인간 군상을 통해서 인간을 이해하는 다양한 방식을 배울 수 있다면, 그래서 그 시대가 요구하는 삶의 방식, 인간답게 사는 법(humaniter vivere)을 정리할 수 있다면, 고전을 읽는 수고를 마다할 필요가 없습니다. 게다가 내용을 파악하기 어려운 고전을 읽을 때, 의지하고 참고할 만한 자료가 있다면 다가가기가 훨씬 쉬울 겁니다.

『열린 인문학 강의』는 '하버드 고전'(Harvard Classics)이라는 총서의 51번째 책을 번역한 것입니다. 51번째 책은 '하버드 고전' 50권을 완간하고 나서 고전을 접하는 독자들에게 일종의 길잡이 역할을 하려고 기획된 강연을 바탕으로 만들어졌습니다. 독자들이 고전을 읽을 때 느끼는 어려움을 덜어주고자 하는 교육적 배려에서 출발한 강연인 셈입니다. '하버드 고전'은 하버드대학교 총장을 40년 동안 역임하면서 하버드를 세계 명문 대학으로 성장시킨 찰스 윌리엄 엘리엇Charles William Eliot(1834~1926) 총장의 아이디어에서 출발했습니다. 엘리엇 총장은 엄선된 고전을 꾸준히 읽으면 학교에서 정규 교육을 받지 않더라도 인문적 소양을 갖출 수 있다는 신념을 바탕으로 하버드 고전을 모아 만든 '5피트 책꽂이' 운동을 전개했으며 이 운동의 결과물로 '하버드 고전' 50권이 만들어졌습니다. 이 고전 총서의 실무를 담당한 사람이 하버드대학교 영문학과 교수 윌리엄 앨런 닐슨입니다. 1909년에 출간을 시작한 하버드 고전 총서는 1914년에 완간되었고 닐슨 교수는 총서를 완간한 이후에 독자들에게 고전을 읽는 데 도움을 주고자 하버드대학교 교수들을 중심으로 전공에 따라 대중 강의를 하도록 하고, 이를 다시 정리해서 51번째 책으로 엮어냈습니다. 저는 이 책에서 인문학 분야의 강의를 번역하되 지금 시점에서 우리에게 별 의미를 가지지 못하는 부분은 오랜 고민 끝에 덜어냈습니다. 투키디데스는 『펠로폰네소스 전쟁사』를 쓰면서 자신의 기록을 대중의 취미에 영합하는 일회용이 아니라 영구 장서용이라고 분명히 밝혔습니다. 왜냐하면 인간의 본성 때문에 미래의 역사가 비슷한 형태로 반복될 것인데, 그때마다 진실을 알고 싶어 하는 사람들은 자신의 역사 기술을 유용하게 여길 것이라고 믿었기 때문입니다. 이것이 바로 고전입니다. 클라시시가 위기에 처한 공동체를 구했듯이 클래식(고전)은 어려움에 처한 정신에 힘을 불어넣을 수 있을 겁니다. 이 강의가 독자가 고전으로 가는 길을 안내하는 등불이 되었으면 합니다.

열린 인문학 강의 :
전 세계 교양인이 100년간 읽어온 하버드 고전수업

2012년 12월 4일   초판 1쇄 발행
2024년 9월 4일   초판 5쇄 발행

엮은이
윌리엄 앨런 닐슨

옮긴이
김영범

펴낸이   **펴낸곳**   **등록**
조성웅   도서출판 유유   제406-2010-000032호(2010년 5월 18일)

              주소
              경기도 파주시 돌곶이길 180-38, 2층 (우편번호 10881)

전화   **팩스**   **홈페이지**   **전자우편**
031-946-6869   0303-3444-4645   uupress.co.kr   uupress@gmail.com

편집   **디자인**   **독자교정**   **마케팅**
박동범   이기준   이경민   전민영

              제작
              테크디앤피

ISBN 978-89-967766-5-9 03040